AUF DEUTSCH!

ARBEITSBUCH

Prentice Hall, Englewood Cliffs, New Jersey 07632

Editorial/production supervision
and interior design: **Benjamin D. Smith**
Manufacturing buyer: **Herb Klein**

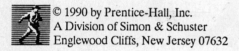
© 1990 by Prentice-Hall, Inc.
A Division of Simon & Schuster
Englewood Cliffs, New Jersey 07632

All rights reserved. No part of this book may be
reproduced, in any form or by any means,
without permission in writing from the publisher.

Printed in the United States of America

10 9 8 7 6 5 4 3 2

ISBN 0-13-516956-9

Prentice-Hall International (UK) Limited, *London*
Prentice-Hall of Australia Pty. Limited, *Sydney*
Prentice-Hall Canada Inc., *Toronto*
Prentice-Hall Hispanoamericana, S. A., *Mexico*
Prentice-Hall of India Private Limited, *New Delhi*
Prentice-Hall of Japan, Inc., *Tokyo*
Simon & Schuster Asia Pte. Ltd., *Singapore*
Editora Prentice-Hall do Brasil, Ltda., *Rio de Janeiro*

CONTENTS

INTRODUCTION vii–viii

KAPITEL 1
Hörverständnis 1
Muster und Modelle 2

KAPITEL 2
Hörverständnis 15
Muster und Modelle 16

KAPITEL 3
Hörverständnis 29
Muster und Modelle 30

KAPITEL 4
Hörverständnis 43
Muster und Modelle 45

KAPITEL 5
Hörverständnis 65
Muster und Modelle 66

KAPITEL 6
Hörverständnis 79
Muster und Modelle 80

KAPITEL 7
Hörverständnis 95
Muster und Modelle 97

KAPITEL 8
Hörverständnis 113
Muster und Modelle 114

KAPITEL 9
Hörverständnis 129
Muster und Modelle 130

KAPITEL 10
Hörverständnis 141
Muster und Modelle 142

KAPITEL 11
Hörverständnis 163
Muster und Modelle 165

KAPITEL 12
    Hörverständnis   175
    Muster und Modelle   177

KAPITEL 13
    Hörverständnis   187
    Muster und Modelle   189

KAPITEL 14
    Hörverständnis   203
    Muster und Modelle   205

KAPITEL 15
    Hörverständnis   217
    Muster und Modelle   219

KAPITEL 16
    Hörverständnis   229
    Muster und Modelle   230

KAPITEL 17
    Hörverständnis   245
    Muster und Modelle   247

KAPITEL 18
    Hörverständnis   257
    Muster und Modelle   259

KAPITEL 19
    Hörverständnis   273
    Muster und Modelle   275

KAPITEL 20
    Hörverständnis   283
    Muster und Modelle   284

KAPITEL 21
    Hörverständnis   295
    Muster und Modelle   298

LÖSUNGEN: HÖRVERSTÄNDNIS   307

LÖSUNGEN: MUSTER UND MODELLE   317

LIST OF STRONG AND IRREGULAR VERBS   381

INTRODUCTION

AUF DEUTSCH! is accompanied by the **Arbeitsbuch**. It contains a variety of exercises for self-testing grammar and for developing reading comprehension and writing skills. The grammar exercises are often in the form of a story or a dialogue. We feel that a context is necessary in order to make grammar exercises function within a network of meaning.

Each chapter in the **Arbeitsbuch** begins with a listening comprehension section (Hörverständnis) which supplements the audio tapes. The answers to these exercises are provided at the back of the workbook. Each tape offers a dramatic reading of the *Minidrama*, performed with pauses to practice pronunciation and fluency by repeating the phrase or sentence; and *Grammatik mit Schlau und Meier*, communicative grammar drills presented in dialogue-form. Meier usually asks the questions and Schlau responds after a pause. These exercises often begin with basic grammar questions for example, "What are the personal pronouns?" In this way, some of the questions you should be asking yourself are pre-structured and points of foci are isolated; *Stolpersteine* are short dialogues that focus on specific language usages. Some of the *Stolpersteine* include exercises. "*Was sagt man da?*" dramatizations of the various communications models presented in each chapter; and the *Deutsches Magazin* where you can test your listening comprehension. A wide assortment of authentic texts on cultural topics, poems, short stories, recipes and interviews are included. These texts are often times thematically linked to the main text and are therefore printed in the lab workbook depending on their difficulty. Other material may be interspersed for review. Since a variety of exercises accompany the different sections, the lab workbook is needed to complete the audio tape session.

Music marks the transition from one section to another. These short breaks permit you to relax a moment before beginning a new round of exercises. The musical selections are taken from different German-speaking countries. The *Minidrama* is framed by music from the West German rock group *Modern Talking*. *Grammatik mit Schlau und Meier* is introduced by a more traditional, up-beat *Austrian March* from the 1972 Summer Olympic games in Munich. "*Was sagt man da?*" begins with West German singer *Ulla Meinecke*, whose song is about communicating, and the *Deutsches Magazin* opens with the electronic harp by Swiss artist *Andreas Vollenweider*. A West German rock group, the *Spider Murphy Gang*, concludes the audio chapter.

Each chapter includes a writing section (**Muster und Modelle**). In *Substantivformen* you can practice articles and plural verb forms used throughout the student text. *Stolpersteine* is designed to help you avoid making typical mistakes. A few problem areas have been isolated here, so that you can check your mastery of these "language traps". Rather than synchronize them with each chapter, we thought it better to try to catch you off guard. *Variation zum Minidrama* tests comprehension. Supply the appropriate word from the list that appears at the end of each Minidrama. The numerous grammar exercises that follow in *Strukturen im Kontext* are keyed to each chapter. Here, you can practice the specific grammar features you have just learned. In addition, there is a selection of authentic texts and exercises that complement the textbook section *Deutsches Magazin*.

HOW TO USE THE TAPES

Minidrama Listen to the dramatic reading of the *Minidrama* and read along using your textbook. The second reading is accompanied by pauses in which you should stop the tape and repeat the sentence or phrase out loud. This section enables you to practice pronunciation and memorize the dialogue. Listen to the tape a second time. Stop the tape after the speaker pauses and write the sentences you hear. Check your spelling with the textbook.

Grammatik mit Schlau und Meier Grammar is presented in the form of a dialogue between two characters, Schlau and Meier, who speak about their lives and about grammar problems. Meier is somewhat of a pedantic teacher. He introduces the grammar exercises. Schlau, of course an excellent student, always answers correctly. You can check your answers against his. At times, Meier or Schlau interject a comment in the midst of an exercise. Don't let this throw you off. Listen for the cue, turn the tape off, and respond. A chime often marks a blank or a pause.

Stolpersteine This section focuses on pronunciation, word usage, or grammar. It alerts you to these favorite pitfalls. Listen to the dialogue and try to pick out the expressions. Then complete the accompanying exercises. Listen to this section at least twice.

"*Was sagt man da?*" These short dialogues place the various communication models of each chapter in a context. It enables you to hear how German native speakers use them in daily speech. At the same time, the dialogues serve to develop listening comprehension skills. Listen to each dialogue twice and complete the accompanying exercises.

"*Deutsches Magazin*" Since much of the material is authentic, there are varying degrees of difficulty. Many long and difficult passages appear in the lab workbook. You can read along, but we suggest listening first and then following the text in the workbook. These texts are included so that you can develop a passive knowledge of German and reinforce your reading skills as well. At the same time, you become accustomed to filtering out the jist of the message by recognizing familiar vocabulary. The exercises are designed to help you understand the text by providing key information.

AUF DEUTSCH!

Sonnabend, 10. Mai

Fernsehen

ARD

9.00 Sonnabend-Studio
Nur ein Baumstumpf (bis 9.30)
10.00 heute
10.03 Sportschau
10.30 Zwei auf gleichem Weg (vom 8.5)
12.15 Aspekte
12.55 Presseschau
13.00 heute
13.15 Programmvorschau
13.45 Alkohol am Arbeitsplatz
Bericht von Heinz D. Wilden
14.30 Sesamestraße
15.00 Hallo, Hafen Hamburg
Ubertragung von Bord des Windjammers ·Rickmer-Rickmers· anl. 797. Hafengeburtstages
16.30 Vom Webstuhl zur Weltmacht - Fernsehfilm in 6 Teilen 6. Nichts unter der Sonne hat Bestand (Videotext-Untertitel)
17.30 Komische Geschichten
Bruni Löbel erzählt aus ihrem Leben
18.00 Tagesschau
18.05 Sportschau
19.00 Abendschau
Schlaglichter
19.20 Die Sonn-Abend-Schau
19.57 Heute im Ersten
20.00 Tagesschau
20.15 Liebe, Jazz und Übermut -
BRD 57, R: Erik Ode, D: Grethe Weiser, Peter Alexander, Bibi Johns u.a.
In einem Internat für musikalisch begabte Waisen gibt es große Aufregung, als eine Inspektion ins Haus steht. Frau Himmerlich, die gutmütige Leiterin, hat sich nämlich nicht an die Stiftings-Statuten gehalten, weil sie möglichst viele Waisen aufnehmen wollte; jetzt drohen ihre menschenfreundlichen Schwindeleien aufzufliegen....
21.55 .. Ziehung der Lottozahlen
22.00 Tagesschau
22.10 Das Wort zum Sonntag
22.15 Duett zu Dritt
Lustspiel von Leo Lenz
Mit Harald Leipnitz, Gerlinde Locker u.a. (Aufzeichnung einer Aufführung aus der Kleinen Komödie in München)
0.00 Shoot out - Abrechnung in Gun Hill (Shoot out)
USA 70, R: Henry Hathaway, D: Gregory Peck, Dawn Lynn u.a.
Macht's noch einmal, Hal & Henry! Nach dem Erfolg von ·Der Marshal· (Oscar für John Wayne) taten sich Produzent, Regisseur und Drehbuchautorin zwei Jahre später erneut zusammen. Noch einmal die Geschichte vom alten Westerner, der (nicht ganz freiwillig) zum Begleiter eines jungen Mädchens wird. Noch einmal eine Rachegeschichte, aber ohne die Selbstironie Waynes und reichlich betulich inszeniert. F.A.
1.30 Tagesschau
1.35 Nachtgedanken

ZDF

11.00 .. ZDF - Ihr Programm
11.30 Chemie - 5. Kleiner Zwang - große Wirkung
12.00 Nachbarn in Europa
12.00 Griechenland
12.40 Spanien
13.20 Jugoslawien
14.00 Diese Woche
Schlagzeilen und Bilder
(mit UT für Hörgeschädigte)
14.20 Damals. Vor 40 Jahren
Der Handel beginnt wieder
14.30 Filmforum
Ein Land in Trümmern
Der deutsche Film im Jahre Null
Von Malte Ludin
Deutschland 1945. Während die sowjetischen Trupen bereits die Oder überschreiten und die westlichen Allierten am Rhein stehen, wird in den Filmateliers unbeirrt weitergekurbiert an Spielfilmen, die das Volk von den Schrecken des Krieges ablenken sollten. Erst in den allerletzten Kriegstagen schlägt auch für den deutschen Film die Stunde Null.
15.30 Tobys Reise in ein unbekanntes Land
Australischer Kinderfilm nach einer Erzählung von Yoram Gross; Erzähler: Rolf Harris
16.45 Umwelt
17.15 Danke schön
+ Der große Preis
17.25 heute
17.30 Länderspiegel
18.20 .. Solid Gold
Top-Hits der amerik. Rock- u. Pop-Szene mit Tommi Ohrner
18.57 ZDF - Ihr Programm
19.00 heute
19.30 Unternehmen Köpenick
TV-Serie von Wolfgang Menge
Piratenstück
20.15 Wetten, daß...?
Speilereien von und mit Frank Eistner; Interpreten: Falco, John Denver, Chris de Burgh
22.00 heute
22.05 Aktuelles Sport-Studio
Mit Doris Papperitz
anschl. Gewinnzahlen
23.20 Die wilden Zwanziger
(sw / The Roaring Twenties)
USA 39, R: Raoul Walsh, D: James Cagney, Priscilla Lane, Humphrey Bogart u.a.
Cagney als Gangster, jung & dynamisch: in einem Film, der seinem archetypischen Titel voll gerecht wird. In epischer Breite wird erzählt, wie drei Männer, die sich in einem Schützengraben des ersten Weltkriegs trafen, den amerikanischen Traum in der goldenen Zwanzigern verwirklichen wollen. Und das heißt zur Zeit der Prohibition in erster Linie mit Alkoholschmuggel. - Ein Film aus dem Jahre 1939, als Bogart noch böse war, eine ziemlich eindimensionale Figur, hinter sadistischer Härte zeigt sich am Schluß der Feigling; Cagney dagegen stirbt grandios auf den Treppenstufen einer Kirche. ·He used to be a big shot.· F.A.
1.05 heute

SFB III

18.00 Sesamestraße
18.30 Musik im III.
Musik der Gegenwart (2)
19.15 III International
Halbmond, Kreuz und roter Stern - Bulgarien heute
Film von Friedrich Orter
20.00 Tagesschau
20.15 Das Leo-Baeck - Institut -
Eine Dokumentation von Itzchak Pruschnowski und Rainer K. G. Ott
21.00 Vor vierzig Jahren
Pathè Journal 20 und 21 vom 15. und 22. Mai 1946
Kommentar: Ernst Weisenfeld
21.25 Die Bienenköniginnen (sw)
(Una storia moderna/L'ape regina)
It/Fr 63, R: Marco Ferreri, D: Marina Vlady, Ugo Tognazzi, Walter Giller (87 Min.)
Der arme (Ehe)Mann! Um mit der Frau schlafen zu können, muß er sie hieraten. Dann ist er von ihrer Mischung aus Verführung und Hinhaltetechnik so mitgenommen, daß er von einem befreundeten Priester die rohen Eier segnen läßt. Und als sie ihn dann endlich lockt, ·Komm schon - wenn Du willst·, da wird er prompt in der nächsten Einstellung auf einer Trage in einen Kranken-wagen verfrachtet. Schließlich lächelt er glücklich auf einem Medaillon - aber als die Kamera zurückfährt, sehen wir, daß das auf seinem Grabstein befestigt ist. Das Kind wurde gezeugt, die Drohne hat ihre Schuldigkeit getan. F.A.
22.55 JazzFest Berlin 1984
The Fabulous Thunderbirds
23.55 Letzte Nachrichten

DDR 1

9.10 Programmvorschau
9.15 Medizin nach Noten
9.25 Aktuelle Kamera
10.00 Brummkreisel
Sdg. für Vorschulkinder
10.30 Neumanns Geschichten
(3) 9teilige Serie der DDR nach der Hörspielreihe ·Neumann - 2 x klingeln·
11.20 Mütter, Dollars und ein Krieg - Der Kampf in El Salvador
Bericht von Manfred Vosz (BRD)
12.05 Nachrichten
12.10 Sprungbrett - extra
Hartmut Schulze-Gerlach präsentiert eine bunte Mischung aus Schlager, Rock, Pop, Operette, Oper und Tanz
13.40 Nachrichten
13.50 Filmmerstunde (ab 6)
Veronica - Rumänien 74 R:
Elisabeta Bostan, D: Lulu Mihăesen, Margreta Pislaru, Dean Rudulescu u.a.
15.25 Pfiff. Programmvorschau des Kinderfernsehens
15.35 Musik und Snacks
·Unter und am Wasser·
16.35 Aus unserer Tierwelt
·Vorsicht, bissiger Zander!·
17.00 Sport aktuell
17.30 (dazw.) Nachrichten
18.45 Programmvorschau
18.50 Unser Sandmännchen
19.00 Der unsichtbare Mann 2. Ein Wesen ohne Kopf GB 83, 6teilige Serie
19.25 Das Wetter
19.30 Aktuelle Kamera
20.00 11. Internat. Zirkusfestival
Monte Carlo
Gale der Preisträger
Mit den Doveikos, Schleuderbrett (UdSSR); der Schleuderbrettruppe (KDVR); Kong Hongeen, Stuhlpagode (VR China); Roberto Bellucci, Tigerdresseur (I); Swing Brothers, Kaskadeure (GB) u.v.a.m.
21.20 Die standhafte Jungfrau - Spanien 70, Filmkomödie R: Jose Maria Forque, D: Carmen Sevilla, Jose L. Lopez, Vasquez, Vera Sanders u.a.
22.55 Aktuelle Kamera
23.10 Nahct des Dixieland
Vom 16. Internat. Dixieland-Festival 1986 (Übertrg. aus dem Kulturpalast Dresden/ - 1.45)

DDR 2

17.30 Siehste, bei und im 2.
17.35 Medizin nach Noten
17.45 Nachrichten
17.50 Unser Sandmännchen
18.00 Schwarze Wolken
6. Pantomime
18.52 Siehste, bei uns im 2.
18.55 Nachrichten
Polen 73, 9teilige Serie
19.00 Otto von Guericke
Bürgermeister, Ingenieur und Forscher. Film von G. Scheunert
19.30 Der Dresdner Zoo
Filmfeuilleton
20.00 Die Sünde
GB/F/Griechenland 73
R: George Pan Cosmatos, D: Raquel Welch, Richard Johnson, Frank Wolff u.a.
21.30 Aktuelle Kamera
22.00 Sport am Sonnabend
Gewichtheben, Europameisterschaften in Karl-Marx-Stadt
Sendeschluß gegen 23.20 Uhr

HÖRVERSTÄNDNIS

1. **Mit, bei, zu?**

   Markiere die richtige Antwort.

   1. mit — bei — zu
   2. mit — bei — zu
   3. mit — bei — zu
   4. mit — bei — zu
   5. mit — bei — zu
   6. mit — bei — zu

2. **Wünsche**

   Schreibe bitte Sätze.

   a) möchte
   b) hätte gern
   c) möchte gern haben

   1. _____ (*eine Kiste Orangen kaufen*)
   2. _____ (*eine Tasse Milch*)
   3. _____ (*2000 Dollar*)

3. *"Deutsches Magazin"*: **Konsumgesellschaft**

Lies den folgenden Text und höre ihn auch auf dem Tonband.

Sonderangebote aus der Zeitung

Den Sonntagsbraten zum günstigen Preis: Rinderschmorbraten, gut abgehangen. Ein Kilogram nur neun Mark und neunundneunzig Pfennige.

Frisch und günstig, Dole-Bananen aus den schönsten Gärten der Natur.

Jaffa Grapefruit aus Israel, vollsaftig, drei Stuck im Netz eine Mark und neunundneunzig Pfennig.

Aus Südtirol italienische Tafeläpfel, Jonathan Klasse eins, ein Kilogram eine Mark und neunundneunzig Pfennige.

Jetzt im Sonderangebot: Vitamine aufs Brot. Flora Soft Margarine, rein pflanzlich im 500 Gramm-Becher: eine Mark und neununddreißig.

Öttinger Pils oder Export, 20 Flaschen in 0,5 Liter, ohne Pfand 8 Mark und 98.

Und zum guten Frühstück: Jakobs Kaffee Meisterröstung, meisterlich geröstet, 500 Gramm-Packung nur neun Mark und 99 Pfennig.

Und für die Entspannung am Abend: Weinbrand Chantre 38 Volumen-Prozent in der 0,7 Literflasche, nur elf Mark und 99 Pfennige.

Und falls Sie einen Flecken davontragen: Omo phosphatfrei, der Umwelt zuliebe. 3 Kilo Tragepackung nur neun Mark, neunundneunzig Pfennige. Der Stolz der Hausfrau: weiße Wäsche.

Beantworte die folgenden Fragen mit ja *oder* nein.

1. Bekommst du Rinderschmorbraten, das Kilo, für DM 4,99? *ja/nein*

2. Kostet ein Kilogramm Bananen DM 1,99? *ja/nein*

3. Kostet ein Becher Margarine DM 1,50? *ja/nein*

4. Bekommst du 500 Gramm Kaffee unter DM 10? *ja/nein*

MUSTER AND MODELLE

I. SCHNELL UND GENAU

1. **Substantivformen**

Singular		Plural
_____	Auto	_____
_____	Fuß	_____
_____	Geld	_____
_____	Straße	_____

2. **Verbformen im Präsens**

    1. sprechen — sie _____
    2. laufen — du _____
    3. fahren — ihr _____
    4. sein — sie _____
    5. haben — du _____
    6. treffen — er _____
    7. geben — du _____
    8. heißen — es _____
    9. wissen — du _____
    10. anhalten — er _____

3. **Stolpersteine**

    1. Komm mit! Nein, ich habe _____ Zeit.

    2. Eine Tasse Kaffee/ Willi/geben/der Freund?
       _____

    3. Brigitte hat einen neuen Wagen.
       Sie zeigt _____ Susi.

4. Variation zum Minidrama

Setzen Sie die folgenden Wörter in den Text ein

Autos	geschehen	Sie
damit	hält	steigt
fährt	ist	Stunde
geben	mitnehmen	Wagen
Geld	nimmt	wir

AUF DER AUTOBAHN IM RUHRGEBIET

Brigitte: (1) _____ einem Anhalter mit. Er (2) _____ ein.

Anhalter: Das ist nett von Ihnen, daß Sie mich nach Düsseldorf (3) _____.

Brigitte: Gern (4) _____.

Anhalter: Was ist mit der Straße los?

Brigitte: Oh, eine Umleitung. (5) _____ müssen einen Umweg machen.

Anhalter: Das macht nichts. Es sind zu viele (6) _____ auf der Autobahn. Sie haben einen schönen (7) _____. Einen BMW, nicht wahr?

Brigitte: Ja, (8) _____ kann ich bis zu 165 Kilometer in der (9) _____ fahren.

Anhalter: Das (10) _____ aber gefährlich.

Brigitte: Nun, per Anhalter fahren ist auch gefährlich.

Anhalter: Aber Anhalter mitnehmen ist sehr, sehr gefährlich! Los, steigen (11) _____ hier aus!

Brigitte: Warum? Was ist los? (Sie (12) _____ an.)

Anhalter: Los, (13) _____ Sie mir ihr (14) _____!

Brigitte: Oh! Hier haben Sie mein Geld.... aber bitte nicht meinen BMW!!!

Anhalter: Los, steigen Sie aus!
(Brigitte steigt aus. Er (15) _____ weiter.)
Nicht vergessen: nehmen Sie nie Anhalter mit!

Brigitte: Polizei!!!!!

II. STRUKTUREN IM KONTEXT

1. Der- und ein-Wörter

*euer   ohne Endung
*eur-   mit Endung

der-Wörter

	M	W	S	PL
N	dieser	diese	dieses	diese
A	diesen	diese	dieses	diese
D	diesem	dieser	diesem	diesen
G	dieses	dieser	dieses	dieser

ein-Wörter

	M	W	S	PL
N	mein	meine	mein	meine
A	meinen	meine	mein	meine
D	meinem	meiner	meinem	meine
G	meines	meiner	meines	meine

Schreiben Sie bitte die Endungen

der-Wörter

	M	W	S	PL
N	manch ____	manch ____	manch ____	manch ____
A	solch ____	solch ____	solch ____	solch ____
D	jen ____	jen ____	jen ____	jen ____
G	jed ____	jed ____	jed ____	jed ____

ein-Wörter

	M	W	S	PL
N	kein ____	kein ____	kein ____	kein ____
A	*eur ____	eur ____	*euer ____	eur ____
D	unser ____	unser ____	unser ____	unser ____
G	Ihr ____	Ihr ____	Ihr ____	Ihr ____

2. Der Blumenladen (Dativ oder Akkisativ? *Der-* und *ein-*Wörter)

Sophia: Komm, wir gehen in(1) ein _____ Blumenladen (*m*).

Ulrich: Gut. Es gibt schöne Blumen hinter (2) d _____ Kirche (*w*).

Sophia: Dann müssen wir hier über (3) d _____ Straße (*w*) gehen.

Ulrich: Achtung! Komm nicht unter (4) dies _____ Auto (*s*).

Sophia: Nein. Zwischen (5) d _____ Kirche und (6) d _____ Markt (*m*) ist auch eine Konditorei. Wir können auf (7) d _____ Weg (*m*) Kuchen kaufen.

Ulrich: Ja, Kuchen vor (8) d _____ Essen (*s*) ist eine gute Idee.

Sophia: Nein, natürlich nach dem Essen. Vorsicht, du kommst gleich unter (9) d _____ Autobus (*m*)!

Ulrich: Kein Problem. Ich gehe nicht gern auf (10) dies _____ Straße (*w*). Oh, und jetzt regnet es. Es regnet auf (11) m _____ neues Jackett (*s*)!

Sophia: Hier, unter (12) m _____ Schirm (*m*) bleibst du trocken.

Ulrich: Wir müssen noch über (13) d _____ Brücke (*w*). Wir gehen zwischen (14) dies _____ Häuser (*pl*). Hier kommt kein Regen hin.

Sophia: Hinter (15) d _____ Büschen (*pl*) in (16) d _____ Park (*m*) ist ein Café. Wir können dort einen Kaffee trinken, bis es nicht mehr regnet.

Ulrich: O.K. In (17) d _____ Café können wir auch ein Stück Schokoladenkuchen essen.

Sophia: Ich trinke Kaffee ohne Milch!

3. Im Radiogeschäft (Nominativ, Akkusativ, Dativ oder Genitiv?)

der-Wörter:	diese	manche
	welche	solche
	jede	alle
	jene	

Benutzen Sie jedes der-Wort!

Harold: (1) _____ Radioapparat (*m*) möchtest du kaufen?

Karla: (2) _____ Apparat hier gefällt mir.

(3) _____ Radio (*s*) von Blaupunkt ist billig.

Harold: (4) _____ Radios (*pl*) hier sind zu teuer! Für

(5) _____ Sachen (*pl*) hast du Geld?

Karla: (6) _____ Leute (*pl*) wissen, was Qualität ist! Der Blaupunkt ist besser als ein japanisches Radio.

Harold: Von (7) _____ Freunden (*pl*) hast du von

(8) _____ Radiogeschäft (*s*) gehört?

Karla: (9) _____ Freunde kennen (10) _____ Geschäft.

Harold: Der Preis (11) _____ Kofferradio _____ ist o.k.

Karla: Der Preis (12) _____ Modell _____ (*s*) da drüben ist besser.

Harold: Die Farbe (13) _____ Apparate (*pl*) hier ist toll! Lila!

Verkäufer: Kann ich Ihnen (14) _____ Fernsehtruhen (*pl*) dort zeigen?

(15) _____ Truhe (*w*) kostet DM 2500.

Karla: Nein, danke. Ich habe (16) _____ Modell (*s*) schon.

(17) _____ Radiostationen (*pl*) hört man mit

(18) _____ Blaupunkt-Radio?

Verkäufer: Sie bekommen (19) _____ Sender in Florida. Aber bei (20) _____ Sendern (*pl*) brauchen Sie eine Antenne.

Harold: (21) _____ Radios (*pl*) sind nicht gut.

Karla: (22) _____ Apparat (*m*) ist auch für Kassetten?

Verkäufer: (23) _____ Modelle (*pl*) dort drüben sind auch für Kassetten. Auf (24) _____ Party (*w*) können Sie Musik spielen. (25) _____ Kassettenrekorder (*pl*) verkaufe ich viel. Sie kosten 250 D-Mark.

Karla: Gut, ich nehme den Apparat, aber ohne (26) _____ Antenne (*w*).

4. **Im Park** (*ein*-Wörter)

mein	ihr
dein	unser
sein	euer
ihre	

Helmut: Siehst du dort Irma Mayer? (1) _____ Vater hat ihr ein neues Auto gekauft.

Erich: Du und (2) _____ Bruder habt doch auch einen Wagen. (3) _____ Auto fährt sehr gut.

Helmut: Ja, aber es ist alt. Irma hat gesagt, ich kann in (4) _____ Wagen mitfahren.

Erich: Du machst das bloß, weil (5) _____ Augen (*pl*) blau sind und (6) _____ Haar (*s*) blond ist. Du hast dich verliebt.

Helmut: Na ja, ein bißchen. Wenn du und ich morgen Fußball spielen, kommt sie zu (7) _____ Fußballclub.

Erich: Kommen (8) _____ Eltern (*pl*) auch?

Helmut: Nein, nur (9) _____ Brüder kommen.

Erich: Schade, ich möchte gern (10) _____ Schwester kennenlernen.

Helmut: Ich habe keinen Ball. Bringst du morgen (11) _____ Fußball mit?

Erich: Gerne. Hast du den Brüdern schon (12) _____ Eintrittskarten (*pl*) gegeben?

Helmut: Ja. Sie kommen nicht ohne (13) _____ Karten (*pl*). Mein Bruder Fritz bringt (14) _____ Freund mit.

Erich: Wenn wir gewinnen, kauft mir (15) _____ Mutter einen Tennisschläger.

Helmut: Irma Mayer spielt auch Tennis. (16) _____ Vater hat ihr im Sommer einen Tennisschläger gekauft.

Erich: Ich werde also (17) _____ Tennispartner sein.

Helmut: Nein, das ist nicht fair. Du hast (18) _____ Freundin Isa. Ich spiele mit Irma. Du kannst mir (19) _____ Tennisschläger leihen.

5. Liebe Irene! (Possessive Adjektive, Pronomen)

| Du, Ihr, Sie | Du, Dich, Dir, Dein |
| | Ihr, Euch, Euer- |

Nur im Brief groß schreiben.
Margarete schreibt diesen Brief auch an Herrn Frank (formell) und ihre Freundinnen Marion und Liesel (informell, plural).

Liebe Irene!

Wie geht es (1) <u>Dir</u> und (2) <u>Deinen</u> Eltern? Wann (3) <u>besuchst Du</u> mich? Gestern habe ich die Frau (4) <u>Deines</u> Professors gesehen. Wir haben über (5) <u>Dich</u> gesprochen.

Während (6) <u>Deiner</u> Party am Samstag habe ich mich sehr amüsiert. (7) <u>Dein</u> Haus ist sehr schön und (8) <u>Deine</u> Eltern (*pl*) sind nett. Mit den Freunden (9) <u>Deiner</u> Schwester (*pl*) (*w*) Uschi habe ich oft getanzt. (10) <u>Du</u> singst phantastisch. Ohne (11) <u>Deinen</u> Gesang ist keine Party schön! Nach (12) <u>Deiner</u> Fete (*w*) war ich noch im Ratskeller. Dort hätte es (13) <u>Dir</u> auch gefallen. Ich war dort mit (14) <u>Deinem</u> Nachbarn Joe. Er hat (15) <u>Dich</u> gern. Wegen (16) <u>Deines</u> anderen Freundes, Bob, ist er nicht zu (17) <u>Dir</u> gekommen. (18) <u>Du</u> mußt mit ihm sprechen.

Gehst (19) <u>Du</u> morgen in (20) <u>Deinen</u> Tennisclub? Ich kann (21) <u>Dich</u> dort bei (22) <u>Deiner</u> Trainerin treffen. Ich lade (23) <u>Dich</u> zum Kaffee ein.

Für heute verbleibe ich mit herzlichen Grüßen auch an (24) *Deine* Eltern,

(25) <u>Deine</u>

Margarete

Lieber Herr Frank!

_____
_____
_____
_____
_____
_____
_____
_____
_____

Liebe Marion und Liesel!

_____
_____
_____
_____
_____
_____
_____
_____
_____

6. Möbel für mein Haus (Akkusativ oder Dativ? - mein)

Akkusativ	Dativ
stellen	stehen
legen	liegen

1. Ich bringe den Tisch in mein_____ Zimmer (s).
   Der Tisch ist jetzt in mein_____ Zimmer.

2. Ich stelle die Vase auf mein_____ Tisch (m).
   Die Vase steht auf mein_____ Tisch.

3. Ich hänge das Foto an mein_____ Wand (w).
   Das Foto hängt an mein_____ Wand.

4. Ich stelle den Stuhl neben mein_____ Sofa (s).
   Der Stuhl steht neben mein_____ Sofa.

5. Ich bringe die Pflanzen hinter mein_____ Stühle (pl).
   Die Pflanzen sind hinter mein_____ Stühlen.

6. Ich hänge das Mobile über mein_____ Piano (s).
   Das Mobile schaukelt über mein_____ Piano.

7. Ich stelle meine Schuhe unter mein_____ Bett (s).
   Meine Schuhe stehen unter mein_____ Bett.

8. Die Blumen bringe ich vor mein_____ Fenster (*pl*).

   Die Blumen sind vor mein_____ Fenster_____.

9. Ich lege den Teppich zwischen mein_____ Schrank (*m*) und

   mein_____ Soft (*s*). Der Teppich liegt zwischen

   mein_____ Schrank und mein_____ Sofa.

10. Ich stelle die Gläser in mein_____ Schrank (*m*).

    Die Gläser stehen in mein_____ Schrank.

7. Auf dem Flohmarkt (Nominativ, Akkusativ oder Dativ?)

Susan: Raimund, siehst du (1) d____ Brieftasche (*w*) auf (2) d____ Tisch (*m*)?

Raimund: Sie sieht ziemlich kaputt aus. Was willst du mit (3) d____ Brieftasche? Hier ist (4) ein____ Buch von 1890! Das ist (5) ein____ Antiquität (*w*) aus Griechenland. Und hier ist (6) ein____ Buch aus (7) d____ Jahr 1921.

Susan: Was willst du mit (8) solch____ Büchern (*pl*)? Du kannst doch gar kein Griechisch!

Raimund: Na und? (zum Verkäufer): Was kosten (9) dies____ Bücher?

Verkäufer: Das ist ein Sonderangebot (*s*). 15 D-Mark.

Susan: Siehe da, hinter (10) d____ Tisch liegen auch Kleider. Da ist (11) ein ____ Pullover (*m*). Die Farbe paßt zu (12) mein____ Jacke (*w*).

Raimund: Meinst du (13) dies____ Rock (*m*) und (14) dies____ Bluse (*w*) vor (15) d____ Teddy-Bären (*pl*)?

Verkäufer: Ja, hier, (16) dies____ Sachen sind sehr preiswert. Ich lege (17) d____ Sachen hier auf (18) d____ Tisch. Sie können sie anschauen.

Raimund: Kauf dir doch (19) d____ Hemd (*s*) und (20) d____ Pullover. Sie stehen dir gut.

Susan: Wir können auch etwas für (21) mein ____ Bruder kaufen. Zwischen (21) d ____ Stühlen liegt (23) ein ____ Vase. Wir nehmen sie auch.

Raimund: Tja, soll ich (24) d ____ Bücher auch kaufen? Ich muß dann Griechisch lernen.

8. Der Ja-Sager und der Nein-Sager (Wortfolge)

| **Beispiel:** | Ja: | Ich fahre heute nach Denver. |
| | Nein: | *Ich fahre heute* **nicht** *nach Denver.* |

Ja: Ich fliege gern.
1. Nein: _____

Ja: Ich sehe die Welt!
2. Nein: _____

Ja: Ich zeige dir die Vereinigten Staaten von Amerika!
3. Nein: _____

Ja: Ich fahre um 2.00 Uhr zum Flughafen.
4. Nein: _____

Ja: Ich nehme dieses Taxi.
5. Nein: _____

Ja: Das Taxi fährt schnell.
6. Nein: _____

Ja: Am Flugplatz warte ich.
7. Nein: _____

Ja: Ich lese.
8. Nein: _____

Ja: Mein Buch ist interessant.
9. Nein: _____

Ja: In Denver besuche ich meinen Onkel.
10. Nein: _____

Ja: Ich komme um 7.00 Uhr in Denver an.
11. Nein: _____

    Ja: Mein Onkel gibt mir 1000 Dollar.
12. Nein: _____

    Ja: Ja, so ist das!
13: Nein: _____

9. Das Hobby (Negativ - Sätze)

> **Beispiel:** a) Kommst du heute zu mir?
> b) *Kommst du heute* **nicht** *zu mir?*
>
> a) Hast du ein Hobby?
> b) *Hast du* **kein** *Hobby?*

1. a) Ich sammle Briefmarken.
   b) _____

2. a) Mein Hobby ist teuer.
   b) _____

3. a) Ich habe eine Briefmarke aus der Sowjetunion.
   b) _____

4. a) Gehen wir einkaufen?
   b) _____

5. a) Nimmst du mich mit?
   b) _____

6. a) Ist das ein Mercedes-Benz?
   b) _____

7. a) Mein Auto fährt sehr schnell.
   b) _____

8. a) Es ist mein zweites Hobby.
   b) _____

9. a) Es ist eine Investition.
   b) _____

10. a) Ich fahre in die Stadt.
    b) _____

11. a) Ich treffe dort einen Freund.
    b) _____

12. a) Ich steige hier aus.

    b) _____

13. a) Ich jogge.

    b) _____

14. a) Warum joggst du?

    b) _____

15. a) Joggen ist ein Hobby für mir.

    b) _____

10. **Der Ball (hin** oder **her?)**

    1. Wo _____ kommt der Ball?

    2. Wo _____ fliegt der Ball?

11. **Caseys und Bobs Aktivitäten (bei** oder **mit?)**

    1. Casey und Bob wohnen _____ ihren Eltern.

    2. Die Großeltern schicken Bob einen Brief _____ Luftpost.

    3. Heute abend haben sie eine Party _____ ihren Freunden.

    4. Wenn Bob im Baseball gewinnt, schickt seine Tante ein Paket _____ der Eisenbahn.

    5. _____ ihren Motorrädern besuchen sie Onkel Jupp.

    6. Er erzählt viele Geschichten, und sie sind gern _____ ihm.

III. KOMMUNIKATIVE ÜBUNGEN: *"DEUTSCHES MAGAZIN"*

1. **Über mich (Kleine Vokabularübung: Zahlen)**

   Buchstabieren Sie bitte.

   ───

   Zahlen sind weiblich als Substantiv.

   die Eins   die Null
   die Zwanzig

   Ich schreibe eine Fünf.
   Ich habe **fünf** *Finger.*

   ───

Ich bin (1) _____ (21) Jahre alt und wohne in Nordrhein-Westfalen. Meine Stadt heißt Düsseldorf. Unsere Wohnung ist in der Rhein-Straße Nr. (2) _____ (13). Ich habe (3) _____ (6) Cousinen, (4) _____ (9) Cousins, (5) _____ (4) Onkel und (6) _____ (3) Tanten. Ich lese "Bild-Zeitung", "Stern" und viele Bücher. Märchen sind schön; ich lese (7) _____ (1001) Nacht. Das sind arabische Märchen. Heute gehe ich zur Bank. Ich habe (8) _____ (267) D-Mark auf dem Konto. Ich wechsele auf der Bank einen (9) _____ (100) Mark-Schein in Münzen zu (10) 2 ____ (5) D-Mark. Mit (11) _____ (44) Jahren habe ich (12) _____ (1.000.000,00) Mark!

2. Was machen die Leute?

Direkte Objekte:	Verben:	Subjekte:	Indirekte Objekte:
der Photoapparat	zeigen	Her Bohn	die Busfahrer (*pl*)
die Zähne	geben	Frau Bohn	das Kleinkind
das Kofferradio	holen	Tante Charlotte	der Frisbeespieler
das Auto	erklären	Onkel Hugo	mein Freund
die Fernseher (*pl*)	senden	die Großmutter	unser Nachbar
die Ohrringe (*pl*)	schenken	der Großvater	eure Großeltern
der Mixer		Manfred	dieser Pilot
die Lebensmittel (*pl*)		Helga	jede Freundin
das Windsurfbrett			alle Verkäufer (*pl*)
die Schuhe (*pl*)			der Filmstar
der Taschenrechner			kein Kanadier
die Schreibmaschine			der Amerikaner
die Uhr			
die Eheringe (*pl*)			
der Rasenmäser			
die Waschmaschine			
der Computer			
der Diaprojektor			

1. Herr Bohn gibt jeder Freundin einen Mixer.
   _____

2. _____

3. _____

4. _____

5. _____

6. _____

7. _____

Alicante 2 Wochen..................ab DUS, DM **390,–**	**Menorca** 1 Wo., Hotel Cala Bona, ÜF......ab DUS, DM **648,–**
Cagliari Sardinien, 2 Wochen..............ab ZRH, DM **357,–**	**Mallorca** 2 Wochen.........................ab DUS, DM **351,–**
Corfu 2 Wochen....................ab DUS, DM **455,–**	**Mallorca** 2 Wo., Hostal Zama, ÜF.........ab DUS, DM **663,–**
Faro 2 Wochen.......................ab MUC, DM **480,–**	**New York** 2 Wochen.......................ab FRA, DM **769,–**
Fuerteventura 2 Wochen......ab DUS, DM **575,–**	**Rhodos** 2 Wochen.......................ab MUC, DM **487,–**
Ibiza 2 Wochen......................ab MUC, DM **389,–**	**Brasilien** 1 Wo., Hotel Recife Palace, ÜF, ab DUS/MUC, DM **1372,–**
Kenia 2 Wo., Hotel Watamu Beach, VP..........ab MUC, DM **1320,–**	**San Francisco** 2 Wochen...ab FRA, DM **1127,–**

FIAT DUCATO

Angebot der Fiat Kredit Bank	Ducato Kastenwagen 10 Benziner	Ducato Kastenwagen 10 Diesel
Laufzeit	36 Monate	36 Monate
maximale Laufleistung	60.000 km	60.000 km
Mietsonderzahlung	Null	Null
monatliche Leasingrate + Mehrwertsteuer	DM 299.– DM 41.86 DM 340.86	DM 333.– DM 46.62 DM 379.62

Ford Transit-Gewerbe-Leasing

Modell	FT 80 (Benziner) Kastenwagen	FT 80 (Benziner) 9-Sitzer-Kombi Hochdach (Innenhöhe 1,51 m)	FT 130 (Diesel) Kastenwagen Hochdach (Innenhöhe 1,85 m)
Monatliche Leasing-Rate	336,– DM	404,– DM	558,– DM
Leasing-Zeit	36 Monate	36 Monate	36 Monate
Gesamtfahrleistung	70 000 km	70 000 km	70 000 km

Zuzüglich Mehrwertsteuer, Überführungs- und Zulassungskosten, ohne Sonderzahlung

Finanzierung für Transit-Neufahrzeuge

Effektiver Jahreszins 3,9% (auch bei Finanzierung ohne Anzahlung). Laufzeit 12 bis 47 Monate, wenn Sie jetzt kaufen.

Prima Klima.

Monat	Tageshöchsttemp. in °C	Sonnenstunden täglich	Wassertemp. in °C
Januar	30	8	27
Februar	29	9	26
März	30	9	26
April	30	9	27
Mai	31	8	27
Juni	31	8	27
Juli	32	8	28
August	32	8	28
September	32	8	29
Oktober	31	7	29
November	31	8	27
Dezember	30	8	27

3. Wohin fahren wir?

Bitte buchstabieren Sie die Zahlen, wie man sie spricht:

| Wohin fahren wir? | Wie fahren wir? |
| Was kostet das? | Wie ist das Wetter? |

1. Die Fahrt nach Mallorca kostet _____.

2. Wir fahren mit dem Ford Benziner-Kombi. Das Auto kostet im Monat

   _____.

3. Die Temperatur ist im Juli in Mallorca _____ Grad Celcius.

4. Mein Vater fährt nach San Francisco. Es kostet

   _____.

5. Er hat ein Leasing-Auto von Fiat Diesel. Das Auto kostet im Monat

   _____.

6. In Ibiza scheint die Sonne im August _____ Stunden täglich.

7. Willi und Jack machen eine Safari in Kenia. Es kostet

   _____.

8. Sie haben einen FIAT Diesel-Kastenwagen. Das Leasing kostet im Monat

   _____.

9. Die Wassertemperatur im Mittelmeer ist im August _____ Grad Celcius.

10. Ist die Tageshöchsttemperatur dort im August _____ Grad Celcius.

Oliver Sacks
Der Mann, der seine Frau mit einem Hut verwechselte
Deutsch von D. van Gunsteren.
320 Seiten. Geb. DM 34,–

Langenscheidts Großwörterbuch Deutsch-Englisch
Der Kleine Muret-Sanders.
Langenscheidt. 1296 S., rd. 200000 Stichw. Ln. DM 148,00
ISBN 3-468-02125-9

Übungen zu Präpositionen und synonymen Verben
Hueber, 7. Aufl. 1985. 80 S. Kart. DM 10,50
ISBN 3-19-001094-3

Deutsche Grammatik
Ein Handbuch für den Ausländerunterricht. Enzyklopädie, 10. Aufl. 1987. 737 S., 43 Abb. Ln. DM 16,10
ISBN 3-324-00118-8

Ivy Compton-Burnett
Männer und Frauen
Roman/Klett-Cotta

302 Seiten, Leinen, 39,80 DM

Das Buch zum Film. Thierry de Navacelle hat Woody Allen bei den Dreharbeiten zu seinem neuesten Film »Radio Days« (Originaltitel) beobachtet. (1598) DM 12,80

Margarete Mitscherlich
Die friedfertige Frau
Eine psychoanalytische Untersuchung zur Aggression der Geschlechter.
Bd. 4702
DM 8,80

JULIET MITCHELL
Frauen: die längste Revolution
Feminismus, Literatur, Psychoanalyse
Aus dem Englischen von Max Looser
214 S.,
Engl. Broschur
DM 29,80

S. Fischer

4. Bücher kaufen

Bitte buchstabieren Sie die Zahlen:

Was kostet...

1. ... ein Buch über Woody Allen?
   _____

2. ... ein Buch mit _____ (302) Seiten?
   _____

3. ... eine Deutsche Grammatik?
   _____

4. ... das Buch Frauen: die längste Revolution?
   _____

5. ... ein deutsch-englisches Wörterbuch?
   _____

6. ... ein Buch vom Klett-Verlag?
   _____

7. ... ein Übungsbuch von _____ (1985)?
   _____

8. ... ein Buch über eine Frau, einen Mann und einen Hut?
   _____

HÖRVERSTÄNDNIS

1. **Stehen oder stellen**

   Höre die Sätze auf dem Tonband. Schreibe die richtige Form von **stehen** *oder* **stellen**.

   1. _____   4. _____

   2. _____   5. _____

   3. _____

2. *"Deutsches Magazin":* **Zwei Studentinnen unterhalten sich.**

   Höre die Sätze auf dem Tonband. Sind sie richtig oder falsch?

   1. richtig/falsch

   2. richtig/falsch

   3. richtig/falsch

   4. richtig/falsch

   5. richtig/falsch

MUSTER UND MODELLE

I. SCHNELL UND GENAU

1. **Substantivformen**

   Singular   Plural

   1. _____ Nummer   _____

   2. _____ Stimme   _____

   3. _____ Zufall   _____

   4. _____ Fehler   _____

2. **Stolpersteine**

   1. Darf ich dir meine Freundin Isabella Schmitt vorstellen? Und hier ist _____ (*Possessivpronomen*) Schwester Martina Schmitt.

   2. Meine Tante wohnt schon lange _____ (*Präposition*) mir.

   3. Hole mir bitte meine Tasche _____ (*Pronomen*) ist im Wohnzimmer.

3. **Variation zum Minidrama**

   Fügen Sie bitte die folgenden Wörter in den Text ein:

billiges	gestern	nach
dreizehn	Gott	ohne
einen	habe	teuer
einhundertdreißig	kommt	
Fehler	Moment	

   ### HOTEL GOLDENER GREIF

   Jack und sein Onkel Hans sind bei der Anmeldung im Hotel "Goldener Greif" in Kitzbühel in den österreichischen Alpen.

   Frau Baierle: Grüß (1) _____. Kann ich Ihnen helfen?

   Onkel Hans: Haben Sie noch zwei Einzelzimmer?

   Frau Baierle: Mit oder (2) _____ Bad?

   Onkel Hans: Ohne Bad. Ich brauche ein (3) _____ Zimmer.

Frau Baierle: Einen (4) _____. Ja, gut. Zwei Einzelzimmer mit fließend Wasser. Das macht (5) _____ Mark.

Onkel Hans: In der Woche?

Frau Baierle: Ha, ha. Sie haben Humor!

(*Man hört Donner*)

Jack: Hast du den Donner gehört! Ein Gewitter
(6) _____. Wir müssen hierbleiben.
(7) _____ hatten wir noch billige Zimmer.

Frau Baierle: Wo soll ich sie herzaubern? Sie haben eben Pech. In Kitzbühel ist alles sehr (8) _____ geworden.

Jack: Mein Neffe hat leider (9) _____
(10) _____ gemacht. Wir wollten
(11) _____ Niederbayern, aber er hat den falschen Zug genommen.

Frau Baierle: So, so. Haben sie schon das Anmeldeformular ausgefüllt?

Jack: Nein, das (12) _____ ich vergessen. Wo ist es?

(*Es donnert wieder*)

Frau Baierle: Hier. Oh, das Gewitter ist schlimm. Aber letztes Jahr hatten wir zehn Tage ein Gewitter.

Onkel Otto: Gottseidank, daß ich letztes Jahr in Spanien war.

Frau Baierle: Hier ist der Schlüssel. Zimmer (13) _____. Ich wünsche Ihnen eine gute Nacht. Sie sind doch nicht abergläubisch?

II. STRUKTUREN IM KONTEXT

1. **Niemand macht etwas (Imperativ)**

   > **Beispiel:** *Am Montag sagt Josef zu seiner Freundin Maria:*
   > *"Kaufe einen neuen Rasenmäher!"*
   > *Maria sagt zu ihren Eltern: "Kauft einen neuen Rasenmäher!"*
   > *Die Eltern zu ihren Nachbarn, Herrn Müller:*
   > *"Kaufen Sie einen neuen Rasenmäher!"*

   1. a) Josef zu Maria:

      "_____ ein Buch über Gärten aus der Bibliothek!" (*holen*)

      b) Maria zu ihren Eltern:

      "_____!"

      c) Die Eltern zu Herrn Müller:

      "_____!"

   2. a) Josef zu Maria:

      "_____ dem Gärtner einen Busch!" (*geben*)

      b) Maria zu ihren Eltern:

      "_____!"

      c) Die Eltern zu Herrn Müller:

      "_____!"

   3. a) Josef zu Maria:

      "_____ einen Gartentisch _____!" (*mitbringen*)

      b) Maria zu ihren Eltern:

      "_____!"

      c) Die Eltern zu Herrn Müller:

      "_____!"

   4. a) Josef zu Maria:

      "_____ einen Blumenstrauß!" (*machen*)

      b) Maria zu ihren Eltern:

      "_____!"

      c) Die Eltern zu Herrn Müller:

      "_____!"

   5. a) Josef zu Maria:

      "_____ eine Azalee!" (*pflanzen*)

      b) Maria zu ihren Eltern:

      "_____!"

c) Die Eltern zu Herrn Müller:

"_____!"

6. a) Josef zu Maria:

"_____ zwanzig Tomatenpflanzen!" (*bestellen*)

b) Maria zu ihren Eltern:

"_____!"

c) Die Eltern zu Herrn Müller:

"_____!"

7. a) Josef zu Maria:

"_____ der Schwester eine Wassermelone!" (*schenken*)

b) Maria zu ihren Eltern:

"_____!"

c) Die Eltern zu Herrn Müller:

"_____!"

8. a) Josef zu Maria:

"_____ mit dem Freund zum Garten!" (*fahren*)

b) Maria zu ihren Eltern:

"_____!"

c) Die Eltern zu Herrn Müller:

"_____!"

9. a) Josef zu Maria:

"_____ ein Kapitel im Gartenbuch!" (*lesen*)

b) Maria zu ihren Eltern:

"_____!"

c) Die Eltern zu Herrn Müller:

"_____!"

10. a) Josef zu Maria:

"_____ bitte nett!" (*sein*)

b) Maria zu ihren Eltern:

"_____!"

c) Die Eltern zu Herrn Müller:

"_____!"

2. Besuch (Imperativ)

> **Beispiel:** *Die Studenten machen die Hausaufgaben.*
> *Irma Klug: "Macht die Hausaufgaben!"*

    Hans kommt herein.

Tina: (1) "_____"

    Hans und Tina gehen in das Wohnzimmer.

Vater: (2) "_____"

    Herr und Frau Bülow trinken Kaffee.

Mutter: (3) "_____"

    Herr Bülow erzählt eine Geschichte.

Vater: (4) "_____"

    Hans erzählt auch eine Geschichte.

Frau Bülow: (5) "_____"

    Die Mutter holt den Kuchen aus der Küche.

Vater: (6) "_____"

    Frau Bülow ißt noch ein Stück Kuchen.

Mutter: (7) "_____"

    Der Vater ißt auch noch eine Stück Kuchen.

Hans: (8) "_____"

    Tina und Hans nehmen noch etwas.

Vater: (9) "_____"

    Herr und Frau Bülow bleiben doch noch ein bißchen hier.

Mutter: (10) "_____"

3. Urlaub in Österreich (Perfekt)

Beispiel: *Max: Wohin fährst du?*
Wohin bist du gefahren?

Grete: Nach Österreich. Ich bleibe zwei Wochen.

(1) _____

Max: Findest du es dort schön?

(2) _____

Grete: Ja. Ich weiß auch viel über die österreichische Landschaft.

(3) _____

Max: Fährst du mit dem D-Zug?

(4) _____

Grete: Ja, man sitzt bequem in der 1. Klasse. Aber ich verstehe den Fahrplan nicht!

(5) _____

Max: Wie sind die Hotels in Kitzbühel?

(6) _____

Grete: Das Hotel "Alpenrose" gefällt mir gut.

(7) _____

Max: Bist du mit dem Service zufrieden?

(8) _____

Grete: Oh ja. Ich nehme das beste Zimmer.

(9) _____

Max: Nimmst du deinen Pudel mit?

(10) _____

Grete: Nein, ich nehme ihn zu meiner Schwester.

(11) _____

Max: Schreibst du deinen Freunden Postkarten?

(12) _____

Grete: Nein, ich lerne zu viele neue Bekannte kennen.

(13) _____

Max: Wann beginnt dein Urlaub?

(14) _____

Grete: Immer zu spät!

Max: Und wann kommst du zurück?

(15) _____

Grete: Ich fange am Montag mit der Arbeit an.

(16) _____

4. **Brief vom Hotel (Imperfekt - Schwache Verben)**

Oberammergau, den 5. August 1990

Meine liebe Schwester!

Gestern (1) _____ (bestellen) wir ein Zimmer im Hotel Edelweiß. Ein Mann (2) _____ (holen) uns am Bahnhof ab. Wir (3) _____ (danken) ihm. Die Fahrt mit dem Taxi zum Hotel (4) _____ (kosten) nicht viel. Ich (5) _____ (wohnen) im 18. Stock und Elli im Parterre. Im Hotel (6) _____ (arbeiten) ich an meinem Buch. Auch (7) _____ (lernen) ich ein bißchen bayerischen Dialekt. Am Abend (8) _____ (telefonieren) ich mit meiner Großmutter in Australien. Es geht ihr gut. Sonst (9) _____ (machen) ich am Abend noch viel. Aber ich (10) _____ (brauchen) auch sehr viel Geld. Wir (11) _____ (haben) Spaß bei einer alten Filmkomödie. Wir (12) _____ (lachen) von 8.00 bis 10.00 Uhr. Am nächsten Tag (13) _____ (haben) ich Kopfschmerzen. Ich (14) _____ (studieren) nicht.

Viele Grüße,

5. Der unerwartete Besuch (Verben)

Es (1) _____ 5 Uhr nachmittags. Willi (2) _____ über seinen Büchern und nicht langsam dabei ein. Plötzlich (3) _____ das Telefon. Die Verwandten (4) _____ da. (*sein, sitzen, klingeln, sein: Präsens*)

Willi: Hier Willi.

Onkel Udo: (5) _____ dich, Willi. Hier Onkel Udo aus Posemuckel, wo die Hunde mit dem Schwanz bellen. (*grüssen: Imperativ*)

Willi: Onkel Udo, wie (6) _____ es dir? Welch eine Überraschung! *Präsens* Wie (7) _____ es Tante Fia. (*gehen, gehen: Präsens*)

Onkel Udo: Sie (8) _____ neben mir und (9) _____ dich herzlich grüssen. (*stehen, lassen: Präsens*) Du (10) _____ es nicht (11) _____, aber wir (12) _____ im Lotto (13) _____. (*glauben: Präsens; gewinnen: Perfekt*). Wir (14) _____ heute abend zu dir. (*fliegen: Präsens*)

Willi: (15) _____ sich am Kopf und (16) _____ höflich zu sein): Toll Mensch, das (17) _____ mich! (*kratzen, versuchen, freuen: Präsens*)

Onkel Udo: Wir (18) _____ dich vom Flughafen aus (19) _____. Wir (20) _____ ein Taxi und (21) _____ bald bei dir. Tschüß. (*anrufen, nehmen, sein: Präsens*)

Willi: Tschüß. Er (22) _____ verblüfft (23) _____. (*auflegen: Präsens*)

Annette kommt herein.

Annette: Wie (24) _____ es, daß du heute so gute Laune (25) _____? (*kommen, haben: Präsens*)

Willi: Meine Verwandten (26) _____ gleich hier.
(sein: Präsens)

Annette: Toll Mann, wir (27) _____ ein schönes Abendessen vorbereiten. (können: Präsens)

Willi: Oder ich (28) _____ euch lieber ins Restaurant (29) _____.
(einladen: Präsens)

6. Die Pfadfinder (Verben Mit Präfixen)

Oliver und Harriet wandern heute durch den Wald.

Harriet: "Oliver, ich steige auf diesen Berg. (1) _____ (mitkommen) du _____?" (Präsens)

Oliver: "Ich weiß nicht. Dieser Rucksack ist so schwer. Und ich habe Hunger. Was (2) _____ (mitbringen) du zum Essen _____?" (Perfekt)

Harriet: "Du (3) _____ (aufessen) alles schon _____?" (Perfekt)

Oliver: "Wo sind wir?"

Harriet: "Ich (4) _____ (ansehen) die Karte nochmal _____." (Präsens)

Oliver: "O weh! Wir finden den Weg nicht aus dem Wald. Wir haben keine Brotkrümmel. Kennst du das Märchen von Hänsel und Gretel?"

Harriet: "Ich (5) _____ (zuhören) nicht _____." (Präsens)

Oliver: "Sie gingen in den Wald hinein und (6) _____ (zurückkommen) nicht _____." (Imperfekt)

Harriet: "(7) _____ (aufpassen) eine Schlange!" (Imperativ)

Oliver: "Hugh! Weg hier!"

Harriet: "Nicht so schnell, Hänsel! Du (8) _____ (vorbeirennen) einfach an mir (Präsens) _____ !"

Oliver: "Wir (9) _____ (ankommen) _____ (Perfekt) !"

Harriet: "Hurrah! (10) _____ (aufmachen) wir die Flasche Sekt (Präsens) _____ ?"

Oliver: "Sekt! Woher hast du den Sekt?"

Harriet: "Ja, du trägst ihn in deinem Rucksack."

III. KOMMUNIKATIVE ÜBUNGEN: *"DEUTSCHES MAGAZIN"*

1. **Universitäten in Berlin**

    1. Wer finanzierte die Neubauten für die Uni?
    _____

    2. Wie heißen die zwei Unis in West Berlin?
    _____

    3. Seit wann gibt es die Freie Universität Berlin?
    _____

    4. Sind die Berliner Universitäten sehr alt?
    _____

    5. Wieviele Studenten studieren an der FU und an der TU?
    _____

Stundenplan

Zeit	Montag	Dienstag	Mittwoch	Donnerstag	Freitag	Sonnabend
8– 9						
9–10						
10–11						
11–12						
12–13						
13–14						
14–15						
15–16						
16–17						
17–18						
18–20						
20–22						

Fachbereich 01

Deutsche Philologie, Allgemeine und Vergleichende Literaturwissenschaft

0130 L 001 PS **Einführung i. d. Literaturwissenschaft (Grundkurs 4- stdg)**

    DI 12-14 H111   Beginn: 16.4.   Turnus: wöchentl.   **Ledanff**
    DO 16-18 MA141   u. f. V. v. Miller
    DO 16-18 MA143
    DO 16-18 MA144
    Mit Einf. in die Germanistik

0130 L 003 PS **Textinterpretation**

    FR 12-14 A060   Beginn: 19.4.   Turnus: wöchentl.   **Dieterle**
                                                                                             u. f. V. v. Miller

0130 L 004 PS **Texte/Textgruppen**

    MO 12-14 MA371   Beginn: 15.4.   Turnus: wöchentl.   **Janetzki**
                                                                                            u. f. V. v. Höllerer

0130 L 005 PS **Literatur und Geschichte**

    MI 12-14 MA144   Beginn: 17.4.   Turnus: wöchentl.   **Timmermann**
                                                                                            u. f. V. v. Enders

0130 L 006 PS **Ästhetik und Poetik**

    MI 14-16 MA141   Beginn: 17.4.   Turnus: wöchentl.   **Janetzki**
                                                                                            u. f. V. v. Höllerer

0130 L 007 PS **Vergleichende Literaturwissenschaft**

    DI 14-16 MA314   Beginn: 16.4.   Turnus: wöchentl.   **Rath**
                                                                                            u. f. V. v. Höllerer

* Unterricht * Workshops

Blockflötenunterriche f. Kinder und Erwachsene preisgünstig in Berlin 61, T. 6939236

Gitarrenunterricht für Anfänger, Könner, für alle die Spaß an Musik haben und etwas lernen wollen. Ich erteile Unterricht in verschiedenen Stilrichtungen und das allen zu fairen Preisen. T. 6944649

Erteile Gitarrenunterricht in Flamenco, Klassik u. Folk T. 3242698

Meisterschüler/in geben Mal- und Zeichenunterricht in Fabrikatelier, auch Vorbereitung für die HdK. T. 7912948 oder 3235685

Engländerin ausgebildet und erfahren im Unterrichten, lehrt Englisch: spielerisch und individuell - Tel. 3200070

Übersetzer, stl. gepr. Engl. Franz Deutsch f. Ausländer bietet Unterricht, Nachhilfe, Übersetzungen, Korrespondenz, T. 6235236

Übersetzer gibt preisw. Unterricht in Franz. Engl. Deutsch, macht Übersetzungen, Korrekturen, Konversation. Dieter 6264667

Schwimmunterricht für Kinder, Babys, Erwachsene, Steglitz, Plantagenstr. 2 - Nähe U-u.S-Bahnhof Rths Steglitz. K. Gruppen, geduldige Lehrer. Info u. Prosp. 7912344

Engländerin erteit Englischunterricht für Anfänger und Fortgeschrittene. Kate Tel. 6943622 (oft versuchen)

Geigen- u. Bratschenunterricht von Musikdozent, Klassik, Jazz, Priv. o. an der Musikschedule. Stipendium möglich. 6879259

Gesang und Atemtechnik. Bitte nur professionell denkende Leute! Einzelunterricht 30,-8521581

Spanisch + Urlaub Intensiv
Toller 3 Wo.-Sonderkurs
am 24.2 i. Bergdorf, Halbpens.,
Feste u. Ausflüge nach Malaga,
Granada u.a., 6 Konversations-
abende mit Spanier,
alles inkl. 600,- DM
Info: 24 11 50
Del - Rio Lewien,
Ettalerstr. 8, 1-30

Begabtenabitur "Der selbstbestimmte Weg zum Abi" Vorbereitungskurse an d. VHS Tiergarten. Beratung 3137249 Jörgi 6118150 Angelika

Querflöte Blockflöten: Sopran, Alt Tenor..Einzelunterricht: Allgemeine Musiklehre. 6932382

Klavierunterricht. Jazz-Blues-Rock. 3956360

Walzer Rumba ChaChaCha Quickstep Tange Jive. Anfängerkursf. Tanzschulgeschadigte, allein o. zu zweit. Unterr. d. Ex-Turniertanzer 2 Std. 15/10.- erm. Mittwoch 19 h Info Axel 2154619

Wen tört französisch noch richtig an? Franzosin erteilt Franzosischunterricht. 8331812. 1-45

Clao. wer möchte von mir Italienisch-Unterricht nenmen? Sono Elisa. Telefonami al 2161914

Spanier gibt Spanisch-Unterricht: fortgeschr. Konversationsgruppe, Probestunde möglich. Pedro 2613679 ab 18 h.

Banddonion-Concertina-Handharmonika- Unterricht Tel. 6924487 9-12 h u. 21-23 h.

Berliner Fremdsprachen Center

Alle Stuffen
Die Sperziallsten für
slawische Sprachen in Berlin
Poinisch - Techechisch
Serbokroatisch - Russisch
Anmeldung ab sofort.
Berliner Straße 157
1000 Berlin 31
U-Bhf. Berliner Straße.
14.00 bis 17.30 Uhr
außer Donnerstag
854 7175/77

Türkisch für Leute mit u. ohne Vorkenntnisse. Wir sind ein Konversationszirkel - treffen uns einmel in der Woche und wollen diesen. Kreis noch gerne um weitere Personen erweitern. Wer hat Lust. Tel. 3232358

Zeichenkurs Grundiagen, Struktur, Flächen, Proport. Perspektive, Räumlichkeit. Hell-Dunkel-Kontrast, max. 5 Pers. Kurs ab 18.2. Salean, Malerin 3232506

Ölmalkurs für Anfänger: Malgründe., Grundierung. Maltechnik, Bildaufbau, Kompos. u.a. max. 5 Pers. Kurs ab 18.2 Salean, Malerin 3232506

Liebe Frau, willst du malend dich und deinen Körper entdecken? Eine aufarbeitende Bilderschau setzt Enegie frei. 15.16.2 u.a. Term. Salean, Psych. u. Malerin 3232506

Französisch am Wochenende Anfänger u. Fortgeschrittene. Gruas Bernard 2163804

2. Unterricht

Fügen Sie den richtigen Buchstaben ein.

1. Erteile Gitarrenunterricht
2. Französisch am Wochenende
3. Walzer
4. Spanisch und Urlaub
5. Ölmalkurs

a. alles inkl. 600,-DM
b. Anfänger und Fortgeschrittene
c. Flamenco, Klassik und Folk
d. 2 St. (*Stunden*) 15/10,-(DM)
e. 5 Pers. Kurs ab 18.2.

HÖRVERSTÄNDNIS

1. **Stolpersteine (gefallen/lieben/gern haben)**

   Welcher geschprochene Satzteil gehört zu den folgenden Satzteilen?
   Satzteil 1, 2, 3, 4, 5, 6?

   a) _____ ...habe ich gern.

   b) _____ ...esse ich gern.

   c) _____ ...gefällt mir.

   d) _____ ...gehe ich gern.

   e) _____ ...gefallen mir.

   f) _____ ...liebe ich sehr.

2. **Um Hilfe bitten und helfen**

   Höre die Unterhaltung auf dem Tonband.
   Welche Wörter gehören in den Text?

   "Verzeihung, Herr Warnecke, haben Sie etwas (1) _____?"

   Frau Reinhardt hat fünf Koffer. Sie bittet Herrn Warnecke um (2) _____.

   "Ich kann diese Koffer nicht allein (3) _____."

   Er antwortet: "Ich (4) _____ Ihnen (5) _____."

   "Das ist aber (6) _____ von Ihnen," sagt Frau Reinhardt.

   "Aber (7) _____, gern (8) _____." sagt Herr Warnecke.

a) Hilfe
b) nett
c) Zeit
d) geschehen
e) helfe
f) tragen
g) gerne
h) bitte

3. »Deutsches Magazin«: **Telefonieren**

1. Der Ausländer macht
   a) ein Ortsgespräch
   b) ein Ferngespräch

2. Die Deutsche gibt ihm die Nummer von
   a) der Auskunft
   b) Dieter Siebert

3. Was ist die Vorwahl von Berlin?
   a) 0811
   b) 030

4. Für das Ferngespräch braucht man
   a) Kleingeld
   b) Markstücke

5. Wo kann man telefonieren?
   a) in der Telefonzelle
   b) beim Ausländer

MUSTER UND MODELLE

I. SCHNELL UND GENAU

1. Substantivformen

Singular	Plural
1. _____ Restaurant	_____
2. _____ Wald	_____
3. _____ Freund	_____
4. _____ See	_____

2. Stolpersteine

   1. Wir _____ (*gehen, fahren*) heute 300 Kilometer _____ dem Motorrad _____ (*Präposition*) Kiel.

   2. Bitte gib mir den Brief. (*Den Satz nur mit Pronomen*)
      Bitte _____

3. Ich schreibe den Brief. (*Negativ*)

   Ich _____

4. Ihr könnt das Motorrad kaufen. (*Imperfekt*)

   Ihr _____

3. **Variation zum Minidrama**

   Fügen Sie bitte die folgenden Wörter in den Text ein:

Abschleppdienst	mag	weit
Autogramm	mitnehmen	wer
dir	Platten	zittere
durch	Reservereifen	zu Fuß
gibt	schauen sich	
helfen	verboten	

   FAHRRADTOUR IN BERLIN

   Brigitte und ihre Schwester Lisa fahren mit dem Fahrrad und
   (1) _____ fröhlich an.

   Brigitte: Wir müssen uns aber beeilen. Das Museum in Dahlem ist noch sehr
   (2) _____!

   Lisa: Wir haben noch viel Zeit. Berlin ist sehr schön. Komm wir fahren
   (3) _____ den Grunewald!

   Brigitte (fällt vom Fahrrad): Hilfe!

   Lisa: O weh! Warte, ich steige ab! Kann ich
   (4) _____ (5) _____?

   Brigitte: Nein, es ist nichts passiert. Ich glaube ich habe einen
   (6) _____

   Fremder: Verzeihung, sind Sie gefallen?

   Brigitte: Nein, ich fahre immer so Fahrrad! Sehen Sie nicht, wie ich
   (7) _____?

   Fremder: Es gibt leider keinen (8) _____ für Fahrräder.

Lisa: Sind Sie ja ein guter Helfer! Haben Sie einen (9) _____?

Fremder: Leider nein. Aber ich kann Sie in meinem Wagen (10) _____.

Brigitte: Nein, danke. Ich will mal versuchen, zu gehen.

Lisa: Ja, gehen wir (11) _____.

Fremder: Ich gehe auch gern spazieren. Darf ich mitkommen?

Brigitte: Das ist nicht (12) _____. Ach Lisa, wir wollen doch ins Museum.

Lisa: Lassen wir das doch bis morgen.

Fremder: Gute Idee. Hier an der Spree ist ein phantastisches Restaurant. Da (13) _____ es Aal und Berliner Weiße.

Brigitte: Keine schlechte Idee. Ich (14) _____ die Kartoffelpuffer dort.

Fremder: Also gehen wir.

Lisa: Aber wir kennen Sie doch gar nicht. (15) _____ sind Sie denn?

Fremder: Ich heiße Udo Lindenberg und mache Rock-Musik.

Brigitte und Lisa: Waaaaas! Der berühmte Udo Lindenberg?

Lisa: Kann ich Ihr (16) _____ haben?

Brigitte: Ich auch?

II. STRUKTUREN IM KONTEXT

1. A. **Modalkönig** (Modalverben — Präsens)

    Erlkönig: Mein liebes Kind, gehst du mit mir? (*wollen*)

    (1) _____

    Sohn: Ich komme nicht mit. (*dürfen*)

    (2) _____

    Vater: Was sagt ihr? (*wollen*)

    (3) _____

    Erlkönig: Meine Töchter tanzen für dich. (*können*)

    (4) _____

    Sohn: Ich bleibe beim Vater. (*sollen*)

    (5) _____

    Oh, jetzt faßt er mich an! (*möchten*)

    (6) _____

    Vater: Wir reiten schnell zum Hof. (*müssen*)

    (7) _____

    Pferd: Ich gehe aber mit dem Erlkönig. (*wollen*)

    (8) _____

    Erlkönigs Töchter: Gut, das Pferd bringt uns nach Hause. (*können*)

    (9) _____

    B. **Bei der Ärztin** (Modalverben — Präsens)

    Krankenschwester: Warum zittern Sie so? (*müssen*)

    (10) _____

    Jack: Ich bin krank. (*müssen*)

    (11) _____

Krankenschwester: Das glaube ich nicht. (*können*)

(12) _____

Jack: Was mache ich jetzt? (*sollen*)

(13) _____

Ärztin zur
Krankenschwester: Ich fahre gleich zum Restaurant am See. (*möchten*)

(14) _____

Ißt du Forelle? (*wollen*)

(15) _____

Krankenschwester: Ja, ich fahre mit. (*dürfen*)

(16) _____

Ärztin: Was machen wir mit ihm? (*sollen*)

(17) _____

Kommt er mit? (*wollen*)

(18) _____

Krankenschwester: Ach, er ißt jetzt keinen Fisch. (*dürfen*)

(19) _____

Ärztin: Richtig, ich verbiete es ihm. (*müssen*)

(20) _____

Jack: Das sind gute Ärzte! (*sollen*)

(21) _____

2. Klassengespräch (Modalverben — Gegenwart)

> **Beispiel:** Ich gehe zur Post. (*müssen*)
> *Ich* **muß** *zur Post* **gehen**.

1. Ich gehe zur Bank. (*müssen*)
   Ich _____

2. Ich arbeite nicht. (*können*)
   Wir _____

3. Ich spiele nicht im Haus. (*dürfen*)
   Sie (*pl*) _____

4. Ich lerne Karate. (*sollen*)
   Er _____

5. Ich bin morgen zu Hause. (*wollen*)
   Sie (*pl*) _____

6. Ich trinke Orangensaft. (*möchten*)
   Ich _____

7. Ich habe ein Auto. (*müssen*)
   Wir _____

8. Ich nehme dich mit. (*können*)
   Sie (*pl*) _____

9. Ich steige hier aus. (*wollen*)
   Sie _____

10. Ich lese jetzt das Buch. (*sollen*)
    Du _____

11. Ich rufe ihn an. (*wollen*)
    Ihr _____

12. Ich bin sehr klug. (*möchten*)
    Sie (*pl*) _____

13. Ich habe ein Kleid von Jill Sanders. (*müssen*)

    Sie _____

14. Ich studiere immer Mathematik. (*sollen*)

    Du _____

15. Ich gehe an den Strand. (*dürfen*)

    Ihr _____

3. **Ein Telefongespräch**

   Welches Modalverb paßt am besten?

sollen	wollen
müssen	möchten
können	dürfen

   Herr Bösel: Es tut mir leid. Ich (1) _____ Sie nicht verstehen!

   Herr Kummer: Ich Sie auch nicht. Sie (2) _____ etwas lauter sprechen.

   Herr Bösel: (*sehr laut*) Ihr Sohn Otto (3) _____ nicht vor meiner Garagentür parken. Das ist verboten!

   Herr Kummer: Was (4) _____ ich machen? Ich sage ihm immer: "Du (5) _____ das nicht." Aber er (6) _____ nicht hören.

   Herr Bösel: Ich (7) _____ nicht unfreundlich sein, aber wenn er sein Auto nicht woanders parkt, (8) _____ ich den Abschleppdienst anrufen.

   Herr Kummer: Das (9) _____ ich verstehen. Ich spreche nochmal mit Otto.

   Herr Bösel: Ja, machen Sie das. Ich (10) _____ jetzt auf Wiederhören sagen.

   Herr Kummer: Auf Wiederhören, Herr Bösel.

4. **Was ist los?** (Modalverben — Imperfekt)

> **Beispiel:** Der Autor machte eine Reise nach Atlanta. (*dürfen*)
> *Ihr* **durftet** *eine Reise nach Atlanta* **machen**.

1. Ich kaufte gestern einen guten Wein. (*wollen*)

   Du _____

   Der Politiker _____

   Deine Freunde _____

2. Ich ging zum Supermarkt. (*müssen*)

   Du _____

   Sie, Frau Blau, _____

   Udo und Klaus _____

3. Der Präsident aß keine Schokolade. (*sollen*)

   Du _____

   Ihr _____

   Der Kanzler _____

4. Meine Schwester und ich reparierten das Auto. (*können*)

   Wir _____

   Du _____

   Der Mechaniker _____

5. Die Sozialisten glaubten an ein neues System. (*wollen*)

   Die Kapitalisten _____

   Rosa Luxemburg _____

   Karl Marx _____

6. Wir hörten gestern die Internationale. (*können*)

   Die Amerikaner _____

   Du _____

   Ich _____

7. Der Musiker spielte die Symphonie. (sollen)

   Du _____

   Wir _____

   Clara Schumann _____

8. Thomas fuhr mit dem Auto nach China. (dürfen)

   Du _____

   Frau Stein _____

   Ihr _____

9. Du trugst ein schwarzes Negligée. (wollen)

   Ich _____

   Horst _____

   Der Politiker _____

10. Der Senator rief den Präsidenten an. (müssen)

    Du _____

    Deine Familie _____

    Seine Tochter _____

5. **Atomenergie: Gespräch im Jahre 2050 (Modalverben — Imperfekt)**

   Bitte schreiben Sie die Sätze mit Modalverben im Imperfekt.

   1. Gab es in Europa Atomkraft? (*sollen*)

      _____

   2. Ihr brauchtet doch billige Energie! (*können*)

      _____

   3. Die Atomenergie war nicht teuer. (*dürfen*)

      _____

   4. Viele Studenten demonstrierten dagegen. (*wollen*)

      _____

   5. Die Polizei kam manchmal. (*müssen*)

      _____

6. Du hattest lieber Atomenergie als Atombomben. (*wollen*)
   _____

7. Habt ihr viel Geld dafür bezahlt? (*müssen*)
   _____

8. Wir heizten die Wohnung nur zwei Stunden. (*dürfen*)
   _____

9. Das Atomkraftwerk stand am Rhein. (*sollen*)
   _____

10. Ich verstand die Politiker nicht. (*können*)
    _____

6. **Eine Reise nach Italien (Futur)**

   Ulrich und Herr Reich sind bei Dagmar.

   Dagmar: Also gut, wir (1) _____ nach Italien reisen.

   Thomas: Wer macht was?

   Dagmar: Alle müssen etwas machen. Ulrich (2) _____ eine Landkarte kaufen und du (3) _____ das Auto in Ordnung bringen, wenn du nichts dagegen hast.

   Ulrich: Herr Reich, (4) _____ Sie Geld von der Bank holen?

   Herr Reich: Gerne, aber (5) _____ ihr auch alles für's Picknick mitbringen?

   Thomas: Wenn's sein muß. Und du, Dagmar? Was machst du?

   Dagmar: Ich (6) _____ natürlich nichts tun. Ich habe ja jetzt schon Urlaub. Aber in Italien (7) _____ ich euch eine Flasche Chianti kaufen.

   Thomas: Na, das (8) _____ ja ein toller Urlaub werden!

7. 2001 (Futur)

Bitte schreiben Sie die Sätze im Futur.

1. **George:** Ich schreibe ein Buch über die Zukunft.
   _____

2. **Aldous:** Ist diese Zukunft schön?
   _____

3. **George:** Nein, die Menschen sind nicht frei.
   _____

4. **Aldous:** Wer macht die Arbeit?
   _____

5. **George:** Die Roboter müssen das tun.
   _____

6. **Aldous:** Arbeitest du gar nicht?
   _____

7. **George:** Nein, ich bin der große Bruder.
   _____

8. **Aldous:** Na, und ich lerne wohl die Bürokratie kennen.
   _____

9. **George:** Ich glaube die Zukunft wird ganz anders.
   _____

10. **Aldous:** Ihr könnt die Zukunft nie verstehen!
    _____

8. Fliegen (Futur)

> **Beispiel:** Der Steward bringt den Kaffee.
> *Der Steward* **wird** *den Kaffee* **bringen**.

1. Das Flugzeug startet.
   _____

2. Ich sitze am Fenster.
   _____

3. Wohin fliegen wir?
   _____

4. Die Lufthansa fliegt von Tampa nach Köln.
   _____

5. Ihr wißt ja alles!
   _____

6. Was machst du in Köln?
   _____

7. Ich sehe mir den Kölner Dom an.
   _____

8. Bestellt ihr einen Kaffee?
   _____

9. Oder nehmen Sie Tee?
   _____

10. Oh, ich werde krank!
    _____

9. Was machen wir heute? (Futur)

Beispiel: Ich gehe zur Tür.
Du **wirst** *auch zur Tür* **gehen.**

1. Ich stehe früh auf.
   Ihr _____

2. Ich singe ein Lied.
   Du _____

3. Ich schreibe einen Brief.
   Er _____

4. Ich habe großen Hunger.
   Ihr _____

5. Ich esse einen Apfel.
   Sie (*sing.*) _____

6. Ich komme zu spät zur Arbeit.
   Lynn _____

7. Ich höre gern klassische Musik.
   Wir _____

8. Ich stehe in der Schlange.
   Herr und Frau Miller _____

9. Ich kaufe Karten fürs Theater.
   Bob _____

10. Ich sitze links.
    Moritz und ich _____

11. Ich bin müde.
    Ich _____

12. Ich kann nicht schlafen.
    Ihr _____

10. **Sprachliche Besonderheit**

    Finden Sie 10 verben!

    ```
    S Q W Z U T R R A
    E T N E N N E R N
    I F U S A H B Q E
    N A W D E N A Z N
    A L G Z I E H E N
    R L E R N E N Y Q
    N E H E T S R E V
    G N E S T V H E R
    E A N E L E B E N
    ```

gefallen	ich mag
gern	du magst
gern haben	er mag
mögen	wir mögen
	ihr mögst
	sie mögst

II. STRUKTUREN IM KONTEXT

1. **Shakespeares Welt**

    1. Das Drama _____ mir.

    2. Ich _____ Henry VIII.
       nicht _____ .

    3. _____ du englischen Tee?

    4. Shakespeare trank _____ Ale.

    5. Er schrieb _____ Dramen über Könige.

    6. Ich _____ seine Schwester
       _____ .

    7. Sie _____ Barockmusik
       _____ .

    8. Sie aß _____ Plumpudding.

    9. _____ ihr englisches Essen?

    10. Uns _____ Shakespeares Gedichte sehr gut.

III. KOMMUNIKATIVE ÜBUNGEN: "DEUTSCHES MAGAZIN"

1. **Vokabularübung**

   Was sagen die Leute vom Abschleppdienst?

   1. Es ist abends. Ich mache die _____ an.

   2. Wir haben eine Panne. Wir müssen die _____ wechseln.

   3. Hinter uns fährt ein Mercedes. Ich sehe ihn im _____.

   4. Ich kann die Musik nicht hören. Ist die _____ kaputt?

   5. Ich kann nichts sehen. Die _____ ist schmutzig.

   6. Es regnet. Mach bitte die _____ an.

   7. Ich weiß, du bist aus Hamburg. Auf dem _____ steht HH.

   8. Wo ist der Reservereifen? Natürlich im _____.

   9. Vorsicht, ein Kind auf der Straße! Tritt auf die _____!

   10. Wir biegen hier ab. Dreh das _____ nach links!

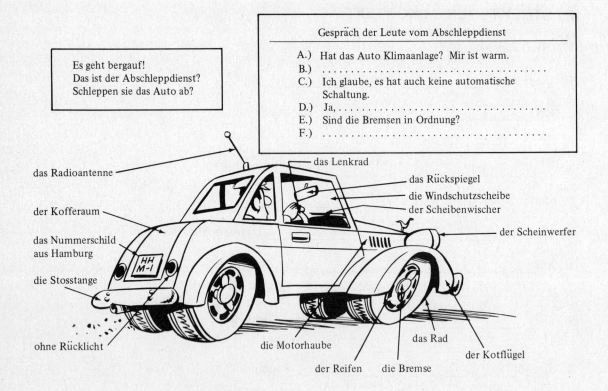

Es geht bergauf!
Das ist der Abschleppdienst?
Schleppen sie das Auto ab?

Gespräch der Leute vom Abschleppdienst

A.) Hat das Auto Klimaanlage? Mir ist warm.
B.) ....
C.) Ich glaube, es hat auch keine automatische Schaltung.
D.) Ja, ...
E.) Sind die Bremsen in Ordnung?
F.) ....

die Karosserie   6 PS (Sechs Pferdestärken)?
das Chassis   Sie ziehen das Auto.

HÖRVERSTÄNDNIS

1. **Schlau und Meier**

   Was sage ich, wenn ich etwas anbiete?

   Beantworte die Fragen vom Tonband

   Tomaten (*pl*)   Kartoffeln (*pl*)
   Suppe (*w*)   Sauce (*w*)
   Gemüse (*s*)   Männer (*pl*)
   Wein (*m*)

   1. _____
   2. _____
   3. _____

2. *"Deutsches Magazin":* **Kochrezept**

   Höre gut zu, und du wirst etwas von diesem Rezept verstehen.

   Felix:

   Jetzt muß ich schon wieder kochen. Immer will sie, daß ich koche. Na ja, gut. Aber, was koche ich denn heute? Ich will mal im Kochbuch nachschauen. Ja, hier habe ich ja mein Kochbuch. Da schau ich mal, was gibt's heute alles? Schni, Schni, Schna Schnitzel, ja, ich koch' Schnitzel heute. Das ist auf Seite 41. Da muß ich mal nachblättern. So. Schnitzel, Wiener Schnitzel. Was steht denn da, wie mache ich das denn nun? Ach ja, bei Groß und Klein beliebt, aber nicht unbedingt kaloriensparend. Na ja, das geht wieder auf die Hüften, das weiß ich ja.

   Also was brauche ich da jetzt?

Zwei große, dünne Kalbschnitzel, einen Eßlöffel Zitronensaft, circa zwei Eßlöffel Mehl, Salz, ein Ei, Ei eieieiei. Das ist ja 'ne ganze Menge, was ich da einkaufen muß. 4 Eßlöffel Paniermehl, 8-11 Eßlöffel Öl oder 125 Gramm Plattenfett zum Braten. Zwei Zitronenscheiben und krause..Ja, krause Petersilie.

Ja, dann der Kochvorgang. Das Fleisch recht flach klopfen, die Ränder einkerben, dann mit Zitronensaft mariniert fünf Minuten stehen lassen. Abtropfen lassen, und nacheinander zunächst in einer Mischung von Mehl, Salz, dann in zer schlagenem Ei, dann in Paniermehl wenden.

Panierte Fleischstücke sollen gleich weiter verarbeitet werden, sonst weicht die Panade auf. Ja, oh je. In der Zwischenzeit in der Pfanne reichlich Fett heiß werden lassen.

...ja, wie geht's jetzt weiter, da müssen wir mal dienächste Seite auf dem Kochbuch... ah ja.

Das Fleisch zunächst bei starker Hitze anbraten, dann bei schwächerer Hitze fertig braten. Es soll schöngleichmäßig goldbraun sein, ehe wir wer ist wir? Ah so es aus der Pfanne nehmen. Mit Zitronenscheibchen und Petersilie garnieren.

Ja, hört sich ja ganz einfach an. Na ja, gut. Gut. Guten Appetit, ja.

REZEPT FÜR DAS WIENER SCHNITZEL

Richtig oder falsch?

_____ 1. Felix macht Wiener Schnitzel.

_____ 2. Er muß zwei große, dünne Schnitzel kaufen.

_____ 3. Er nimmt drei Eßlöffel Zitronensaft.

_____ 4. Er braucht ein Ei.

_____ 5. Er hat Paniermehl.

_____ 6. Er braucht ein Pfund Sauerkraut.

_____ 7. Er mariniert die Kalbschnitzel in Zitronensaft.

_____ 8. Er mariniert die Schnitzel eine Stunde.

_____ 9. Er legt die Schnitzel in Mehl und Salz, dann in geschlagenes Ei, dann in Paniermehl.

_____ 10. Er bratet die Schnitzel bei starker, und dann bei schwächerer Hitze goldbraun.

_____ 11. Petersilie und Zitronenscheiben sind nicht gut zum Garnieren.

MUSTER UND MODELLE

I. SCHNELL UND GENAU

1. **Substantivformen**

Singular		Plural
1. _____ Gemüse		1. _____
2. _____ Glas		2. _____
3. _____ Bett		3. _____
4. _____ Briefmarke		4. _____

2. **Stolpersteine**

   Jürgen: (1) _____ hast du auf der Party getroffen? (*Fragewort*)

   Yvonne: Ich habe Eddy Murphy getroffen.

   Jürgen: (2) _____ war die Party? (*Fragewort*)

   Yvonne: Sie war _____ mir zu Hause. (*Präposition*)

   Jürgen: Gehst du jetzt (3) _____ Hause? (*Präposition*)

   Yvonne: Ja, bitte _____ mich in dein _____ Auto mit. (*nehmen, Imperativ*)

   Jürgen: Ich habe leider kein Auto. Susanne nimmt mich in (4) _____ Auto mit. (*possessives Adjektiv*)

3. **Variation zum Minidrama**

   Fügen Sie bitte die folgenden Wörter in den Text ein:

aufgestanden	tun	sein
Besorgungen	Gemüse	warmes
dich	großen	welchem
ganzen	gutes	wo
Frühstück,	nehmen	Zeit

   ### IM KAUFHOF

   Susi und ihr Großvater, Herr Max Huber, sind mit einem Bekannten, Herrn Herbert Frantzwein, in einem (1) _____ Kaufhaus.

Max Huber: (2) _____ sind denn bloß die faulen Verkäufer?

Susi: Aber Opa!

Verkäuferin: Kann ich etwas für Sie (3) _____ ?

Max Huber: In (4) _____ Stockwerk gibt es Lebensmittel?

Verkäuferin: Im achten Stock, außer frisches (5) _____ und Fleischwaren. Die sind Parterre.

Susi: Danke sehr.

(*Susi, ihr Großvater und Herbert Frantzwein* (6) _____ *die Rolltreppe.*)

Max Huber (zu Herbert Frantzwein): Immer diese (7) _____ ! Jetzt ein (8) _____ Mittagessen und ein kühles Getränk im Ratskeller. Ich habe noch keinen Hunger.

Max Huber (zu Herbert Frantzwein): Beim "Humplmair" schmeckt das Essen aber besser als im Ratskeller. Ich hatte ein großes (9) _____.

Max Huber: Ich bin aber schon um sechs Uhr (10) _____ und habe den (11) _____ Morgen im Englischen Garten Zeitung gelesen.

Herbert Frantzenwein: Ein Pensionär hat ein (12) _____ Leben! Ich möchte auch schon sechzig Jahre alt (13) _____.

Max Huber: Keine Angst, die (14) _____ vergeht sehr schnell. Kommen Sie, ich lade Sie zum Mittagessen ein. Zum Teufel mit den Besorgungen!

Susi: Ich bleibe hier, Opa. Ich mache für (15) _____ die Besorgungen.

II. STRUKTUREN IM KONTEXT

1. Philip bei Tisch (Adjektivendungen und <u>der</u>-Wörter)

   Anna: (1) Dies _____ Kartoffeln (*pl*) sind gut für dich.

   Philip: (2) Kalt _____ Kartoffeln mag ich nicht.

   Anna: Du ißt jetzt (3) dies _____ Kartoffeln!

   Philip: Ich esse niemals (4) kalt _____ Kartoffeln.

   Anna: Mit (5) dies _____ Kartoffeln wirst du groß und stark!

   Philip: Ich esse kein Essen mit (6) kalt _____ Kartoffeln.

   Anna: Der Geschmack (7) kalt _____ Kartoffeln ist wunderbar!

   Philip: Der Geschmack (8) kalt _____ Kartoffeln ist furchtbar.

   Kurt: Dies (9) _____ (*n*) Gemüse schmeckt mir sehr gut.

   Philip: (10) Frisch _____ Gemüse esse ich auch gern.

   Anna: Iß bitte noch (11) dies _____ Gemüse.

   Philip: Ja, gib mir noch mehr (12) frisch _____ Gemüse!

   Anna: Möchtest du etwas von (13) dies _____ warmen oder von kalt (14) _____ Gemüse?

   Philip: Bitte noch ein bißchen (15) warm _____ Gemüse.

   Kurt: (16) Dein _____ Schwester kocht phantastisch.

   Philip: Jawohl, (17) lieb _____ Anna, du kochst wirklich phantastisch.

   Anna: Vielen Dank. Möchtet ihr noch (18) dies _____ Limonade (*w*)?

   Philip: Gerne. Ich trinke gern (19) süß _____ Limonade.

   Anna: Wir haben noch ein bißchen von (20) d _____ Torte (*w*).

   Philip: Nein danke. Ich bin satt.

Kurt: Aber Philip! Von (21) bayerisch _____ Torte kann man nie genug bekommen!

Philip: Ich habe zu viel (22) kalt _____ Kartoffeln gegessen.

2. **Schön _____ Mond (Adjektivendungen — Nominativ)**

   Astronautin: Ist das hier der (1) berühmt _____ Mond?

   Mars-Frau: Nein, das hier ist ein (2) ander _____ Planet, der Mars!

   Astronautin: Oh, da habe ich einen Fehler gemacht. Wer sind diese (3) schön _____ Frauen (*pl*) da drüben?

   Mars-Frau: Das sind keine schön (4) _____ Frauen (*pl*)! Das (5) sindmechanisch _____ Roboter (*m*).

   Astronautin: Oh, wie interessant! Dieses (6) klein _____ Haus (*s*) ist wie ein Haus in Deutschland.

   Mars-Frau: Es ist ein (7) klein _____ Museum (*n*).

   Astronautin: Lieb (8) _____ Frau, ist das hier eine (9) antik _____ Statue (*w*)?

   Mars-Frau: Nein, das ist die (10) erst _____ Frau, die von der Erde gekommen ist. Auf dem Mars werden alle Menschen zu Stein.

   Astronautin: Hilfe! (11) Lieb _____ Mütterchen, hilf mir! Wie komme ich schnell zum Mond?

   Mars-Frau: Auf dem Mond werden alle (12) bös _____ Menschen zu Käse.

3. **Besorgungen (Adjektivendungen — Akkusativ)**

   Peter: Hast du unsere (1) letzt _____ Gasrechnung (*w*) bezahlt?

   Marion: Ja, wir müssen aber auch die (2) letzt _____ Stromrechnung (*w*) bezahlen.

   Peter: Hast du das (3) rot _____ Formular (*s*)?

Marion: Ich habe keine (4) rot _____ Formulare (*pl*) gesehen.

Peter: Doch, die Formulare für das (5) städtisch _____ Wasserwerk (*s*). Du hast sie doch gestern auf den (6) klein _____ Tisch (*m*) im Wohnzimmer gelegt.

Marion: Ach, diese (7) rot _____ Formulare (*pl*)! Ich habe sie deinem (8) groß _____ Bruder (*m*) gegeben. Er besorgt alles.

Peter: Gut. Was müssen wir jetzt noch machen? Morgen ist deine Party.

Marion: Wir müssen noch zum Markt. Wir brauchen (9) frisch _____ Gemüse aus Spanien (*s*), (10) neu _____ Kartoffeln (*pl*) aus Dänemark und (11) russisch _____ Kaviar (*m*).

Peter: Du kaufst nur das Beste! Ich möchte morgen (12) gebraten _____ Hühnchen (*s*).

Marion: Warum nicht? Dazu gibt es (13) kalt _____ Erdbeerbowle (*w*).

Peter: Diese (14) wild _____ Partys (*pl*) bei dir sind immer phantastisch!

4. **Auf der Post (Adjektivendungen — Dativ)**

Postbeamter: Wo ist die Frau mit dem (1) wichtig _____ Luftpostbrief (*m*)?

Sylvia: Hier bin ich. Seit einer (2) halb _____ Stunde (*w*) warte ich schon!

Postbeamter: Gehen Sie zu meinem (3) ander _____ Kollegen (*m*)

Sylvia: Dem Beamten neben dem (4) weiß _____ Stuhl (*m*)?

Postbeamter: Ja.

Sylvia: Was mache ich mit diesem (5) schwer _____ Paket? Es geht zur (6) deutsch _____ Armee (*w*).

Postbeamter: Alle (7) schwer _____ Pakete nehme ich.

Sylvia: Wie ist es mit (8) deutsch _____ Briefmarken (*pl*)?

Postbeamter: Die haben wir natürlich nicht! Hier in der Schweiz haben wir außer unseren gut (9) _____ Schweizer Briefmarken (pl) nichts.

Sylvia: Bitte zeigen Sie mein (10) _____ Kind (s) die Marken (pl). Sybille sammelt sie für ihr Album.

Postbeamter: Mit (11) groß _____ Freude (w)! Hier sind Marken mit (12) schön _____ Bergen (pl).

Sybille: Haben Sie eine Marke mit (13) groß _____ Pyramiden?

Postbeamter: Mein Kind! Wir sind in der Schweiz! Hier ist eine schöne Marke mit (14) gelb _____ Käse (m)!

5. **Gespräch über das Wetter** (*Der, und Ein* — Wörter und Adjektivendungen im Genitiv)

Maxine: Das Wetter dies (1) _____ (2) kalt _____ (3) Land _____ (s) ist immer schlecht.

Bert: Ja, wegen des (4) stark _____ (5) Sturm _____ (m) konnte ich nicht Golf spielen.

Maxine: Trotz der (6) heftig _____ Winde (pl) habe ich gestern gespielt.

Bert: Hast du gewonnen?

Maxine: Nein, der Rasen unseres (7) privat _____ Golfplatzes (m) stand unter Wasser.

Bert: Der Sohn (8) dein _____ (9) best _____ Freundin (w) sagt das Wetter im Radio immer falsch an.

Maxine: Nein, das ist nicht der Sohn meiner (10) best _____ Freundin (w).

Bert: Na ja. Aber wegen meines (11) dumm _____ (12) Radio _____ (s) bin ich zweimal nicht Golf spielen gegangen.

Maxine: Warum?

Bert: Während der (13) letzt _____ zwei Turniere (pl) sollte es regnen, und ich blieb zu Hause.

Maxine: Das wußte ich Gottseidank nicht. Wegen unserer (14) finanziell _____ Probleme (*pl*) habe ich kein Radio.

6. Im chinesisch _____ Restaurant (Adjektivendungen: sächlich — alle Formen)

   Herr Chen: Kellner! Hier ist ein (1) lang _____ Haar in meiner Suppe!

   Kellner: Entschuldigung! Ich hole Ihnen (2) neu _____ Essen. Was möchten Sie bitte?

   Herr Chen: Haben Sie ein (3) chinesisch _____ Schnitzel?

   Kellner: Nein, aber (4) chinesisch _____ Sauerkraut ist unsere Spezialität.

   Herr Chen: Gut. Bringen Sie das. Und zu einem (5) gut _____ Essen paßt ein (6) gut _____ Glas Wein.

   Kellner: Sehr wohl. Ich bringe Ihnen ein Glas von unserem (7) klar _____ Reiswein.

   Herr Chen: Ich habe auch schon von (8) chinesisch _____ Eis gehört. Haben Sie das?

   Kellner: Leider nicht. Die Spezialität des (9) Haus _____ ist Omelette Confiture.

   Herr Chen: Ist das wirklich ein chinesisches Restaurant?

   Kellner: Natürlichn nur hier bekommen Sie die chinesische Version eines (10) international _____ Menüs.

7. Im Möbelladen (Adjektivendungen: weiblich — alle Formen)

   Frau Holle: Erwin, wie gefällt dir diese (1) schön _____ Couch hier?

   Herr Holle: Nicht schlecht, Martha, aber ich finde die (2) rot _____ Farbe nicht so gut. Ich möchte lieber eine (3) neu _____ Stereoanlage kaufen.

Frau Holle: Aber Erwin! Unsere (4) alt _____ Waschmaschine ist doch kaputt, und wir brauchen eine neue.

Herr Holle: Ja, mit der (5) dumm _____ Wohnung haben wir nur Schwerigkeiten (=Probleme).

Frau Holle: Wo ist die Verkäuferin?

Herr Holle: Sie spricht mit einer (6) nett _____ Kundin.

Frau Holle
(zur Verkäuferin): (7) Lieb _____ Frau! Ist der Motor dieser (8) braun _____ (9) elektrisch _____ Waschmaschine stark?

Verkäuferin: Natürlich. Aber der Preis einer (10) weiß _____ Maschine ist niedriger!

Herr Holle: Ich möchte jetzt gern (11) klassisch _____ Musik hören.

Frau Holle: Mit (12) klassisch _____ Musik kannst du keine Wäsche waschen!

Verkäuferin: Wir haben heute ein Sonderangebot. Heute ist alles 50% billiger.

Herr und
Frau Holle: Phantastisch! Wir kaufen die (13) weiß _____ Waschmaschine und eine gut (14) _____ Stereoanlage.

8. Auf dem Markt (Adjektivendungen: Plural — alle Formen)

Marktfrau: (1) Frisch _____ Hünchen (*pl*), (2) frisch _____ Hähnchen!

Kunde: Was kostet die (3) holländisch _____ Hähnchen?

Marktfrau: Achtzehn Mark für drei (4) dick _____ Hähnchen.

Kunde: Gut ich nehme drei. Sind diese (5) grün _____ Bohnen aus Italien?

Marktfrau: Ja, das sind (6) mein _____ (7) best _____ Bohnen. Sehr billig! Zwei Mark pro Kilo.

Kunde: Haben Sie heute keine (8) kalifornisch _____ Orangen?

Marktfrau: Wir haben Probleme mit den (9) deutsch _____ Importeuren. Man spricht und hört von (10) amerikanisch _____ Boykotten.

Kunde: Ist das wegen der (11) neu _____ Atomkraftwerke?

Marktfrau: Vielleicht. Der Preis (12) israelisch _____ Orangen ist auch teuer geworden. 1,50 das Stück.

Kunde: Ja, ja, die Exporte mancher (13) nahöstlich _____ Länder gehen jetzt in die Sowjetunion.

Marktfrau: Wirklich? Das hat bestimmt etwas mit den (14) besse _____ Verhältnissen (*pl*) zu tun.

Kunde: Ja, ja. Geben Sie mir also drei Kilo ihrer (15) israelisch _____ Orangen.

9. **Immer studieren!** (Koordinierende Konjunktionen)

> **Beispiel:** Trinkst du gern Limonade?
> Trinkst du lieber Bier? (*oder*)
>
> *Trinkst du gern Limonade **oder** trinkst du lieber Bier?*

1. **Gisela:** Ich esse nicht viel Brot.
   Ich esse Gemüse. (*sondern*)
   _____

2. **Hans:** Ich esse auch nicht viel Brot.
   Ich möchte nicht dick werden. (*denn*)
   _____

3. **Gisela:** Susi und Willi tanzen heute abend in der Diskothek.
   Ich muß leider studieren. (*aber*)
   _____

4. **Hans:** Ich studiere Mathematik.
   Ich lerne auch Russisch. (*und*)
   _____

5. **Gisela:** Studierst du die ganze Nacht hindurch?
   Gehst du später tanzen? (*oder*)
   _____

6. **Hans:** Ich tanze nicht.
   Ich habe mir das Bein verletzt. (*denn*)
   _____

7. **Gisela:** Schade! Ich komme heute abend zu dir.
   Wir studieren zusammen. (*und*)
   _____

10. **Kennt ihr Frau Frank?** (Koordinierende Konjunktionen)

    ==sondern/aber==

    1. Frau Frank ist keine Hausfrau, _____ sie ist Pilotin.

    2. Sie fliegt oft nach Japan, _____ sie kann alle drei Wochen zu Hause bleiben.

    3. Bei der Fluglinie wollte man erst keine Frau, _____ man wollte einen Mann haben.

    4. Sie haben alle männlichen Kandidaten für den Job getestet, _____ Frau Frank war die beste.

    5. Frau Frank fliegt nicht nur große Flugzeuge, _____ sie schreibt auch Reisebücher.

    6. Ihr letztes Buch »Die fliegende Frau« ist ganz neu, _____ sie hat schon 5000 Bücher verkauft.

    7. Sie möchte aber nicht nur Autorin sein, _____ sie will weiterhin fliegen.

    8. Die Kinder von Frau Frank, Herbert und Ilona studieren, _____ beide wollen nicht Pilot werden.

    9. Ilona möchte keine Karriere machen, _____ sie hat den Traum drei Kinder zu bekommen und in einem großen Haus zu wohnen.

11. **Die Münchner gehen spazieren!**

   (Sprachliche Besonderheit)

   ═══════════════════════════════
   spazieren gehen
   einen Spaziergang machen
   der Spaziergang
   ═══════════════════════════════

   1. Jeden Sonntag _____ viele Leute in München _____

      _____ .

   2. Sie _____ mit ihren Freunden, ihrer Familie und ihren Dackeln

      _____ .

   3. Der _____ ist fast ein kulturelles Phänomen.

   4. Einige Münchner _____ jeden Tag wegen ihrer Gesundheit

      _____ .

   5. Oft _____ sie im Englischen Garten oder in der Münchener Innenstadt

      _____ _____ .

III. KOMMUNIKATIVE ÜBUNGEN: "DEUTSCHES MAGAZIN"

1. Rezept aus der alten bayerischen Küche

Bei Rezepten nehmen die Deutschen den Infinitiv der Verben!

Zubereitung: Pichelsteiner Fleisch

Fleish und Kartoffeln in grosse Würfel, Gemüse und Zwiebeln in Streifen oder Würfel schneiden. In den Topf zuerst Markscheiben legen, dann schichtweise das gewürzte Fleisch, Zwiebeln, Gemüse und Kartoffeln (zuletzt eine Schicht Kartoffeln). Mit etwa 1/2 l heissem Wasser oder Brühe übergiessen, zum Kochen bringen, dann bei schwacher Hitze im geschlossenen Topf ohne Umrühren in etwa 90 minuten garen. Bei Bedarf (möglichst wenig) Flüssigkeit nachgiessen. -Der Fleischanteil wird am besten aus Rind-, Kalb-, Hammel- und Schweinfleisch gemischt. Gemüsevorschläge: Sellerie, Porree, Mohrrüben, Petersilienwurzeln, Weisskohl, Erbsen, Bohnen.

Zutaten:

500 g Fleisch,
80 g Rindermark oder Rinderfett, 2 Zwiebeln,
500 g Kartoffeln,
750 g bis 1 kg Gemüse,
1/2 l Brühe oder Wasser,
Salz, Pfeffer, nach Belieben etwas Kümmel, gehackte Petersilie oder Majoran

Übung:

Wörter zum Nachschlagen:

die Zutaten
der Würfel
der Streifen
schichtweise
übergiessen
umrühren
garen
die Flüssigkeit
(bei) Bedarf
die Zubereitung

Tier	Fleisch
die Kuh, der Ochse	Rindfleisch
das Kalb (Baby der Kuh)	Kalbfleisch
das Schaf	Hammelfleisch
das Schwein	Schweinefleisch
das Huh, der Hahn	Hühnerfleisch

A. Rezept aus der alten bayerischen Küche

Richtig oder falsch?

_____ 1. Pichelsteiner Fleisch wird mit Hühnerfleisch gekocht.

_____ 2. Das Essen muß 90 Minuten kochen.

_____ 3. Zuletzt kommt eine Schicht Kartoffeln in den Topf.

_____ 4. Man kann Pichelsteiner Fleisch mit Mohrrüben und Weißkohl zubereiten.

_____ 5. Das Essen muß bei starker Hitze kochen.

B. Rezept aus deiner Küche

Zutaten: Zubereitung:

_____   _____

_____   _____

_____   _____

_____   _____

_____   _____

_____   _____

_____   _____

2. Das Restaurant

1. Von welchem Restaurant ist diese Rechnung?
   _____

2. Wann gibt es Frühstück?
   _____

3. Wann macht das Restaurant zu?
   _____

4. Was kostet eine Portion Puffer (*das sind Berliner Kartoffelpfannekuchen*)?
   _____

5. Gibt es nur Budweiser Bier?
   _____

3. **Die Nahrungsmittelgruppen**

Welche anderen Lebensmittel gehören in die 8 Gruppen?

GEMÜSE	FLEISCH
1. Rosenkohl	1. Leber

OBST	MILCHPRODUKTE
1. Ananas	1. Buttermilch

LEBENSMITTEL AUS MEHL	GEWÜRZE
1. Brötchen	1. Zimt

ALKOHOLISCHE GETRÄNKE	NICHT ALKOHOLISCHE GETRÄNKE
1. Rum	1. Wasser

HÖRVERSTÄNDNIS

1. **Negativsätze**

    Schreibe die Sätze, die du hörst, im Negativ.

    1. _____
    2. _____
    3. _____
    4. _____
    5. _____
    6. _____

2. **Gratulieren**

    1. (a) Dein Haus gefällt mir nicht.
       (b) Herzlichen Glückwunsch zum neuen Haus.
       (c) Warum ziehst du in ein neues Haus?
       (d) Ich gratuliere dir (*Ihnen*) zum neuen Haus.

    2. (a) Ich gratuliere euch herzlich zur Hochzeit.
       (b) Also ihr werdet heiraten.
       (c) Herzliche Glückwünsche zur Hochzeit.
       (d) Wann verheiratet ihr euch?

3. *"Deutsches Magazin":* **Geburtstag**

    Sind die Sätze auf dem Tonband richtig oder falsch?

    1. R/F   4. R/F
    2. R/F   5. R/F
    3. R/F   6. R/F

MUSTER UND MODELLE

I. SCHNELL UND GENAU

1. Substantivformen

Singular		Plural
1. _____	Zeitung	_____
2. _____	Haar	_____
3. _____	Klasse	_____
4. _____	Mensch	_____

2. Verbformen

	Präsens	Imperfekt	Perfekt
1. schlafen (*sie*)	_____	_____	_____
2. kennen (*du*)	_____	_____	_____
3. laufen (*er*)	_____	_____	_____
4. sprechen (*ihr*)	_____	_____	_____
5. aufstehen (*wir*)	_____	_____	_____
6. sagen (*es*)	_____	_____	_____
7. dürfen (*du*)	_____	_____	_____
8. essen (*ich*)	_____	_____	_____
9. sein (*Sie*)	_____	_____	_____
10. stehen (*ihr*)	_____	_____	_____

3. Stolpersteine

1. _____ ist mein Mercedes (*m*)? Gestern habe ich _____ noch gehabt. (*Fragewort; Pronomen*)

2. Möchten Sie unser _____ Fahrrad (*s*), unser _____ Wagen (*m*) oder unser _____ Rollschuhe (*pl*) borgen?

3. Ihr _____ Fahrrad, Ihr _____ Wagen und Ihr _____ Rollschuhe sind mir zu alt.

4. Ich _____ nach Hause. (*gehe zu Fuß/spazieren*)

5. (Der 4. Satz mit »müssen«, (*Imperfekt*):)

   _____

4. Variation zum Minidrama

Fügen Sie bitte die folgenden Wörter in den Text ein:

an	läuft	sitzen
beste	Lust	spät
fängt	möchtest	Strafzettel
Film	müssen	tanken
gefallen	saubere	Wäsche

PARKVERBOT

Im Auto vor einem Parkverbotsschild (1) _____ Willis Mutter und ihre kleine Tochter.

Monika Neumann: Mutti, hast du immer noch viel zu tun?

Frau Neumann: Ja, mein Kind. Wir müssen schnell (2) _____. Der Polizist da drüben gibt uns gleich einen Strafzettel. Ich fahre sofort ab.

Monika Neumann: Ach, du hast gar keine Freizeit! (3) _____ du nicht lieber ins Kino gehen?

Frau Neumann: Wo denkst du hin! Wir haben keine (4) _____ (5) _____ mehr. Wir müssen zur Reinigung.

Monika Neumann: Ach, Papa geht ja immer zur Reinigung. Es (6) _____ ein guter (7) _____ im Gloria-Palast. Er wird dir bestimmt (8) _____ .

Frau Neumann: Wie (9) _____ ist es denn?

Monika Neumann: Zwanzig vor drei. Um drei (10) _____ der Film (11) _____ . Er heißt "Schneewittchen" und ist von Walt Disney.

Frau Neumann: Diese Kinder! Hm. Na ja, wenn du (12) _____ dazu hast?

Monika Neumann: Also abgemacht! Muttchen, du bist die
(13) _____ Mutter der Welt!

Frau Neumann: Na, sagen wir in Deutschland. Aber wir
(14) _____ vorher am Bücherladen
vorbeifahren.

Polizist: Ich muß Ihnen leider einen (15) _____
geben.

II. STRUKTUREN IM KONTEXT

1. Vaters Geburtstag? (Adjektivendungen: Nominativ und Dativ)

Greta: Ist morgen (1) d _____ (2) erst _____ April (*m*)?

Frank: Ja, am (3) erst _____ April hat Vater Geburtstag.

Greta: Gut, daß wir in (4) d _____ (5) erst _____ Woche (*w*) im Monat noch Geld haben.

Frank: Ja, (6) d _____ (7) letzt _____ Woche (*w*) sieht immer schlecht aus.

Greta: Bei unser (8) _____ (9) letzt _____ Geburtstagsfeier (*w*) kamen zwanzig Leute. (10) D _____ (11) ander _____ Freunde (*pl*) schickten Geburtstagskarten.

Frank: Von (12) d _____ (13) ander _____ Freunden bekam Vater aber keine Geschenke (*pl*).

Greta: Er will ja auch nichts von (14) teur _____ Geschenken hören.

Frank: (15) Teur _____ Sachen (*pl*) kann heute niemand kaufen!

Greta: Im (16) nächst _____ Jahr fahren wir im April nach Florida.

Frank: Phantastisch! (17) D _____ (18) nächst _____ Jahr soll bald kommen!

Greta: Das ist (19) ein _____ (20) schön _____ Blumenstrauß (*m*).

Frank: Ich habe ihn aus (21) mein ____ (22) eigen ____ Garten (*m*). Für Vater.

Greta: (23) Mein ____ (24) klein ____ Geschenk habe ich gekauft. Glaubst du, daß ich ihm mit (25) ein ____ (26) international ____ Kochbuch (*n*) eine Freude mache?

Frank: (27) Gut ____ Essen (*s*) ist immer das Richtige für Vater. Von (28) gut ____ Essen spricht er oft.

Greta: Kommen unser (29) ____ deutsch (30) ____ Tanten (*pl*) und Onkel (*pl*) auch?

Frank: Natürlich! Außer unser (31) ____ (32) alt ____ (33) Verwandte ____ (*pl*) kommt auch (34) d ____ neu (35) ____ Nachbarin.

Greta: Du willst sagen: (36) "Ein ____ (37) interessant ____ (38) neu ____ Nachbarin kommt." Sie gefällt dir!

Frank: Na ja. Ist das hier (39) frisch ____ Apfelkuchen?

Greta: Ja, mit (40) süß ____ Sahne (*w*), (41) süß ____ Zucker und (42) süß ____ Rosinen (*pl*)!

Frank: Süß (43) ____ Schwester. Du kennst mich zu gut!

2. **Wettrennen in der Schule (Adjektivendungen mit der/ein Wörtern)**

Renate: Siehe da, (1) d ____ (2) klein ____ Junge (*m*) rennt sehr schnell.

Simon: (3) D ____ (4) klein ____ Mädchen (*s*) rennt auch sehr schnell.

Renate: Möchtest du (5) ein ____ (6) heiß ____ Würstchen (*s*)?

Simon: Nein, ich möchte lieber (7) ein ____ (8) rot ____ Apfel (*m*).

Renate: Oh, (9) mein ____ (10) best ____ Freund (*m*) ist jetzt vorne!

Simon: Ich kenne ihn. (11) Sein _____ (12) neu _____ Hobby (s) ist jetzt Basketball.

Renate: Wer hat gestern gewonnen? Ich habe (13) d _____ (14) letzt _____ Bericht (m) nicht gehört?

Simon: (15) D _____ (16) letzt _____ Resultat (s) kenne ich auch nicht.

Renate: (17) Groß _____ Gott (m)! Mein Freund fällt hin!

Simon: (18) Lieb _____ Mädchen (s), bleibe ruhig! Er hat (19) groß _____ Glück (s) gehabt.

Renate: Er hat auch (20) groß _____ Mut (m)! Er rennt weiter!

Beide: Er gewinnt!

3. Im alt _____ Bücherladen (m) (Adjektivendungen)

Jutta: Guten Tag. Ich suche (1) ein _____ (2) interessant _____ Buch (s) über Amerika.

Verkäufer: (3) Dies _____ (4) neu _____ Buch wird Ihnen gefallen. (5) Ein _____ (6) illustriert _____ Reisebeschreibung (w).

Jutta: Fünfunddreißig Mark! Haben Sie (7) kein _____ (8) billig _____ Bücher (pl)?

Verkäufer: Ja, schon. Hier ist (9) ein _____ (10) amerikanisch _____ Roman (m) von Faulkner. Da lernen Sie viel von (11) d _____ (12) südlich _____ Vereinigten Staaten (pl). Es kostet 25 Mark fünfzig.

Jutta: Gut, den nehme ich. Haben Sie auch (13) gut _____ Kinderbücher (pl)?

Verkäufer: (14) Ein _____ (15) neu _____ Buch von Judy Blume ist gerade gekommen.

Jutta: Nein, es ist für (16) ein _____ sehr (17) klein _____ Kind (s). Haben Sie etwas mit (18) bunt _____ (19) Bilder _____ (pl)?

Verkäufer: Ich habe (20) die _____ (21) schön _____ Exemplar (s) von *Max und Moritz*.

Jutta: Es ist für (22) mein _____ (23) klein _____ Neffen (m) zum Geburtstag.

Verkäufer: An *Max und Moritz* hat er bestimmt (24) groß _____ Spaß (m).

Jutta: Ich habe in (25) d _____ (26) Süddeutsch _____ Zeitung gelesen, daß Wilhelm Busch in fast (27) jed _____ (28) deutsch _____ Familie (w) zu finden ist.

Verkäufer: Ja, das stimmt. Man nennt ihn auch den Vater (29) d _____ (30) amerikanisch _____ Comics (*pl*).

Jutta: Also ich nehme (31) dies _____ (32) beid _____ Bücher.

Verkäufer: Das macht also zusammen dreißig Mark fünfundachtzig.

Jutta: Ach, (33) mein _____ (34) letzt _____ Geld (s) ist schon wieder weg!

Verkäufer: Ja, wir haben (35) alle d _____ (36) gleich _____ Problem (s). (37) D _____ (38) bös _____ Inflation (w) macht uns alle arm.

Beide: Auf Wiedersehen.

4. Am Bahnhof (Adjektivendungen)

A: Du hast eine (1) schön _____ Armbanduhr (w).

B: Danke. Leider zeigt sie nicht die (2) richtig _____ Zeit (w) an.

A: Der (3) italienisch _____ Zug (m) kommt nie pünktlich!

B: Ja, mit einer (4) gut _____ Stunde (w) Verspätung müssen wir rechnen.

A: Ich bin müde. (5) Letzt _____ Nacht (w) habe ich schlecht geschlafen.

B: Du kannst im (6) italienisch _____ Zug (m) schlafen.

A: Ja, das mache ich immer. Für die (7) teur _____ Hotels (*pl*) habe ich kein Geld.

B: Hast du einen (8) deutsch _____ Eurail-Paß (*m*)?

A: Ja, mit dem Paß kann ich drei Wochen in allen (9) europäisch _____ (10) Länder _____ (*pl*) reisen.

B: Der Preis einer (11) normal _____ Fahrkarte (*w*) ist zu hoch. Ich habe mit dem Eurail-Paß auch (12) schön _____ Reisen (*pl*) gemacht.

A: Kannst du wirklich das (13) groß _____ Glas (*s*) Bier austrinken? Es muß ein (14) ganz _____ Liter (*m*) sein.

B: Kein Problem! Ich glaube, (15) deutsch _____ Bier (*s*) ist das (16) best _____ Bier der (17) ganz _____ Welt (*w*)!

A: Ich trinke lieber (18) amerikanisch _____ Coca Cola (*w*).

B: Du weißt nicht, was gut ist! (19) Europäisch _____ Weine (*pl*) und Biere sind weltbekannt.

A: Nun, die (20) österreichisch _____ Küche (*w*) gefällt mir aber gut. Ein (21) gut _____ Stück (*s*) Sacher-Torte esse ich jederzeit!

B: Ja, mit einem (22) schön _____ Wiener Schnitzel (*s*) kann man mich immer erfreuen.

A: Hast du schon von (23) frisch _____ Forellen (*pl*) gehört?

B: Nein, aber ich kenne ein (24) ander _____ (25) phantastisch _____ Essen (*s*): Würstchen mit (26) frisch _____ Mostrich (*m*). Dazu esse ich (27) bayerisch _____ Sauerkraut (*s*).

A: Ach, das ist doch nichts Besonderes! Nicht alle (28) Deutsch _____ (*pl*) essen Sauerkraut. Und ich auch nicht. Wo ist unser (29) italienisch _____ Zug (*m*)?

B: Keine (30) italienisch _____ Züge (*pl*) weit und breit zu sehen! Wollen wir mit einem (31) ander _____ Zug fahren?

A: Warum nicht? (32) Gut _____ Wein (*m*) wächst überall.

B: Du denkst nur an essen und trinken. Hast du keine (33) ander _____ Ideen (*pl*)?

A: Ich kann dir auch von (34) interessant _____ Museen (*pl*) erzählen.

B: Ein (35) interessant _____ Museum (*s*) möchte ich gerne sehen.

A: Fahren wir also nach München. Im (36) Deutsch _____ Museum gibt es Technik.

B: In ein (37) technisch _____ Museum gehe ich gern.

A: Eine (38) berühmt _____ Gemälde-Galerie (*w*) ist auch in München. Ich habe sie mit meiner (39) klein _____ Schwester (*w*) gesehen.

B: Aus unseren (40) deutsch _____ Schulbücher (41) _____ weiß ich von den Bildern der (42) berühmt _____ Maler (*pl*) dort.

A: Also fahren wir. Hier kommt der Zug nach München.

5. **Können Sie die Rätsel lösen? (Ordinalzahlen)**

    1. Der _____ Tag der Woche ist Mittwoch.

    2. Mein Name beginnt mit G, dem _____ Buchstaben des Alphabets.

    3. Der _____ Monat des Jahres ist Mai.

    4. Goethe wurde 1749 geboren. Dieses Jahr ist sein _____ Geburtstag.

    5. Am _____ Tag der Woche gehen manche Leute in die Kirche.

    6. Der _____ Buchstabe des Alphabets ist Z.

    7. Am _____ Dezember ist Weihnachten.

    8. Kennst du den _____ Präsidenten der Vereinigten Staaten? Er heißt Washington.

    9. Der _____ amerikanische Präsident war Lincoln.

    10. Jeder kennt das _____ amerikanische Auto: Ford, Model T.

6. Ordinalzahlen/Kardinalzahlen (Zahlen, Daten)

A: Der wievielte ist heute?

B: Heute ist der 1. 30. _____ Dezember.

A: Oh, gut! Am 2. (31.) _____ Dezember (*m*) können wir Sylvester feiern.

B: Das ist mein 3. (1.) _____ Sylvesterfeier in Deutschland. In Amerika feiert man mehr den 4. (4.) _____ Juli. Das ist unser Unabhängigkeitstag.

A: Bei uns gibt es nur einen Tag der deutschen Einheit. Er wird am 5. (17) _____ Juni gefeiert. Am diesem Tag protestierten die Leute in der DDR gegen die kommunistische Regierung.

B: Übrigens habe ich morgen auch Geburtstag. Ich werde 6. (33) _____ Jahre alt.

A: Um 7. (1) _____ Uhr muß ich noch arbeiten.

B: Es kommen 8. (17) _____ Leute! Jeder bringt 9. (1) _____ Flasche Sekt (*w*), 10. (13) _____ Luftschlangen (*pl*) und 11. (1) _____ Beutel (*m*) Konfetti.

A: Du bist heute schon der 12. (6) _____ Freund, der morgen eine Party hat.

B: Na, wenigstens bin ich nicht der 12. (7) _____ oder 14. (8) _____ Freund! Du mußt kommen!

A: Du mußt aber auch zu meinem Geburtstag kommen. Er ist am 15. (16) _____ Januar.

B: O weh! Am 16. (17) _____ Januar wird meine Schwester 17. (25) _____ Jahre alt! Dann muß ich schon wieder feiern. Am 18. (18) _____ habe ich sicher einen großen Kater!

7. **Hans hat es immer schlechter.** (Dativ Plural)

Psst....aufpassen! Vergiß nicht das -n oder -en!

> **Beispiel:** Lilli: Die Welt versteht mich nicht. Es ist alles zu viel! Ich kämpfe mit einem Problem.
> Hans: *Ja, ich weiß! Ich kämpfe mit* **vielen** *Problemen.*

Lilli: Ja, aber ich muß in einem Monat 20 Fußnoten zu **einem Buch** schreiben.

Hans: Ich muß **in einem Monat** 40 Fußnoten zu zwei

(1) _____ schreiben.

Lilli: Und ich bekomme nächste Woche **von einem Freund** Besuch.

Hans: Ja. Und ich bekomme von drei

(2) _____ Besuch.

Lilli: Und ich habe Schulden **bei meinem Onkel**. Ich muß ihm Geld geben.

Hans: Ich habe viele Schulden **bei meinen beiden**

(3) _____ .

Lilli: Ich muß auch in **ein neues Zimmer** ziehen.

Hans: Ja, ich muß **aus meinen** (4) _____ ausziehen.

Lilli: Wo soll ich **meine Haustiere** hinbringen?

Hans: Ich weiß auch nicht, was ich mit meinen

(5) _____ machen soll.

Lilli: Ich suche **seit einem Tag** eine Wohnung.

Hans: Ja, ich suche schon seit 27 (6) _____ ein Zimmer.

Lilli: Und mein Grundig-**Fernseher** ist kaputt.

Hans: Ja, **mit meinen** zwei (7) _____ habe ich auch kein Glück.

Lilli: Hans, vielleicht habe ich doch **keine Probleme**.

Hans: Tja, Lilli **mit meinen** (8) _____ habe ich genug für zwei.

8. Eine interessante Geschichte (Zeit, Art und Weise, Ort)

Sprachliche Besonderheit

Schreiben Sie bitte 6 Sätze mit den Wörtern. (Benutzen Sie in jedem Satz bitte ein Wort aus jeder Gruppe).

a. heute	b. schnell	c. nach Hause
immer	mit dem Bus	das Restaurant
nie	fröhlich	das Wasser
1988	ohne Geld	das Bett
jetzt	wegen des schlechten Wetters	Europa
um 10.00 Uhr	langsam	die Garage

1. _____
2. _____
3. _____
4. _____
5. _____
6. _____

III. KOMMUNIKATIVE ÜBUNGEN: "DEUTSCHES MAGAZIN"

1. Feste und Feiern (Vokabularübung)

> Silvester: 31. Dezember
> Weihnachten: 25. Dezember
> Fasching: Februar oder März
> Allerheiligen: 1. November

Kreuzen Sie die richtigen Antworten an.

1. Was macht man zu Silvester?
   _____ Sieht man die Sendung vom Times Square?
   _____ Trinkt man Sekt?
   _____ Geht man ins Kino?
   _____ Fährt man nach China?

2. Zu Silvester sagt man ....
   _____ Frohe Weihnachten!
   _____ Ein frohes Neujahr!
   _____ Viel Glück!
   _____ Gesundheit!

3. Was zieht man zum Fasching an?
   _____ einen Badeanzug
   _____ Blue Jeans
   _____ ein Kostüm
   _____ Abendkleidung

4. Was macht man Silvester mit dem Sektglas?
   _____ Wirft man es gegen die Wand?
   _____ Stößt man mit jemandem an?
   _____ Verkauft man es an einen Nachbarn?

5. Zu Weihnachten....
   _____ geht man in den Zoo.
   _____ macht man Geschenke auf.
   _____ geht man einkaufen.
   _____ studiert man.

6. Zum Geburtstag....

    _____ ißt man Kuchen.

    _____ geht man schwimmen.

    _____ singt man "O Tannenbaum".

    _____ schreibt man ein Kochbuch.

2. Einladung

Schreibe die Einladung zu deinem Geburtstag:

Bochum, (1) d_____ _____ _____ _____

Lieb (2) _____ Max,

    Leider werde ich wieder ein Jahr älter. Ich bin jetzt (3) _____ (4) _____ alt! Das muß gefeiert werden!

    Bitte komme am (5) _____ zu mir und bringe gute Laune mit. Wenn Du mir etwas schenken willst, bringe mir (6) _____. Aber bitte gib nicht so viel Geld aus. Natürlich sollst Du Deine Freundin mitbringen. Sie heißt doch Gisela, nicht wahr, und arbeitet bei (7) _____ (8) _____? Beim Bäcker hab ich einen großen (9) _____ bestellt. Ich hoffe, Du hast Hunger. Selbstverständlich haben wir eine Live Band. Es kommen noch (10) _____. Wir wollen alle tanzen. Ich tanze am liebsten (11) _____. Und Du? Es haben mir schon viele Leute zum Geburtstag gratuliert. Man hat mir viel Glück, Freude und Gesundheit gewünscht. Na, bis zum Alter von (12) _____ möchte ich wenigstens (13) _____ Dollar verdient haben! Wenn ich es schaffe, trinken wir nichts als Champagner.

    Ich freue mich schon auf Deinen Besuch. Es kommen wenigstens 30 Leute. Wir werden uns großartig amüsieren.

                                   Für heute herzliche Grüße,

                                         Dein (*Deine*),

3. **Mein Geburtstag**

   Beantworten Sie die Fragen!

   1. Wo bist du geboren?

   2. Wann hast du Geburtstag?

   3. Wie hast du deinen Geburtstag gefeiert, als du Kind warst?

   4. Wo waren deine Geschenke?

   5. Was hast du gekriegt (*bekommen*)?

   6. Was hast du noch an dem Tag gemacht?

   7. Hast du einen Geburtstagskuchen bekommen?

   8. Was ist noch üblich in den Vereinigten Staaten bei Kindergeburtstagen?

   9. Wie feierst du deinen Geburtstag jetzt?

HÖRVERSTÄNDNIS

1. Die Beste Antwort

Heißt die beste Antwort "jetzt nicht" oder "noch nicht"?

1. Ist die Post schon gekommen?
   _____ Sie kommt erst um 10 Uhr.

2. Kann ich die Suppe essen?
   _____ Sie ist zu heiß.

3. Gibst du mir einen Apfel?
   _____ Ich habe im Moment keine Äpfel mehr.

4. Wann gibst du das Zigarettenrauchen auf?
   _____ Ich weiß noch nicht. Vielleicht später mal.

2. *"Deutsches Magazin":* **Fakten oder Vorurteile?**
Bitte lies laut mit.

Joachim Fuhrmann: **"Der Typ, der 'in' ist"**

Der Typ, der "in" ist,
Der sich an die Vorschriften hält,
Der die Regeln beachtet,
Der den rechten Weg inne hält.
Der irre Typ,
Der echt cool ist,
Der echte Typ der irre cool ist,
Der coole Typ, der echt irre ist,
Der irre Typ, der echt cool die Vorschriften einhält.
Der echte Typ, der irre cool die Regeln beachtet.
Der coole Typ, der irre echt den rechten Weg innehält,
Der wessen, der warum, der wozu nicht fragt
Und bestenfalls sagt: ~Echt Scheiße."

Sind die Sätze auf dem Tonband Fakten oder Vorurteile (F oder V)?

1. F/V
2. F/V
3. F/V
4. F/V
5. F/V

6. F/V
7. F/V
8. F/V
9. F/V
10. F/V

MUSTER UND MODELLE

I. SCHNELL UND GENAU

1. Substantivformen

   Singular

   Plural

   1. _____ Sommer
   2. _____ Woche   _____
   3. _____ Stunde   _____
   4. _____ Nacht   _____
                                      _____

2. Stolpersteine

   1. Herr Sommer: Wie lange joggen Sie jed_____ Tag?
   2. Frau Winter: Von 6.00 bis 7.00 Uhr morgens.
      Das ist ein _____ (*Zeitausdruck*).
   3. Herr Sommer: Das Wetter ist schön. Es gefällt _____ (*Pronomen*), bei diesem Wetter zu joggen.

3. Variation zum Minidrama

   Fügen Sie bitte die folgenden Wörter in den Text ein:

angeschaut	lange	stimmt
bei	Plastikkämme	Stunde
gerne	seit	Taschenuhr
hindurch	spät	Uhr

   ### IN EINER CHEMISCHEN FABRIK IN LUDWIGSHAFEN

   Brigittes Onkel, Harold Paul, arbeitet mit Frau Christine Rhein zusammen an einem Arbeitsplatz. Sie produzieren Plastikkämme.

Harold Paul: Ich habe die ganze Woche (1) _____ schwer gearbeitet.

Chr. Rhein: Ach, Sie Armer! Es ist doch Sommer. Ich habe vierzehn Tage kein Plastik mehr (2) _____ .

Harold Paul: Wie (3) _____ sind Sie schon aus dem Urlaub zurück?

Chr. Rhein: Erst (4) _____ heute früh. Sie sollten auch einmal blau machen. Sie sehen ganz erschöpft aus.

Harold Paul: Ja, übermorgen nehme ich mir frei. Sie haben sich ja phantastisch erholt. Sie sehen blendend aus.

Chr. Rhein: Das (5) _____ zwar nicht, aber das höre ich (6) _____ .

Harold Paul: Übrigens, wie (7) _____ ist es? Ich habe meine (8) _____ nicht (9) _____ mir.

Chr. Rhein: Es ist gleich neun (10) _____ . Wir müssen endlich anfangen, (11) _____ zu produzieren.

Harold Paul: Na, dann ans Werk! In einer (12) _____ gibt es schon Mittagessen.

II. STRUKTUREN IM KONTEXT

1. **Tage und Tageszeiten (Zwei Zeitausdrücke)**

   Was macht deine Mutter diese Woche?

   > **Beispiel:** Meine Mutter spielt *Sonntag früh* Klavier.
   > Sie schreibt *heute abend* einen Brief.

A	B
Montag	früh
Dienstag	morgen
Mittwoch	vormittag
Donnerstag	mittag
Freitag	nachmittag
Samstag	abend
Sonntag	nacht
heute	
gestern	
vorgestern	
morgen	
übermorgen	

   1. Meine Mutter liest _____ _____ ein Buch.
   2. Sie lehrt _____ _____ Deutsch an der Universität.
   3. Sie ißt _____ _____ Mittagessen mit ihrem Freund.
   4. Sie geht _____ _____ ins Theater.
   5. Sie arbeitet _____ _____ im Garten.
   6. Sie macht _____ _____ ein Picknick.
   7. Sie fährt _____ _____ nach Pensacola zum Strand.
   8. Sie besucht _____ _____ Gloria Steinem.
   9. Sie schläft _____ _____ zehn Stunden.
   10. Sie telefonierte _____ _____ mit meiner Oma.
   11. Sie sang _____ _____ ein Lied von Schubert.
   12. Sie rauchte _____ _____ keine Zigaretten.
   13. Sie kocht _____ _____ mit meinem Vater das Essen.
   14. Sie kauft _____ _____ für mich eine Puppe.
   15. Sie holte _____ _____ Blumen vom Markt.

2. Zeitausdrücke

A. Der Präsident

> Beispiel: Ich gehe **nachmittags** spazieren. (*jeden Nachmittag*)
> Iche gehe *am Nachmittag* spazieren. (*nur heute*)

1. Er geht **am Sonntag** zur Kirche.
   _____

2. Er liest **donnerstags** das »Wallstreet Journal" und die »Welt."
   _____

3. Er bekommt **am Morgen** Informationen aus aller Welt.
   _____

4. Er ißt **am Abend** immer zu viel.
   _____

5. Er trinkt dann **nachts** ein kleines Glas Cognac.
   _____

6. Er telefoniert **vormittags** mit seinem Pressesprecher.
   _____

7. Er diktiert **am Vormittag** Briefe.
   _____

8. Er geht **abends** um 5.00 Uhr nach Hause.
   _____

9. Er kann **nachts** nicht schlafen.
   _____

10. Er steht **am Morgen** spät auf.
    _____

11. Er geht nie **am Vormittag** zur Arbeit.
    _____

B. Was macht der Präsident in den nächsten Wochentagen?

> **Beispiel:** Der Präsident steht *am Sonntag* früh auf. (*Sonntag*)
> Der Präsident steht **sonntags** früh auf.

1. Der Präsident fliegt _____ _____ nach Europa. (*Sonntag*)

2. Er spricht _____ _____ mit dem Botschafter von Frankreich. (*Montag*)

3. Er arbeitet _____ _____ an dem Budget für das nächste Jahr. (*Dienstag*)

4. Er lädt _____ _____ einen Senator aus Kalifornien ein. (*Mittwoch*)

5. Er geht _____ _____ mit seiner Frau in eine Oper. (*Donnerstag*)

6. Er besucht _____ _____ die NASA. (*Freitag*)

7. Er telefoniert _____ _____ mit der englischen Königin. (*Samstag*)

8. Er diskutiert _____ _____ mit einem Minister über Atomkraft. (*Montag*)

9. Er sieht _____ _____ einen Film. (*Freitag*)

10. Er bekommt _____ _____ ein Telegramm aus der Sowjetunion. (*Dienstag*)

3. Ferien: Zeitausdrücke

Welche Präposition? Welcher Artikel? Welche Endung?

> **Beispiel:** Rolf: Ich mache *im Sommer* Ferien am Strand.
> (*Sommer*)

1. **Mark:** Meine Ferien sind _____ . (*Juni*)

2. **Rolf:** _____ schlafe ich immer eine Stunde. (*Nachmittag*)

3. **Mark:** Ich schlafe nur _____ . (*Nacht*)

   Rolf: Ist dein Geburtstag während deiner Ferien?

4. **Mark:** Ja, ich habe _____ Geburtstag. (*8. Juli*)

   Rolf: Wann ist Sommeranfang?

5. **Mark:** Sommeranfang? Ich glaube _____ . (*21. Juni*)

   Rolf: Welcher Tag ist heute?

6. **Mark:** Heute ist _____ . (*20. Juni*)

   Rolf: Wie schreibt man in Deutschland das Datum auf einen Brief?

7. **Mark:** Einfach. Erst kommt der Ort, dann der Artikel und das Datum. Zum Beispiel: Miami, _____ . (*7.8. 1992*)

8. **Rolf:** Wie lange warst du letzt _____ Jahr am Strand?

9. **Mark:** Ich war _____ dort. Aber _____ 3 Jahre _____ war ich länger dort. (*3 Wochen*)

10. **Rolf:** Fährst du _____ wieder nach Miami? (*1992*)

11. **Mark:** Nein, in dies _____ Jahr fahre ich _____ nach Wien. (*Herbst*)

12. **Rolf:** Oh, nächst _____ Monat fliege ich auch nach Wien.

13. **Mark:** _____ wieviel Uhr fliegst du ab?

14. **Rolf:** Ich muß _____ am Flughafen sein. (*5.30*)

15. **Mark:** Gut. Ich bringe dich hin. Ich hole dich

_____ ab. (*13.45*)

4. Sprachliche Besonderheit: Interview mit Helmut (*Seit oder schon?*)

Seit wann... oder **Wie lange schon**

> **Beispiel:** ein Uhr   Radio hören
> **Sam:** *Seit wann* hörst du Radio?
> **Helmut:** Ich höre *seit* ein Uhr Radio.
>
> **Beispiel:** ein Monat   in Amerika sein
> **Sam:** *Wie lange* bist du *schon* in Amerika?
> **Helmut:** Ich bin *schon* einen Monat in Amerika.

1. neunzehnhundertachtzig / in Miami wohnen

   Sam: _____

   Helmut: _____

2. drei Wochen (*pl*) / Deutsch studieren

   Sam: _____

   Helmut: _____

3. ein Monat / ein Auto haben

   Sam: _____

   Helmut: _____

4. ein Uhr fünfzehn / hier sein

   Sam: _____

   Helmut: _____

5. ein Jahr (*s*) / verheiratet sein

   Sam: _____

   Helmut: _____

6. heute morgen / Brief schreiben

    Sam: _____

    Helmut: _____

7. ein ganzer Tag (m) / müde sein

    Sam: _____

    Helmut: _____

8. voriger Sommer (m) / im Hilton arbeiten

    Sam: _____

    Helmut: _____

9. letztes Jahr (s) / kein Geld haben

    Sam: _____

    Helmut: _____

10. Tag und Nacht / lesen

    Sam: _____

    Helmut: _____

11. zwanzig Jahre (pl) / Politiker sein

    Sam: _____

    Helmut: _____

12. eine halbe Stunde (w) / Schach spielen

    Sam: _____

    Helmut: _____

III. KOMMUNIKATIVE ÜBUNGEN: "DEUTSCHES MAGAZIN"

1. Fakten oder Vorurteile?

    (Bitte ankreuzen.)

	Fakt	Vorurteil
1. Rauchen ist ungesund.		
2. Alle Liberalen sind Kommunisten.		
3. Deutsch ist eine schwere Sprache.		
4. Alte Leute können keine Fremdsprache mehr lernen.		
5. Im Winter ist es warm in Hawaii.		
6. In Bonn sind die Leute unhöflich.		
7. Die Deutschen brauchen zum Leben "frische Luft."		
8. New Yorker sind schneller als Floridianer.		
9. Der Dollar wird immer stabil bleiben.		
10. Politik ist schmutzig.		
11. Alle Frauen sind am liebsten gute Mütter.		
12. Frauen sollen nie im Krieg kämpfen, weil sie zu schwach sind.		
13. Der Mann ist von Natur aus aggressiv.		
14. Hausarbeit ist nichts für Männer.		
15. Die Deutschen haben keinen Humor.		

2. Mit wem sprichst du am liebsten?

    Du triffst fünf Leute auf einer Party. Zwei davon möchtest du gleich näher kennenlernen. Am Ende des Übungsbuches wird beschrieben, was du von den Leuten nicht wußtest. Hast du gut gewählt? Was sind deine Vorurteile?

    1. Alfred Humperdinck - Ein Meter achtzig groß, 35 Jahre alt. Kleines Schnurrbärtchen. Rötliches Haar, blasse Haut, kleiner Bierbauch, Nickelbrille. Lacht viel, erzählt Witze. Er trägt eine Krawatte, neue Schuhe, und eine Sportjacke. Er trinkt Mineralwasser.

    2. Frank Solanger - mittelgroß, Ende dreißig, dunkle Hose, weißes Hemd, offen. Trinkt gern Whisky mit Soda. Erzählt dir eine halbe Stunde lang von seinen Reisen als Insektenforscher an den Amazonas. Er schaut dir nicht in die Augen.

3. Valery Marloff - 26 Jahre alt. Klein (*1,50 groß*), etwas zur Fülle neigend. Sie versucht dir Freud und Jung zu erklären. Sie scheint nichts, was du sagst, so zu verstehen, wie du es meinst. Sie ist sehr kritisch. Sie war mal ein halbes Jahr verheiratet.

4. Emma Grote - sehr groß, sehr dünn, schönes, lockiges Haar. Spricht mit dir Französisch, was du gerade an der Uni lernst. Sie ist sehr geduldig und korrigiert deine Fehler nicht. Ihr specht über Blumen und Windmühlen in Holland. Sie lädt dich ein, nächsten Sommer eine Fahrradtour dorthin zu machen.

5. Philip Fehrens - schlank, blond, 1,80 meter groß. Bringt dir immer wieder Champagner. Er erzählt dir von den Schauspielern, die er persönlich kennt. Hört dir intensiv zu, wenn du was sagst. Er nickt und hält normal Augenkontakt. Er stellt dich noch anderen Leuten vor.

3. Interviews: Christine interviewt Peter und Diana

Christines Fragen

1. Haben Sie schon einmal geraucht?
2. Wie finden Sie Zigarettenrauchen?
3. Was halten Sie von der Warnung vor Gesundheitsschäden auf der Zigarettenpackung?
4. Was würden Sie machen, wenn Ihre Kinder rauchen würden?
5. Sollte die Regierung alle Tabakwaren verbieten?
6. Gehen Sie gern in ein Restaurant, wo man nicht raucht?
7. Würden Sie einen Kettenraucherin heiraten.

Peters Antworten

1. Ich habe früher geraucht und rauche jetzt ab und zu aber nicht gerne. Ich habe immer ein schlechtes Gewissen. Ich rauche nur abends.

2. Gut, weil ich mich daran gewöhnt habe und es mir ab und zu schmeckt, wenn ich bei Partys trinke. Ich finde es schlecht, weil es ungesund ist, und Atemschwierigkeiten verursacht. Preis spielt keine Rolle. Ich drehe meine eigenen Zigaretten.

3. Ja, sie sollte eine Warnung haben als Bewußtwerdungsprozeß. Die Industrie sollte eine Verantwortung haben, wenn sie schädliche Sachen produziert.

4. Ich würde es ihnen verbieten, ihnen ein schlechtes Gewissen machen. Das ist natürlich hypokritisch, weil ich selber rauche. Wenn sie erwachsen sind, sage ich nichts mehr; sie müssen die Verantwortung übernehmen.

5. Ich bin geneigt, "ja" zu sagen.

6. Es ist mir egal.

7. Nie würde ich eine Kettenraucherin heiraten. Ich könnte nicht zuschauen, wie jemand Selbstmord begeht. Ich könnte nicht ständig in einer verpesteten Luft leben. Kettenrauchen ist Ausdruck einer neurotischen Persönlichkeit.

Dianas Antworten

1. Ich habe noch nie irgend etwas geraucht. Na ja, ich habe mal was probiert.

2. Ich finde Zigaretten schlecht. Das ist sehr ungesund, das riecht nicht gut, und es macht schlechte Zähne. Ich bin nicht gerne in einem Zimmer mit jemandem, der raucht.

3. Ich finde das fair, aber leider vollkommen wirkungslos.

4. Ich versuche, es ihnen abzugewöhnen. Und wenn das nicht geht, dürfen sie nicht im Haus, in meinem Haus und Wagen rauchen. Aber in ihrer eigenen Wohnung besuche ich sie, auch wenn sie rauchen.

5. Nein, das sollte sie nicht. Man sollte die Wahl haben: rauchen oder nicht, krank werden oder nicht.

6. Ja, wenn Rauchen erlaubt ist, sitze ich da, wo man nicht rauchen darf. Ich gehe aber trotzdem für kurze Zeit in rauchige Bars.

7. Es macht nichts aus, andere Dinge sind wichtiger. Aber ich würde nicht gerne mit jemandem zusammen leben, der raucht.

Bitte ankreuzen.

	Peter	Diana
1. Wer hat nie geraucht?		
2. Wer findet rauchen ungesund?		
3. Wer findet die Warnung auf der Zigarettenpackung wirkungslos?		
4. Wer hat nichts gegen das Rauchen der eigenen Kinder?		
5. Wer glaubt, daß die Regierung alle Tabakwaren verbieten soll?		
6. Wer geht ins Restaurant, wo man raucht?		
7. Wer würde einen Kettenraucher heiraten?		

HÖRVERSTÄNDNIS

1. Stolpersteine: gefallen/ lieben/ gern haben

   Welcher gesprochene Satzteil gehört zu den folgenden Satzteilen?

   Satzteil 1, 2, 3, 4, 5, 6?

   a) _____ ...habe ich gern.

   b) _____ ...esse ich gern.

   c) _____ ...gefällt mir.

   d) _____ ...gehe ich gern.

   e) _____ ...gefallen mir.

   f) _____ ...liebe ich sehr.

2. Sich bedanken

   Welche Ausdrücke passen zu den Sätzen auf dem Tonband? Markiere die richtigen Buchstaben.

1. a,b,c,d,e	a) Gern geschehen.
2. a,b,c,d,e	b) Das freut mich.
3. a,b,c,d,e	c) Herzlichen Dank.
4. a,b,c,d,e	d) Danke vielmals.
5. a,b,c,d,e	e) bedanken

3. *"Deutsches Magazin":* **Elisabeth macht Ferien**

   Sind die Sätze auf dem Tonband **richtig** *oder* **falsch***?*

   _____ 1. Elisabeth hat zwei Wochen Ferien.

   _____ 2. Am ersten Tag schläft sie gar nicht.

   _____ 3. Sie bringt ihrer Mutti etwas zum Essen.

   _____ 4. Vor dem Kino macht sie sich schön.

   _____ 5. Sie besucht Freunde und fährt mit dem Taxi nach Hause.

   _____ 6. Elisabeth strickt einen Pullover für sich.

   _____ 7. Elisabeth und ihre Mutter, Frau Zeidler, haben eine schöne Singstimme.

   _____ 8. Sie spricht im Park mit einer Oma.

   _____ 9. In den nächsten 5 Tagen ist Elisabeth fleißig und denkt immer an das Akademische.

   _____ 10. Die Discomusik ist viel zu laut.

   _____ 11. Elisabeth sieht ein Drama von Goethe in einem Münchner Theater.

   _____ 12. Die Zugspitze ist der höchste Berg in Deutschland.

   _____ 13. Elisabeth ißt keinen Kuchen, weil sie an ihre schlanke Linie denkt.

   _____ 14. Die Sprecherin wird auch im nächsten Jahr in der Bibliothek arbeiten.

MUSTER UND MODELLE

I. SCHNELL UND GENAU

1. **Substantivformen**

Singular		Plural
_____	Monat	_____
_____	Pullover	_____
_____	Beruf	_____
_____	Handtuch	_____

2. **Stolpersteine**

   1. **Alice:** _____ hast du diese Bluejeans nicht mehr gewaschen? (*Zeitausdruck*)

      Margot: Schon zwei Wochen nicht mehr.

2. **Alice:** _____ hast du keine Zeit mehr?

   Margot: Seitdem ich arbeite. (*Zeitausdruck*)

3. **Margot:** Das ist nicht wahr. Das glaube ich _____ nicht. (*Pronomen*)

4. **Alice:** Ich sage heute bestimmt die Wahrheit!

   (*Beginne den Satz so:*)

   Heute _____!

3. **Variationen zum Minidrama**

   Fügen Sie bitte die folgenden Wörter in den Text ein:

als	frische	Schlechtes
besorgen	gehören	schönsten
des	gehört	trage
du	mich	wärmste
finden	mir	waschen
freue	möchten	

   ### AUF DEM HERZOGENSTAND IN DEN BAYERISCHEN ALPEN

   Susi und ihr Bruder Axel machen eine Pause während einer Bergtour. Sie treffen Frau Marianne Breitmoser.

   Susi: Welch ein Zufall! Hier kommt Frau Breitmoser.

   Marianne Breitmoser: Grüß Gott. Ich habe schon viel von Ihnen (1)_____.

   Axel: Hoffentlich nichts (2)_____!

   Susi: Wie (3)_____ Sie meinen neuen Rucksack?

   Axel: Er ist schöner (4)_____ dein alter mit den Löchern. Aber ist er nicht beim Klettern zu groß und schwer?

   Susi: Ich bin eben stärker als (5)_____.

Axel: Na, dann (6)_____ auch noch meinen Photoapparat.

Frau Breitmoser: Die Alpen sind die (7)_____ Berge, die ich kenne!

Susi: Leider ist es heute zu heiß! Ich (8)_____ (9)_____ auf kühlere Tage.

Axel: Ja, heute ist wohl der (10)_____ Tag (11)_____ Jahres.

Frau Breitmoser: Das ist sehr ungewöhnlich für Bayern.

Susi: Ah, dort drüben ist eine Sennhütte. Wartet auf mich! Ich möchte (12)_____ die Hände (13)_____.

Axel (zur Sennerin): (14)_____ Ihnen die Kühe?

Sennerin: Nein, aber ich kümmere mich im Sommer um sie. Möchten Sie (15)_____ Milch haben?

Frau Breitmoser: Oh, auf frische Milch freue ich mich schon lange.

Susi: Wie weit ist es von hier zu einer Hütte? Wir (16)_____ in den Bergen übernachten.

Sennerin: Ja, da müssen Sie wohl noch drei gute Stunden bergauf steigen.

Frau Breitmoser: Oh weh, meine Füße! Ich hätte mir richtige Bergschuhe (17)_____ sollen!

II. STRUKTUREN IM KONTEXT

1. Mehr oder weniger (Positiv und Komparativ)

> Beispiel: A. Meine Suppe ist heiß.
> B. *Meine Suppe ist* **nicht so** *heiß* **wie** *deine Suppe.* (Positiv).
> C. *Deine Suppe ist* **heißer als** *meine Suppe.* (Komparativ).

1. A. Meine Nachbarin ist freundlich.
   B. _____
   C. _____

2. A. Meine Augen sind blau.
   B. _____
   C. _____

3. A. Meine Freunde sind phantastisch.
   B. _____
   C. _____

4. A. Meine Arbeit ist genau.
   B. _____
   C. _____

5. A. Mein Essen ist gesund.
   B. _____
   C. _____

6. A. Mein Hund ist gefährlich.
   B. _____
   C. _____

7. A. Meine Rosen blühen lange.
   B. _____
   C. _____

8. A. Meine Tomaten sind reif.
   B. _____
   C. _____

9. A. Meine Zeit ist wertvoll.
   B. _____
   C. _____

2. Klischees (Komparativ)

> Beispiel: weiß
> **Hans:** *Meine Wäsche ist* **so weiß** *wie deine Wäsche.*
> **Franz:** *Meine Wäsche ist* **weißer als** *deine Wäsche.*
> **Fritz:** *Meine Wäsche ist* **am weißesten.**

1. sauber
   Hans: Meine Wohnung ist _____ deine Wohnung.
   Franz: _____
   Fritz: _____

2. gemütlich
   Hans: Mein Wohnzimmer ist _____ dein Wohnzimmer.
   Franz: _____
   Fritz: _____

3. artig
   Hans: Meine Kinder sind _____ deine Kinder.
   Franz: _____
   Fritz: _____

4. fleißig
   Hans: Meine Freunde sind _____ deine Freunde.
   Franz: _____
   Fritz: _____

5. treu

   Hans: Meine Freundin ist _____ deine Freundin.

   Franz: _____

   Fritz: _____

6. teuer

   Hans: Mein Anzug ist _____ dein Anzug.

   Franz: _____

   Fritz: _____

7. rein

   Hans: Meine Fußböden sind _____ deine Fußböden.

   Franz: _____

   Fritz: _____

8. reich

   Hans: Meine Verwandten sind _____ deine Verwandten.

   Franz: _____

   Fritz: _____

9. elegant

   Hans: Meine Anzüge sind _____ deine Anzüge.

   Franz: _____

   Fritz: _____

3. **Ein Brief (Komparativ - Positiv, Komparativ, Superlativ)**

Bochum, den 20. Mai

(1) _____ (*Lieb - S*) Mutter!

Ich hoffe, Du bist wieder bei (2) _____ (*gut - K*) Gesundheit (*w*).

Gestern habe ich Dir die (3) _____ (*schön - S*) Rosen (*pl*) geschickt. Du hast mir mit deinem Brief die (4) _____ (*groß - S*) Freude (*w*) gemacht. Ich kann mir keine (5) _____ (*gut - K*) Überraschung (*w*) denken, als einen Brief von Dir.

Gestern habe ich den (6) _____ (*interessant - S*) Film (*m*) gesehen. (7) _____ (*Faszinierend - K*) Schauspieler (*pl*) kannst Du Dir nicht vorstellen! Leider gibt es keine (8) _____ (*günstig - K*) Preise (*pl*)! Sechs Mark fünfzig ist der (9) _____ (*niedrig - S*) Eintrittspreis (*m*). Wenn (10) _____ (*warm - K*) Tage (*w*) kommen, besuche ich Dich. Bitte, bestelle viele Grüße an die (11) _____ (*lieb - P*) Oma.

Mit (12) _____ (*herzlich - S*) Grüßen (*pl*),

Deine

Lilo

4. Drei Familien (Positiv, Komparativ, Superlativ)

Hermann und Henriette Hoffmann wohnen seit einem Jahr in ihrer Wohnung. Sie wohnen in der 5. Etage. Sie haben zwei kleine Kinder. Herr Hermann Hoffmann ist 33 und Frau Henriette Hoffmann ist 36 Jahre alt. Herr und Frau Hoffmann verdienen wenig. Sie haben 100 DM pro Woche für Lebensmittel. Sie bezahlen 450 DM im Monat für die Wohnung. Sie fahren einmal im Jahr für drei Wochen in Urlaub.

Die Kovacics wohnen seit sechs Jahren in der Wohnung. Sie wohnen in der 2. Etage. Sie bezahlen 600.-DM für ihre Wohnung. Sie haben drei Kinder. Herr und Frau Kovachic haben ein kleines Lebensmittelgeschäft. Sie verdienen ganz gut. Sie fahren für 7 Wochen in Urlaub. Sie haben eine Ferienwohnung in Spanien.

Isabella Rodriguez und Markus Friedländer wohnen seit zwei Jahren in ihrer Wohnung. Sie wohnen in der 2. Etage. Sie haben ein Kind. Sie bezahlen nur 350 DM Miete. Sie haben 100 DM pro Woche für Lebensmittel. Markus Friedländer ist 36 Jahre alt. Sie fahren jeden Sommer für zwei Monate in Urlaub.

1. Die Familie Kovacic ist _____ die Familie Hoffmann. (*groß/klein*)

2. Henriette Hoffmann ist _____ Hermann Hoffmann. (*alt/jung*)

3. Markus Friedländer ist _____ Frau Hoffmann. (*alt/jung*)

4. Isabella und Markus' Wohnung kostet _____ die Wohnung der Familie Kovacic. (*wenig/viel*)

5. Die Familie Kovacic fährt _____ die Familie Hoffmann in Urlaub. (*oft/selten*)

6. Isabellas und Markus' Urlaub ist _____. (*lange/kurz*)

7. Familie Kovacics Wohnung ist _____. (*teuer/billig*)

8. Herr und Frau Hoffmann haben _____ Kinder _____ Isabella und Markus. (*viel/wenig*)

9. Die Familie Hoffmann wohnt _____ die Familie Rodriguez/Friedländer. (*hoch/niedrig*)

10. Die Familie Rodriruez/Friedländer bezahlt _____ die Familie Hoffmann für Lebensmittel. (*viel/wenig*)

11. Die Familie Kovacic verdient _____ die Familie Hoffman. (*gut/schlecht*)

12. Isabella Rodriguez ist _____ als Hermann Hoffmann. (*jung/alt*)

5. Drei Engländer (Komparativ mit Besonderen Adjektiven und Adverbien)

Drei Engländer unterhalten sich über Monaco, Deutschland und Amerika.

> **Beispiel:** groß
>
> **William:** *Ist Monaco groß? Ist es ein großes Land?*
> **Arthur:** *Nein, Deutschland ist größer. Deutschland ist ein größeres Land.*
> **Philip:** *Aber die USA sind am größten. Und Texas ist der größte Staat in den USA.*

1. gut

   William: Ist der Wein in Monaco _____? Gibt es einen _____ Rotwein (*m*)?

   Arthur: Der Wein in Kalifornien ist _____. Es gibt dort _____ Rotwein.

   Philip: Aber der Wein in Deutschland schmeckt _____. Es gibt dort den _____ Riesling.

2. gern

   William: Ich fahre _____ nach Monaco.

   Arthur: Ich fahre _____ nach Deutschland.

   Philip: Ich fahre _____ nach Amerika. In Florida wohnt meine _____ Tante (*w*).

3. nahe

William: Aber Amerika ist nicht sehr _____. Im Urlaub bin ich gern in einem _____ Ort (*m*).

Arthur: Ja, Monaco liegt viel _____. Ein _____ Urlaubsort (*m*) ist viel praktischer.

Philip: Aber Deutschland liegt _____. Die Alpen sind das _____ Urlaubsziel (*s*) für mich.

4. viel

William: In Deutschland regnet es _____. Darum fahren _____ Leute (*pl*) nicht gern nach Deutschland.

Arthur: Ja, in Monaco scheint die Sonne _____.

S Philip: In Miami scheint die Sonne _____. In Miami bleibe ich die _____ Zeit (*w*) am Strand.

5. groß

William: Mein Hotelzimmer in Monaco war sehr _____. Es war ein schönes, _____ Hotelzimmer. (*s*).

Arthur: Ich glaube, die Hotelzimmer in Amerika sind _____. _____ Hotelzimmer als in Amerika gibt es nicht.

Philip: Bei mir zu Hause sind die Zimmer _____. Bei mir könnt ihr die _____ Zimmer (*pl*) der Welt sehen.

6. **Was machen wir heute? (Reflexivpronomen)**

Harald: Guten Morgen Angelika. Was machst du heute?

Angelika: Ich kaufe (1) _____ ein neues Auto.

Harald: Phantastisch! Mein Vater hat (2) _____ gestern auch ein Auto gekauft.

Angelika: Wirklich? Heute muß ich (3) _____ eine neue Wohnung suchen.

Harald: Mein Onkel Willi hat (4) _____ vorige Woche ein Wohnhaus gekauft. Vielleicht hat er eine Wohnung für dich.

Angelika: Das wäre prima. Ich möchte (5) _____ heute abend die Sinfonie von Beethoven anhören. Kommst du mit ins Konzert?

Harald: Nein danke. Meine Schwester hat (6) _____ diese Sinfonie vorige Woche angehört. Sie hat ihr nicht gefallen.

Angelika: Dann schaue (7) _____ doch den alten Film mit Humphry Bogart an. Der wird dir gefallen.

Harald: Vielleicht mache ich das heute abend. Aber am Nachmittag besorge ich eine (8) _____ Stereoanlage.

Angelika: Großartige Idee. Dann könnt ihr (9) _____ Beethoven zu Hause anhören.

Harald: Nein, wir hören (10) _____ Udo Lindenberg an.

7. **Wir möchten nicht aufstehen!** (Reflexivpronomen - Dativ oder Akkusativ)

1. Ich muß _____ duschen.

2. Sie müssen _____ waschen.

3. Du mußt _____ Haare (*pl*) waschen.

4. Er muß _____ _____ Rücken (*m*) waschen.

5. Er muß _____ rasieren.

6. Ihr müßt _____ _____ Bart abrasieren (*m*).

7. Du mußt _____ _____ Zähne (*pl*) putzen.

8. Wir müssen _____ kämmen.

9. Ihr müßt _____ auch _____ Haar (*s*) kämmen.

10. Sie müssen _____ anziehen.

11. Du mußt _____ _____ Schuhe (*pl*) anziehen.

12. Ich muß _____ _____ Kleid (*s*) anziehen.

13. Er muß _____ noch _____ Hose (*w*) anziehen.

14. Ich möchte _____ nicht um all diese Sachen kümmern.

8. Liebe Ines! (Reflexivpronomen und Präpositionen)

                                                                    Kiel, den 8. Juli 19_____

Liebe Ines!

Wie geht es Dir? Ich amüsiere 1. _____ sehr hier in Kiel.

Erinnerst Du 2. _____ 3. _____ Richard Müller? Er ist auch hier, und er kannte mich von damals. Ich brauche 4. _____ nicht wieder vorzustellen.

Ja, Du hast richtig geraten. Ich interessiere 5. _____ sehr 6. _____ ihn. Seitdem wir 7. _____ wiedergetroffen haben, muß ich immer 8. _____ ihn denken. Er kümmert 9. _____ auch sehr 10. _____ mich. Er ist wahnsinnig freundlich.

Wie waren gestern schwimmen. Ich habe 11. _____ furchtbar erkältet. Ich hatte 12. _____ nicht warm genug angezogen. Außerdem hatte ich meinen Hotelschlüssel vergessen und mußte 13. _____ den Portier lange in der Kälte warten. Zur Zeit vergesse ich aber alles. Vielleicht bin ich verliebt.

Ich komme in einer Woche nach Leutershausen. Wir freuen 14. _____ sehr 15. _____ dich und Micha.

                                                                       Ich umarme Dich,

9. Sprachliche Besonderheiten (Verben mit Dativ oder Akkusativ präpositionen)

warten auf	sich kümmern um
denken an	sich freuen über
sich sehnen nach	sich freuen auf
sich interessieren für	sprechen von
sich erinnern an	schreiben an

DER WEIHNACHTSBRIEF

Lieber Weihnachtsmann,

Mein Name ist Emma. Ich bin acht Jahre alt, und ich kann mir/mich (1) _____ noch gut (2) _____ (3) d_____ (4) letzt_____ Weinacht (w) erinnern. Ich warte schon sehr (5) _____ (6) d_____ (7) heilig_____ Abend (m) dieses Jahr.

Heute schreibe ich (8) _____, denn ich wünsche mir viele Geschenke. Erinnerst Du Dir/Dich an (9) d_____ Sachen (pl), Die du mir voriges Jahr geschenkst hast? Ich habe ein Fahrrad bekommen. Aber dieses Jahr interessiere ich mir/mich (10) _____ Autos (pl). Leider bin ich noch zu jung und darf nicht fahren. Ich habe mit meiner Mutter (11) _____ e_____ Auto (s) für mich gesprochen, aber sie sagt, ich muß noch warten, bis ich 18 Jahre alt bin. Bitte kümmere Dir/Dich (12) _____ mein_____ Wunsch (m)! Ich freue mich schon so (13) _____ einen Porsche (m).

Wenn das aber nicht geht, dann spreche ich (14) _____ etwas anderem. Ich sehne mich/mir (15) _____ (16) ein_____ neu_____ Puppe (w). Ich denke zum Beispiel (17) _____ ein_____ Käthe Kruse-Puppe. Aber sie ist sehr teuer.

Bitte, lieber Weihnachtsmann, bringe mir doch einen Porsche oder eine Puppe.

Viele liebe Grüße,

III. KOMMUNIKATIVE ÜBUNGEN: "DEUTSCHES MAGAZIN"

1. **Ferien und Freizeit**

   Was gehört zu welchem Sport?

   1. Fußball
   2. Tennis
   3. Radsport
   4. Wassersport
   5. Pferdesport
   6. Motorsport
   7. Fliegen

   a) eine Badehose
   b) ein Segelflugzeug
   c) ein Ball
   d) ein Tor
   e) ein Fallschirm
   f) ein Bobschlitten
   g) ein Fahrrad
   h) Skier
   i) ein Rennauto
   j) ein Schläger
   k) Wasserskier
   l) ein Sattel

   Schreibt über euren Lieblingssport.

   _____
   _____
   _____
   _____
   _____
   _____
   _____

2. **Erholungsurlaub oder Aktivurlaub?**

   Erholungsurlaub

   _____ wenn man sehr viel Streß hatte

   _____ wenn man faul am Strand in der Sonne liegen möchte

   _____ wenn man zu Hause und im eigenen Garten bleiben will

   _____ wenn man in einer Berghütte 5 dicke Bücher lesen möchte

Aktivurlaub

_____ wenn man das ganze Jahr am Schreibtisch gesessen hat

_____ wenn man auf den Mont Blanc steigen möchte

_____ wenn man auf einer Farm in Texas wie ein Cowboy leben will

_____ wenn man in Jugoslawien die serbische Sprache lernen möchte

Frau Schneller und Frau Ruher unterhalten sich über ihren Urlaub dieses Jahr. Schreibe bitte einen Dialog. Natürlich möchte eine der Frauen Erholungsurlaub machen und die andere Aktivurlaub.

_____
_____
_____
_____
_____
_____
_____
_____
_____
_____
_____
_____
_____
_____
_____
_____

3. Du hast an diesem Sonntag sehr viel zu tun.

Schreibe einen Bericht.

lange schlafen	Volleyball spielen
in die Kirche gehen	schwimmen
einen Kuchen backen	Eltern anrufen
spazieren gehen	grillen
joggen	Zeitung lesen
eine neue Hose kaufen	fernsehen
das Auto waschen	auf die Fete gehen

am Vormittag:

Ich stehe um _____ Uhr auf.

Dann _____

_____

_____

am Nachmittag:

_____

_____

_____

_____

am Abend:

_____

_____

_____

_____

um _____ falle ich totmüde ins Bett.

4. **Horoskop**

A. Erstes bis sechstes Zeichen:

Widder (21.3. bis 20.04)

Wenn Sie ihre Pläne verwirklichen wollen, müssen Sie versuchen, im Umgang mit Menschen mehr Diplomatie zu üben. Schenken Sie Ihren Freunden mal Blumen.

Stier (21.4. bis 20.5.)

Ihr Gefühlsleben schwankt zwischen zwei Extremen. Verlieren Sie nicht die Balance! Sie könnten sich in den falschen Partner verlieben! Arbeit im Garten bringt Ihnen die nötige Ruhe.

Zwillinge (21.5. bis 21.6.)

Sie müssen in den nächsten Tagen gegen große Schwierigkeiten kämpfen. Sie brauchen jetzt eine starke Willenskraft. Bleiben Sie trotzdem ruhig, denn auf die Dauer setzen sie sich durch. Passen Sie auf Ihre Gesundheit auf.

Krebs (22.6. bis 22.7.)

Zwar sehnen Sie sich danach, die schönsten Dinge des Lebens zu genießen, aber es wäre jetzt besser, sich auf Ihre Karriere zu konzentrieren. Nicht vergessen: Ohne Fleiß keinen Preis, insbesondere im Beruf. Wenn Sie Lotterie spielen, sollten Sie ein Los mit der Nummer 8 kaufen.

Löwe (23.7. bis 23.8.)

Ja, Sie können jetzt einfach nichts falsch machen. Alles klappt bei Ihnen. Planen Sie jetzt einen Coup. Ihre Finanzen werden sich verbessern. Aber bitte, seien Sie nett zu Ihren Freunden: Sie lernen noch diese Woche jemand mit viel Sex Appeal kennen. Heirat ist möglich!

Jungfrau (24.8. bis 23.9.)

Jetzt ist es höchste Zeit, das Sie sagen, was Sie denken, sonst könnten Sie ohne Freunde dastehen. Achten Sie besonders auf Ihre Gesundheit. Sie sollten nicht so viel essen und rauchen!

Welches Sternkreiszeichen?

Bitte lesen Sie das Horoskop und dann die folgende Beschreibung. Welche Aussage gehört zu welchem Sternkreiszeichen?

	Zeichen
1. Ich habe ein Lotterielos gekauft. Es hat die Nummer 888887. Ob ich den großen Preis gewinne?	*Krebs*
2. Ich weiß nicht, warum mich meine Freunde nicht besuchen. Wo sind nur meine Zigaretten? Wenn ich viel gegessen habe, muß ich immer rauchen.	
3. Ich muß auf meine Gesundheit aufpassen. Morgen gehe ich zum Arzt.	
4. Mein Horoskop gefällt mir nicht ganz. Ich möchte zwar mehr Geld haben, aber heiraten will ich nicht.	
5. Ich muß netter zu anderen Leuten sein. Ich kaufe heute einen Rosenstrauß für meinen Chef.	
6. Heute gieße ich meine Rosen im Garten.	

B. Sechstes bis zwölftes Zeichen:

Waage (24.9. bis 23.10)

In den nächsten Tagen sollten Sie sich Zeit für sich selbst nehmen. Sammeln Sie Kraft für die bevorstehenden Aufgaben. Haben Sie an eine Karriere in Film und Fernsehen gedacht? Seien Sie nicht zu vorsichtig. Sie könnten Millionen verdienen!

Skorpion (24.10.bis 22.11.)

Rosige Zeiten stehen Ihnen bevor. Egal, was Sie sich vornehmen, es wird klappen. Aber seien Sie vorsichtig. Böse Menschen werden alles versuchen, um Ihnen eine Falle zu stellen. Ein rothaariger Freund wird Sie in die hohe Politik einführen.

Schütze (23.11. bis 21.12.)

Diese Woche haben Sie beruflich keinen Erfolg. Auch privat können Sie nicht viel hoffen. Bleiben Sie am besten zu Hause im Bett, und schlafen Sie so viel Sie können. Ich hoffe, Sie können Alpträume vertragen!

Steinbock (22.12. bis 20.1.)

Genießen Sie Ihr Leben in vollen Zügen. Die Sterne haben Sie dieser Tage ins Herz geschlossen. Egal, was Sie machen, Erfolg und Zufriedenheit folgen Ihnen auf allen Wegen. Sie werden den Mann bzw. die Frau ihrer Träume endlich kennenlernen.

Wassermann (21.1. bis 20.2.)

Ihr Charme bringt Pluspunkte. Das Ziel Ihrer Wünsche werden Sie schnell erreichen. Ein lieber Besuch, der sich am Wochenende einstellt, gibt Ihnen gute Tips. Es wäre eine richtige Zeit, eine exotische Reise zu zweit zu machen. Worauf warten Sie noch?

Fisch (21.2.bis 20.3.)

Bitte weniger fernsehen! Sie versinken in eine Phantasiewelt. Hören Sie lieber ein paar gute Schallplatten oder lernen Sie selber ein Instrument spielen.

	Zeichen

7. Wenn ich eine Gitarre hätte, würde ich den ganzen Abend spielen.

8. Für morgen habe ich einen Flug nach Hawaii bestellt. Woran liegt es nur, daß ich in letzter Zeit so viele Komplimente bekomme?

9. Warum habe ich bloß immer so furchtbare Träume! Alles geht schief! Am liebsten gehe ich überhaupt nicht mehr hinaus.

10. Ich habe gerade einen Telefonanruf aus Hollywood bekommen. Man hat mir eine Rolle für die Fernsehserie »Dallas« angeboten.

11. Die Welt ist herrlich! Morgen fahre ich nach Bonn. In meiner Laufbahn als Politiker (*in*) werde ich die Menschen glücklich machen.

12. Ich bin total verliebt. Da ich eine Gehaltserhöhung bekommen habe, gehe ich heute abend mit meiner Märchenprinzessin (*meinem Märchenprinzen*) groß aus.

5. Horoskop

1. Wer soll das Herz nicht ganz auf der Zunge tragen?
   _____

2. Wer soll sich auf ein schönes Essen zu zweit freuen?
   _____

3. Wer bekommt mit Sicherheit ein billiges Auto?
   _____

4. Was ist Ihr Sternzeichen?
   _____

5. Schreiben Sie Ihr eigenes Horoskop, zum Beispiel über die Liebe, den Beruf und Allgemeines.
   _____
   _____

Ihre Sterne
Das BUNTE-Horoskop vom 23. bis 29. Juni 1989

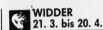
WIDDER
21. 3. bis 20. 4.

Halten Sie jetzt im Beruf mit Ihrer Meinung nicht hinterm Berg, und sagen Sie, was Sie wollen. Sie können Ihre Angelegenheiten vor anderen Menschen überzeugender als sonst vertreten. Nur privat klappt das nicht immer so.

KREBS
22. 6. bis 22. 7.

Das Glück in der Liebe bleibt Ihnen auch diese Woche noch treu. Ihre starke Anziehungskraft macht Sie auch für den eigenen Partner unwiderstehlich. Einen neuen Flirt sollten Sie gut prüfen, wenn Sie auf mehr hoffen.

WAAGE
24. 9. bis 23. 10.

Im Gefühlsleben sind Sie nach wie vor nicht sehr treffsicher. Kümmern Sie sich deshalb in erster Linie um Ihre beruflichen Sachen. Da läuft alles prima. Sie werden mit schwierigen Aufgaben fertig.

STEINBOCK
22. 12. bis 20. 1.

Wenn Sie sich im Familienleben unnachgiebig zeigen, kann der Haussegen ins Wanken geraten. Denken Sie darüber nach, ob Sie nicht auch schuld daran haben. Gesundheitlich sollten Sie sich jetzt viel Ruhe gönnen.

STIER
21. 4. bis 20. 5.

Neue Bekanntschaften können recht vielversprechend sein. Aber tragen Sie Ihr Herz nicht gleich auf der Zunge. Warten Sie die Entwicklung einer Beziehung ruhig ab. Im Beruf erwartet man von Ihnen mehr Initiative.

LÖWE
23. 7. bis 23. 8.

In allen beruflichen Belangen haben Sie gute Möglichkeiten, Ihre Pläne zu verwirklichen. Einem Mehr an Verantwortung sind Sie durchaus gewachsen, und Ihre finanzielle Position kann sich so nur verbessern.

SKORPION
24. 10. bis 22. 11.

Freude am schönen Leben bestimmt Ihren Alltag. Wann haben Sie das letztemal eine größere Einladung veranstaltet? Aber Sie können auch Sehr harmonische Stunden allein mit dem Partner verbringen. Tun Sie es auch!

WASSERMANN
21. 1. bis 20. 2.

Alle beruflichen Signale stehen auf Grün. Sie sollten jetzt viel auf Ihrem Zettel haben, denn die Voraussetzungen, sich zu behaupten, sind sehr günstig. Gespräche mit Vorgesetzten nehmen einen positiven Verlauf.

ZWILLINGE
21. 5. bis 21. 6.

Wenn Sie glauben, ein neues Auto zu brauchen, finden Sie jetzt sicherlich das richtige Modell zu einem Superpreis. Überhaupt eignen sich diese Tage ganz ausgezeichnet für jede Art von Vertragsabschlüssen, Verhandlungen.

JUNGFRAU
24. 8. bis 23. 9.

Stecken Sie bei Ärger nicht den Kopf in den Sand. Versuchen Sie lästige Angelegenheiten so schnell wie möglich hinter sich zu bringen. Angenehmes in der Liebe. Ein dickes Kompliment läßt Ihr Herz höher schlagen.

SCHÜTZE
23. 11. bis 21. 12.

Nehmen Sie sich mal genügend Zeit für eine Aussprache mit Ihrem Partner. Wenn Ihnen böser Klatsch zugetragen worden ist, sollten Sie das jetzt wirklich mal bereinigen. Das gilt übrigens auch für Freunde und Kollegen.

FISCHE
21. 2. bis 20. 3.

Glück winkt in allen Herzensangelegenheiten. Freuen Sie sich auf romantische Stunden. Oder auch auf ein schönes Essen zu zweit. Denn kulinarischen Genüssen sind Sie jetzt ebenfalls sehr zugetan. Genießen Sie es!

HÖRVERSTÄNDNIS

AUSSPRACHEÜBUNG: 'R'

Wiederhole diese Wörter:

oder	Bruder
aber	Schwester
immer	wir
Zimmer	dir
leider	mir
Vater	ihr
Mutter	Theater

Jetzt wiederhole jeden Satz:

Ich gehe immer mit meiner Mutter und meiner Schwester ins Theater.

Aber der Vater und der Bruder bleiben leider immer zu Haus im Zimmer.

1. Telefonieren:

Welche Ausdrücke passen zu den Sätzen auf dem Tonband?

1. a, b, c, d,
   a) Hallo
   b) Guten Tag
   c) Wer ist da?
   d) Ihren Namen

2. a, b, c, d,
   a) den Hörer auflegen.
   b) die Telefonnummer sagen.
   c) das Geld wegwerfen.
   d) eine Nummer wählen.

2. *"Deutsches Magazin":* **In der Kunstausstellung**

Worüber sprechen die Leute? Über Malerei, Musik, Tanz, Theater, Literatur oder Film? Höre den Dialog auf dem Tonband und lies mit.

1. **A:** Malst du gern?
2. **B:** Nein, ich nehme lieber Ballettstunden.
3. Welches Gemälde gefällt dir am besten?
4. **A:** Ach, viele. Habe ich dir schon erzählt, daß ich gerade ein interessantes Buch über den deutschen Roman lese?
5. **B:** Ja. Ich sehe heute abend ein Drama von Goethe.
6. **A:** Tragödien und Komödien interessieren mich nicht.
7. Ich sehe lieber einen Krimi von Hitchcock.
8. **B:** Gehst du heute abend mit mir aus? Eine gute Jazz-Gruppe spielt im Emporium.
   A: Gerne. Bis später. Tschüs.

Höre den Text noch einmal und mache ein Kreuz unter die richtige Kategorie.

	Malerei	Musik	Tanz	Theater	Literatur	Film
1.						
2.						
3.						
4.						
5.						
6.						
7.						
8.						

MUSTER UND MODELLE

I. SCHNELL UND GENAU

1. Substantivformen:

Singular   Plural

1. _____ Besuch   _____

2. _____ Wohnzimmer   _____

3. _____ Banane   _____

4. _____ Tier   _____

2. Stolpersteine

1. Du gibst mir den Apfel. Ich bin hungrig.

   Du _____ weil _____ .

   Weil _____ , _____ .

2. Ich esse keinen Apfel. Ich esse eine Orange.

   Ich _____ , _____ .

   _____ (*aber/sondern*)

3. Ich fahre _____ nach Florida.
   (*drei Wochen/ für drei Wochen*)

4. Ich gehe _____ Sommer jed _____ Tag _____
   (*Präposition*) Kino (*s*). (*Präposition*)

3. Variation zum Minidrama

Fügen Sie bitte die folgenden Wörter in den Text ein:

am	gib	Sofa
ausgerutscht	klingeln	sondern
Besserung	Kuchen	stehen
decke	macht	Tür
gebrochen	obwohl	Wohnzimmer
Geburtstag geht's	seitdem	

ZUM GEBURTSTAG IN PREEZ, SCHLESWIG-HOLSTEIN

Jack und Christel Heinzel (1) _____ *vor der Tür von Hans und Sabine Seidler.*

Jack: Mein Cousin Hans ist Tierarzt, aber er unterrichtet jetzt Biologie (2) _____ Gymnasium.

Christel: Es freut mich, daß ich nicht zur Ostsee gefahren bin (3) _____ dich getroffen habe.

Jack: Hier, halte mal den Blumenstrauß, damit ich (4) _____ kann. Er klingelt an der (5) _____ .

Christel: Hast du gesagt, daß wir um 4:00 Uhr erwartet werden?

Jack: Ja, wenn man hier Geburtstag feiert, wird Kaffee und (6) _____ immer pünktlich serviert.

Sabine: (7) (_____ *die Tür auf*): Tag Jack. Großartig, daß du da bist. Und Christel auch. Kommt rein. Wie (8) _____ ?

Jack: Na, Unkraut vergeht nicht. Und Euch?

Sabine: Ach, das ist ein Kummer! Hans ist beim Eislauf auf unserem See (9) _____ und hat sich das Bein (10) _____ .

Christel: Das ist ja schrecklich!

Sabine: (11) _____ er immer vorsichtig war, ist es passiert.

Sie kommen ins (12) _____ .

Jack: Herzlichen Glückwunsch zum (13) _____ , du Unglücksrabe.

Christel: Ich gratuliere dir auch recht herzlich. Und gute (14) _____ !

Hans: Danke vielmals. Ich mache schon gute Fortschritte, denn ich bin sehr brav.

Sabine: Ja, er liegt jetzt immer auf dem (15) _____ , damit er sein Bein schont.

Hans: Wenn man sich verletzt, braucht man nicht viel zu tun. Was haltet ihr davon?

Sabine: Tja, ich weiß nicht, wie lange ich das aushalten kann.
(16) _____ ich mit Hans verheiratet bin, habe ich Pech.

Jack: Ich helfe dir natürlich. Wo ist der Kaffee? Ich (17) _____ den Tisch.

Christel: (18) _____ Hans erst einmal sein Geburtstagsgeschenk, bevor du losarbeitest.

Jack: Hier, Hans, wickle aus!

Hans: Ah, danke. Ein Buch über Wintersport. Großartig.

Christel: Lies aber nur etwas über Après-Ski. Das ist ungefährlich.

II. STRUKTUREN IM KONTEXT

1. Subordinierende Konjunktionen

> **Beispiel:** Ich gebe es ihm. Ich sehe ihn. *(wenn)*
> *Ich gebe es ihm,* **wenn ich ihn sehe.**

1. Hören Sie auf! Es ist zu spät! *(bevor)*
   _____

2. Sprechen Sie lauter! Ich kann Sie verstehen. *(damit)*
   _____

3. Ich hatte den Film dreimal gesehen. Ich habe ihn endlich verstanden. *(nachdem)*
   _____

4. Er ist siebzig Jahre alt Er geht jeden Tag ins Büro. *(obwohl)*
   _____

5. Der Journalist schreibt. Die Deutschen haben keinen Humor. *(daß)*
   _____

6. Wir essen zu Hause. Die Restaurants sind zu teuer. (*weil*)

7. Wir heiraten. Ich habe eine Wohnung. (*sobald*)

8. Er sieht besser aus. Er arbeitet weniger. (*seitdem*)

9. Ich wohnte in Stuttgart. Ich war jung. (*als*)

10. Ich warte. Er kommt morgen. (*bis*)

11. Ich trank eine Tasse Kaffee. Ich wartet auf Sie. (*während*)

12. Ich weiß nicht. Sie ist heute zu Hause. (*ob*)

2. Subordinierende Konjunktionen und einige Fragewörter als Konjunktionen

wann	ob	während	sobald
wenn	weil	nachdem	seitdem
warum	da	ehe	ob
daß	obgleich	bevor	als

A. Meine Großmutter erzählt: (*wenn, wann, als*)

1. _____ ich noch jung war, hatten wir nicht so viel Geld.
2. _____ wir ein Kleid haben wollten, mußten wir es nähen.
3. Ich weiß nicht mehr genau, _____ ich nach Amerika gekommen bin.
4. Ich glaube, das war, _____ mein Vater 38 Jahre alt war.
5. _____ war das nur?
6. _____ man alt ist, vergißt man vieles!
7. Aber _____ ich deinen Großvater kennengelernt habe, war ich 17 Jahre alt.
8. _____ ich daran denke, wie gut er aussah. Ein toller Mann!
9. _____ er Präsident wurde, sah er immer noch wie ein Filmstar aus.
10. Es ist gleich 5.00 Uhr. Weißt du, _____ das Flugzeug aus Genf ankommt?
11. Es wäre nicht schön, _____ wir unsere goldene Hochzeit ohne ihn feiern müßten.

B. **Aschenputtel:** *(nachdem, ob, weil)*

1. _____ Aschenputtel sehr schön ist, mögen ihre Schwestern sie nicht.
2. Wißt ihr, _____ sie zu Hause bleiben muß, wenn ihre Schwestern zur Fete ins Königsschloß fahren?
3. _____ Aschenputtel keine Kleider hat, kann sie nicht zum Ball des Prinzen gehen. Wie schade!
4. Sie muß zu Hause arbeiten, _____ ihre Schwestern nie etwas tun.
5. Aber Aschenputtel fuhr auch zum Ball, _____ ihre Mutter mit den Schwestern weggefahren war.
6. Der Prinz tanzt nur mit Aschenputtel, _____ er sie liebt.
7. _____ sie um 12.00 Uhr nach Hause gegangen war, fand er ihren Schuh aus Glas.

C. **Aschenputtel 2:** *(da, ehe, obgleich)*

1. _____ der Prinz ihre Addresse nicht aufgeschrieben hat, konnte er Aschenputtel nicht finden.
2. _____ sich die bösen Schwestern den Fuß abschnitten, paßte ihnen der Schuh nicht.
3. _____ der Prinz in ihrem Hause war, erkannte er Aschenputtel nicht.
4. Aber _____ der Prinz wieder wegging, zog Aschenputtel auch den Schuh an.
5. _____ Aschenputtel ein netter Mensch war, lud sie auch ihre Schwestern zu ihrer Hochzeit mit dem Prihzen ein.

D. **Rotkäppchen und der böse Wolf:** *(seitdem, daß, während)*

1. _____ die Großmutter krank war, mußte Rotkäppchen sie jeden Tag besuchen.
2. _____ die Mutter Kuchen und Wein einpackte, erklärte sie Rotkäppchen den Weg.
3. Die Mutter sagte zu Rotkäppchen, _____ der Wolf sehr böse ist.
4. _____ Rotkäppchen Blumen pflückte, kam der Wolf.
5. Er sagte zu Rotkäppchen: " _____ es geregnet hat, stehen sehr schöne Blumen ganz tief im Wald."
6. _____ Rotkäppchen den richtigen Weg suchte, ging der Wolf zur Großmutter.

3. Im Lebensmittelladen

   A. Sprachliche Besonderheit (hin oder her?)

   Gestern ging ich in ein Geschäft _____ ein. Ich ging die Treppe zur Lebensmittelabteilung _____ auf. Ich suchte mir die schönsten Äpfel _____ aus und legte sie in den Einkaufswagen _____ ein. Dann ging ich zur Wurstabteilung _____ über. Ich beugte mich zu meinem Korb _____ unter und legte die Wurst _____ ein, die mir die Verkäuferin _____ übergegeben hatte. Dann ging ich um ein Regal _____ um. Von dort nahm ich einige Sachen und ging zur Kasse. Ich holte meine Brieftasche _____ vor und bezahlte. Ich packte meine Einkäufe in eine Plastiktüte _____ ein und ging aus dem Geschäft _____ aus.

   B. Sprachliche Besonderheiten (Supersubstantive)

   Machen Sie eine Liste mit Supersubstantiven aus dem obigen Text "Im Lebensmittelladen."

   1. _____   4. _____
   2. _____   5. _____
   3. _____   6. _____

III. KOMMUNIKATIVE ÜBUNGEN: "DEUTSCHES MAGAZIN"

Trivialliteratur: E. Marlitt (*Pseudonym für Eugenie John*) schrieb viele Romane. Sie wurden in der Zeitschrift *Die Gartenlaube* veröffentlicht. Es folgt der Anfang und ein Ausschnitt aus dem Roman *Goldelse* aus dem Jahre 1866.

Lesehilfe:	
Schicksalsschläge	*sie hatten ein schweres Leben*
Oberförster	*arbeitet in Forst und Wald*
Gut	*eine große Farm*
Bürge	*Garantie*
öffnete vergebens	*konnte nicht öffnen*

1. **Goldelse**

   A. *Lesen Sie bitte den Anfang des Romans und beantworten Sie dann die Fragen.*

   Für das Ehepaar Ferber, das sich trotz mancher Schicksalschläge nicht entmutigen ließ, bahnt sich eine glückliche Wende an. Ferbers Bruder, ein Oberförster in fürstlichen Diensten, bietet der Familie ein sicheres Auskommen. Die musikbegabte Tochter Elizabeth, Goldelse genannt, und ihr kleiner Bruder sind begeistert von dem ungebundenen Leben. Auf dem nahe gelegenen Gut des Herrn von Walde macht Elizabeth bittere und glückverheißende Erfahrungen.
   (Excerpt from Goldelse, by E. Marlitt)

   1. Wer ist Goldelse?

   _____

   2. Wer ist Herr von Walde?

   _____

   B. *Lesen Sie den folgenden Auszug und beantworten Sie dann die Fragen.*

   Er hatte längst ihre beiden Hände ergriffen und hielt sie gegen seine Brust. Sie ließ es widerstandslos geschehen und bejahte mit bebenden Lippen seine Frage.
   "Und wollen wir nicht überhaupt alles vergessen, meine süße kleine Goldelse, was sich zwischen Anfang und Schluß des Glückwunsches gedrängt hat?... Mein liebliches, blondes Mädchen, die Wonne meiner Augen, meine kleine Elisabeth Ferber steht wieder vor mir und sagt folgsam Wort für Wort nach, nicht wahr?... Der letzte Satz, der so grausam unterbrochen wurde, lautete?"
   "Hier ist meine Hand als Bürge eines unaussprechlichen Glückes", stammelte Elizabeth. "Ich will die Deinige sein im Leben und Sterben bis in alle Ewigkeit."
   Aber sie öffnete vergebens die Lippen, um die Worte, die er feierlich in tiefster Bewegung sprach, zu wiederholen. Tränen stürzten aus ihren Augen, und sie schlang ihre Arme um seinen Hals.
   "Nun flieht mein himmlischer Traum wieder von mir", sagte er mit einem Seufzer, als sich Elizabeth endlich leise aus seinen Armen wand.

   1. Welche Wörter beschreiben Goldelse?

   _____

   2. Wie reagiert Goldelse auf die Worte des Herrn von Walde?

   _____

   3. Welche Sätze sind melodramatisch?

   a) _____

   b) _____

   c) _____

4. Aus *Goldelse* wurde ein Fernsehfilm gemacht. Nenne bitte zwei Filme, die du kennst:

   a) Ein Film, der Kitsch ist:
   _____

   b) Ein Film, der Kunst ist:
   _____

2. **Postkarte aus Bad Segeburg**

   | Karl May hat über 50 Bücher geschrieben. |

   | Die Bücher lesen auch heute junge Leute. |

   | Ich finde ihn toll! |

   | Ich finde ihn kitschig. |

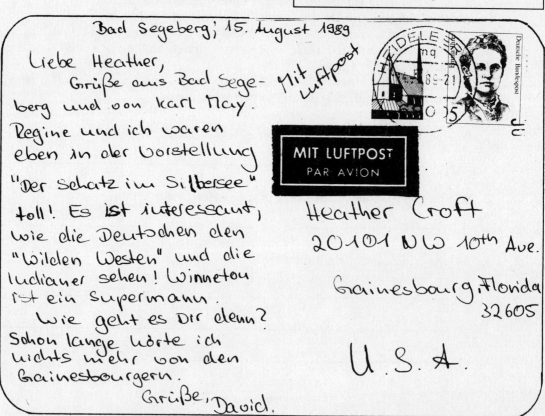

Was fehlt?

1. Die Karl-May-Spiele sind jedes Jahr im Monat _____ in Bad _____ .
2. David und _____ waren in der Vorstellung vom _____ 1982.
3. Sie haben "_____" von Karl May gesehen.
4. "Der Indianerhäuptling heißt _____ und ist ein _____ ," sagt David.
5. David schickt die Postkarte "Par Avion" oder "auf deutsch" "_____".
6. Auf der Briefmarke (*80 Pfennig*) steht "Deutsche _____".

HÖRVERSTÄNDNIS

1. **Schon, ein (e) andere *oder* noch ein(e)?**

    1. Frau Reinhardt hat eine Kassette. Sie braucht aber zwei.
       Sie möchte _____.

    2. Sie hat nicht genug Rockmusik.
       Sie braucht _____.

    3. Diese Rockplatte ist ihr zu laut.
       Sie möchte _____.

    4. Frau Reinhardt hat Hunger. Hat sie schon gegessen?
       Nein, sie hat _____.

    5. Möchte sie in ein Pizza-Restaurant gehen?
       Nein, sie möchte in _____.

    6. Wie lange muß sie noch arbeiten? _____ eine Stunde.

2. **Angst und Sorgen ausdrücken**

    Welcher der folgenden Ausdrücke paßt am besten zu den Sätzen, die du hörst?

    1. a   b   c   d   a) Ich mache mir Sorgen.
    2. a   b   c   d   b) Ich habe Angst.
    3. a   b   c   d   c) Ich fürchte mich.
    4. a   b   c   d   d) Ich sorge mich um ihn.

3. *"Deutsches Magazin":* **Ein Volkslied**

Höre das Lied und lies mit.

"Im Märzen der Bauer"

Im Märzen der Bauer die Rößlein einspannt.
Er setzt seine Felder und Wiesen instand.
Er pflüget den Boden er egget und sät
Und rührt seine Hände frühmorgens und spät.

Die Bäurin, die Mägde sie dürfen nicht ruhn.
Sie haben im Haus und im Garten zu tun.
Sie graben und rechen und singen ein Lied.
Und freun sich, daß alles schön grünet und blüht.

So geht unter Arbeit das Frühjahr vorbei,
Dann erntet der Bauer das duftende Heu.
Er mäht das Getreide, dann drischt er es aus,
Im Winter da gibt es manch fröhlichen Schmaus.

Versuche die Wörter vom Kontext her richtig zu wählen.

1. Bauer
   a) Farmer
   b) Mann, der Häuser baut
   c) Mann, der Bier braut

2. Rößlein
   a) eine kleine Rose
   b) Pferde
   c) Name

3. Wiesen
   a) hier wächst Gras
   b) etwas wissen
   c) ein weiser Mann

4. Mägde
   a) Mädchen
   b) diese Frauen arbeiten für den Bauern
   c) Haustiere

5. graben und rechen
   a) mit dem Geld rechnen
   b) die Erde für die Pflanzen bereiten
   c) Make-up auflegen

6. ernten
   a) die Pflanzen und Früchte von den Feldern nach Hause bringen
   b) tanzen
   c) Geld bekommen

7. Getreide
   a) Schmuck
   b) Weizen, Hafer, Roggen
   c) Farm

8. Schmaus a) Essen
 b) Butter
 c) kleine Maus

MUSTER UND MODELLE

I. SCHNELL UND GENAU

1. **Substantivformen**

Singular		Plural
1. _____	Studium	_____
2. _____	Zahl	_____
3. _____	Unterschied	_____
4. _____	Ecke	_____

2. **Verbformen**

	Präsens	Imperfekt	Perfekt	Zukunft
1. werden (*du*)				
2. anfangen (*wir*)				
3. sich setzen (*ich*)				
4. vergessen (*sie, Sing.*)				
5. kommen (*ihr*)				
6. bleiben (*er*)				
7. finden (*es*)				
8. lesen (*du*)				
9. sich amüsieren (*Sie*)				
10. gehen (*ich*)				
11. fahren (*es*)				

3. Stolpersteine

1. München, _____ 10. Januar 19_____. Lieb _____ Mutter, wie geht es _____. _____ (*Pronomen*) geht es gut.

   Dein _____ Susi und Dein _____ Max.

2. Hat er meinen Brief bekommen? Ich weiß nicht.

   Ich _____ , ob _____.

3. (Wo steht ein Komma?)

   Deinen Brief habe ich bekommen aber ich konnte ihn bisher nicht beantworten. Gestern sah ich auf dem Kalender daß Du bald Geburtstag hast. Schreibe mir bitte wann Deine Party anfängt.

4. Variation zum Minidrama

Fügen Sie bitte die folgenden Wörter in den Text ein:

andere	mir	verabredet
gehöre	schauen	vergessen
herein	Telepathie	wartet
kenne	trägt	wem
leid	übernommen	wird
man	Unterschied	Witz

IM SPIELKASINO IN BADEN-BADEN

Willi (1) _____ an der Eingangstür. Herr Rolf Reuter und Frau Liss Reuter, seine Nachbarn, kommen (2) _____.

Willi: Da sind Sie ja endlich. Haben Sie (3) _____, daß wir uns (4) _____ haben?

Liese Reuter

(zu Rolf): Habe ich dir nicht gesagt, daß wir gleich ausgeschimpft werden?

Rolf: Es tut uns (5) _____, Willi, wir sind aufgehalten worden.

Willi: Also los, da drüben (6) _____ gewürfelt.

Rolf: Immer mit der Ruhe! Von (7) _____ werden die Verluste (8) _____?

(10) _____ nicht zur deutschen Oberklasse.

(11) _____ Sie mal, Willi, die Leute da beim Roulette sind bestimmt Aristokraten. So elegant!

Willi: Sie sollten nicht an (12) _____ glauben. Mir wurde erzählt, daß es Verwandte von Günther Sachs, dem Playboy, sind.

Rolf: (13) _____ hat sie auf den Arm genommen. Ich (14) _____ die Leute. Er ist Fleischermeister, und sie hat ein Haus hier in Baden-Baden.

Willi: Ist ja auch egal. Ich erzähle Ihnen einen (15) _____: Was ist der (16) _____ zwischen einem Aristokraten und einem Amerikaner?

Rolf: Vielleicht, daß der eine in Amerika wohnt und der (17) _____ in Europa?

Liese: Wie phantasielos! Nein, das stimmt sicher nicht.

Rolf: Dann weiß ich es nicht. Ich gebe auf.

Willi: Also der Amerikaner (18) _____ Blue Jeans und der Aristokrat.......

II. STRUKTUREN IM KONTEXT

1. Heinrich Böll (Aktiv - Passiv)

1. Heinrich Böll ist ein deutscher Schriftsteller. Er wurde im Jahre 1917 geboren. Menschen in vielen Ländern lesen seine Bücher. (*Präsens*)

   _____

2. Er schrieb den Roman **Ansichten eines Clowns**. (*Imperfekt*)

   _____

3. Das Nobelkomitee hat 1972 an Henrich Böll den Literaturpreis verliehen. (*Perfekt*)

_____

4. Böll unterstützte viele Aktionen gegen den Krieg. (*Imperfekt*)

_____

5. Viele Leute sehen ihn als Friedenskämpfer. (*Präsens*)

_____

2. Gangster (Aktiv - Passiv)

> **Beispiel:**
> **Boß:** Hast du die Bombe schon gebaut?
> (P) **Al:** Ja, die Bombe ist schon **gebaut worden**.

Präsens (Pr), Imperfekt (I), Perfekt (P), Futur (F)

1. **Boß:** Kaufst du den Revolver heute?

(*Pr*) **Al:** Ja, _____

2. **Al:** Berauben wir morgen die Bank?

(*F*) **Boß:** Ja, _____

3. **Al:** Teilst du das Geld mit uns?

(*Pr*) **Boß:** Ja, _____

4. **Boß:** Fandest du den Millionär?

(*I*) **Al:** Ja, _____

5. **Boß:** Hast du ihn gekidnapt?

(*P*) **Al:** Ja, _____

6. **Boß:** Hat seine Frau die Polizei benachrichtigt?

(*P*) **Al:** Nein, _____

7. **Boß:** Wird Eddi die Beute mitbringen?

(*F*) **Al:** Ja, _____

8. **Al:** Werden wir eine Maske tragen?

(*F*) **Boß:** Ja, _____

9. **Boß:** Hast du Eddi schon angerufen?

(P) **Al:** Ja, _____

10. **Boß:** Verstecke jetzt sofort das Beweismaterial.

(Pr) **Al:** Ja, _____

3. Was haben wir letztes Wochenende gemacht? (Passiv im Imperfekt)

Verben	Substantive
* zur Bibliothek bringen	eine Forelle (w)
schreiben	ein Brief
suchen	die Wäsche
reparieren	das Fußballspiel
finden	dreihundert Dollar
essen	keine Zigaretten
trinken	Limonade (w)
rauchen	die Armbanduhr
waschen	eine bessere Wohnung
gewinnen	* zehn Bücher

> **Beispiel:** Zehn Bücher **wurden** (*von mir*) zur Bibliothek **gebracht**.

1. _____
2. _____
3. _____
4. _____
5. _____
6. _____
7. _____
8. _____
9. _____
10. _____

4. Im Flugzeug: Schwache Substantive

1. Der _____ (*Herr*) ist ein _____ (*Tourist*).

2. Ich traf d____ _____ (*Herr*) im Flugzeug.

3. Er sprach mit d____ _____ (*Pilot*).

4. Ich möchte kein____ _____ (*Tourist*) sein.

5. Ich sitze neben ein____ _____ (*Junge*).

6. Er ist der Sohn d____ _____ (*Soldat*).

7. Der Junge sagt: "Ich möchte auch einmal ein guter _____ (*Pilot*) werden."

III. KOMMUNIKATIVE ÜBUNGEN: "DEUTSCHES MAGAZIN"

5. Ein Konzert

Wie heißen die Instrumente auf deutsch?

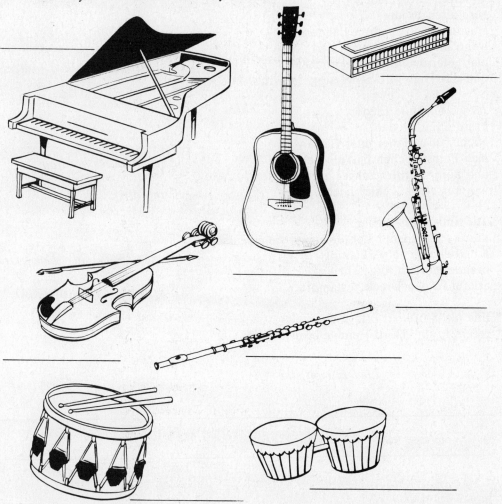

    das Klavier   die Bongos   das Horn
    die Geige   das Saxophon   die Harfe
    die Trommel   der Bass   die Viola
    die Gitarre   die Klarinette   das Schlagzeug
    die Mundharmonika   die Oboe

1. Welches sind Saiteninstrumente?

_____

2. Blasinstrumente?

_____

3. Schlaginstrumente?

_____

2. Musik macht munter

Die alten Lieder (*Franz Josef Degenhardt*)

"Wo sind eure Lieder
eure alten Lieder?
fragen die aus andren Ländern,
wenn man um Kamine[1] sitzt,
mattgetanzt und leergesprochen[2]
und das High-life-Spiel ausgeschwitzt.

Ja, wo sind die Lieder,
unsre alten Lieder?
Nicht für'n Heller oder Batzen[3]
* mag Feinsliebchen barfuß ziehn[4],
und kein schriller Schrei nach Norden
will aus einer Kehle[5] fliehn.

Tot sind unsre Lieder,
unsre alten Lieder Lehrer haben sie zerbissen,
Kurzbehoste sie verklampft*,[6]
* braune Horden totgeschrien.
Stiefel in den Dreck gestampft."[7]

[1] *fire place*
[2] *danced and talked to death*
[3] *old currency*
[4] *lover leaves barefoot*
[5] *throat*
[6] *excessively played on guitar*
[7] *ground into the dirt*

* line plays off old folk songs
* refers to the Third Reich's brown shirts

A. *Welche Wörter im Lied reimen sich?*

_____

_____

B. *Wählt die besten Antworten?*

1. Die alten Lieder sind:
    a) unmodern
    b) deutsche Volkslieder
    c) Lieder, die niemand mehr singt

2. Welche Leute fragen nach den Liedern?
    a) die um Kamine sitzen
    b) die im Ausland leben
    c) die das High-life leben

3. Wer hat die Lieder getötet?
    a) die Lehrer in den Schulen
    b) Hitlers SA-Truppen
    c) Jugendgruppen

C. *Singst du noch Volkslieder gern?*

a) Wenn ja: warum sind Volkslieder auch heute noch relevant?

_____

_____

b) Wenn nein: Welche Lieder sind dir wichtiger? und warum?

_____

_____

3. Mick Jagger

GRÖSSTE SHOW DER WELT
MICK JAGGER

Die "Rolling Stones", war das Programm ihres ersten Managers Andrew Oldham, "sind mehr als eine Rockband, sie sind ein Lebensstil". Mehr noch: Sie haben diesen Stil in aller Herren Länder exportiert, in den sechziger Jahren noch zum Kummer der Herren, der Jugend zur Freude. Denn: Rock'n'Roll, empfindet Mick Jagger, wecke in den Menschen eine Spontaneität. Und außerdem: "Wir versuchen, unserm Publikum vorzumachen, wie man sich selbst befreit."

Indem er seinen Job verrichtet, saniert sich Jagger nicht nur, er kuriert sich auch dabei: "Auf der Bühne zu sein, ist ein tolles Ventil für die Neurosen. Auf diese Weise kannst du alle Ängste und angestauten Energien loswerden."

A. *Machen Sie eine Liste von den Substantiven.*

_____   _____

_____   _____

_____   _____

_____   _____

_____   _____

B. *Schreiben Sie ein paar Sätze über ein Konzert.*

_____

_____

_____

_____

C. *Fragen:*

* Ist Mick Jaggers Musik spontan? _____

* Welche Musik Sie am besten finden. _____

HÖRVERSTÄNDNIS

1. **Meinungen und Ansichten sagen, Partei nehmen**

   Welche Ausdrücke vervollständigen die gesprochenen Sätze?

   1. a b c d
   2. a b c d
   3. a b c d

   a) Ich bin der Ansicht,...
   b) Er meint,...
   c) Matt hat recht,...
   d) Nur weil er dein Freund ist,...

2. *"Deutsches Magazin":* **Drei Gedichte von Sarah Kirsch**

   Höre die Gedichte an und lies mit.

   Das Dorf

   Am Abend war die Stille vollkommen[1].
   Die Grillen verstummten[2] in ihren Löchern
   Auf dem Hügel[3] die Eiche[4]
   Stand schwarz vor lackrotem Himmel.

   Da kam ich ins Dorf aus dem Moor.
   Ging übers glänzende Stoppelfeld[5]
   Stern und Steine leuchteten hell
   In den Häusern flammte das Licht auf.

   Zermahlener Staub[6] auf der Straße.
   Knöterich[7] unter den Füßen
   Reichte[8] von Tür zu Tür, ein Sommertagteppich.

   [1] *complete*
   [2] *crickets are silent*
   [3] *hill*
   [4] *oak tree*
   [5] *a mowed field*
   [6] *dust (ground)*
   [7] *type of week*
   [8] *extended*

Welche Wörter im Gedicht kannst du mit "hell" und "Ruhe" assoziieren?

hell: _____

Ruhe: _____

Ende Mai

Grünen die Linden¹, mancherorts Nuß und Wachholder. Winde   ¹ *types of trees (budding)*
Jagen² viel Wolken fetzenweis über die Klingen³   ² *chase*
der Faltengebirge. Durch erfundene Drähte⁴   ³ *cliffs*
über und unter der Erde   ⁴ *telephone wires*
Geben die Menschen sich Nachricht.

Du schick die leichteste
Aller Tauben⁵ windförmig sie bringt   ⁵ *dove*
Ungeöffnete, tagschnelle Briefe. Schatten⁶   ⁶ *shadow*
Unter den Augen; mein wüster Herzschlag.⁷   ⁷ *wild heartbeat*

Unfroh sehe ich des Laubs⁸ grüne Farbe, verneine   ⁸ *foliage*
Bäume, Büsche und niedere Pflanzen: ich will   ⁹ *float down*
Die Blätter abflattern⁹ sehen und bald. Wenn mein Leib¹⁰   ¹⁰ *body*
Meine nicht berechenbare Seele¹¹ sich aus den Stäben¹²   ¹¹ *unpredictable soul*
Der Längen- und Breitengrade endlich befreit¹³ hat.   ¹² *bars*
    ¹³ *liberate*

Welche Wörter oder Ausdrücke im Gedicht zeigen, daß die Poetin den Mai negativ sieht?

a) _____

b) _____

c) _____

d) _____

Der Wald

Motorsägen¹ heulen, wo Schatten war, Himmel,   ¹ *chain saws*
Tag- und Nachtgestirn²   ² *stars*
Die zärtlichen Moose, Perlgras, Schlafmohn³   ³ *plants*
und Thymian fragen
Warum denn immer nur mein Fuß?

Welche Wörter passen zu 1. und 2.?

1. Motorsägen   a) zerstören den Wald
                b) fällen die Bäume
                c) pflanzen neue Bäume
                d) gehen zu Fuß

2. Pflanzen sind   a) Moos
                   b) Perlgras
                   c) Schlafmohn
                   d) Thymian

MUSTER UND MODELLE

I. SCHNELL UND GENAU

1. **Substantivformen**

   Singular   Plural

   1. _____ Hemd   _____

   2. _____ Getränk   _____

   3. _____ Krankenhaus   _____

   4. _____ Süßigkeit   _____

2. **Stolpersteine**

   1. *Wo steht das Komma?*

      Jeder weiß daß Leute die egoistisch sind nicht viele Freunde haben. Sie lieben keine Menschen sondern nur ihr Geld.

   2. *liegen/legen; stehen/stellen (Imperfekt)*

      Der Vater _____ die Tassen auf den Tisch und _____ die Löffel dazu. Die Gläser _____ schon dort, und die Servietten _____ schon daneben.

   3. Der Taxifahrer _____ (*geht/fährt*) an einem Tag von New York _____ (*zu/nach*) Atlanta. Weihnachten _____ (*geht/fliegt*) er _____ (*zu/nach*) Europa.

3. **Variation zum Minidrama**

   Bitte fügen Sie die folgenden Wörter in den Text ein:

dagegentreten	fällt	km
denke	fragen	mir
die	gehört	Ohren
diskutieren	gibt	singen
durch	kitschigsten	weinen

   ## ZUM HEIDELBERGER SCHLOß

   Herr Breitmoser und seine Tochter Marion fahren im Auto auf einer kleinen Straße.

   Herr Breitmoser: Mir (1) _____ etwas ein!

   Marion: Hoffentlich, daß wir endlich zur Schloßruine kommen,
   (2) _____ so malerisch sein soll.

   Breitmoser: Nein, das meine ich nicht. Mir fällt ein, daß wir auf dem falschen Weg sind.

   Marion: Ach Vater! Ich weiß nicht, ob ich
   (3) _____ oder lachen soll.

   Breitmoser: Ja, in Bayern finde ich mich auf den Straßen besser zurecht.
   Siehst du jemand, den wir nach dem Weg
   (4) _____ könnten?

   Marion: Ich steige mal aus. Du, die Tür geht ja nicht auf.

   Breitmoser: Du mußt nur heftig (5) _____ ! Dann geht es
   schon. (*singt laut*)
   "Ich hab mein Herz in Heidelberg verloren,
   In einer lauen Sommernacht.
   Ich war verliebt bis über beide Ohren.
   Und dein Mund, der hat dazu gelacht."

   Marion: (*Hält sich die* (6) _____ *zu*): Bitte, bitte,
   höre auf. Oh Gott! Warum muß ich einen Vater haben, der die
   (7) _____ Lieder in ganz Europa singt!

Breitmoser: Das Lied muß man (8) _____, wenn man nach Heidelberg fährt. Wenn wir in die Stadt kommen, führe ich dich auch auf den Weg, wo die Philosophen ihre Weltanschauung (9) _____.

Marion: Prima. Vom Philosophenweg habe ich schon viel (10) _____. Aber zuerst brauche ich etwas zu essen. Das beste Restaurant, das es in Heidelberg (11) _____, soll die "Sudpfanne" sein.

Breitmoser: Tut mir leid, für ein teueres Restaurant habe ich nicht genug Geld bei (12) _____. Es ist gerade genug für den "Kakao-Bunker," wo die Studenten essen.

Marion: Halte an, Vater. Hier ist ein Wegweiser; auf dem steht "Heidelberg 20 (13) _____". Also bist du schuld, wenn ich verhungere.

Breitmoser: Nicht so schlimm. Genieße die schöne Fahrt (14) _____ den Odenwald.

Marion: Du hast gut reden. Jedesmal, wenn ich Wildschweine sehe, (15) _____ ich an das gute Essen in der "Sudpfanne".

II. STRUKTUREN IM KONTEXT

1. Zur See (Relativpronomen im Nominativ)

> **Beispiel:** Siehst du das Schiff (s), (ankert dort)
> *Siehst du das Schiff, das dort ankert.*

1. Wo ist der Kapitän (m),   (fährt nach Singapur)

   _____

2. Hier kommt die Yacht (w),   (stammt aus Helgoland)

   _____

3. Kennt ihr die Seeleute (pl),   (sitzen in der Bar)

   _____

4. Wir sprechen von dem Sturm (m),   (hat die Schiffe versenkt).
_____

5. Hast von dem Gott Poseidon (m) gehört,   (wohnt im Ozean)
_____

6. Nixen sind mythische Figuren (w),   (haben einen Fischschwanz)
_____

7. Die Mannschaft fing zweihundertdreißig Forellen (pl), (müssen auf Eis gelegt werden)
_____

8. Wir kommen in einen Hurrikan (m), (wird unser Schiff zerstören)
_____

2. **Krimi (Relativpronomen)**

der	die	das

1. **Lucie:** Kennst du den Mann, _____ an der Bar steht?

2. **Marie:** Meinst den Mann, mit _____ Susanne spricht?

3. **Lucie:** Ja, er ist der Mann, _____ Mutter gut kennt. Ich kenne ihn auch gut.

4. **Marie:** Gehört er zu der Gruppe, mit _____ du jeden Samstag Golf spielst?

5. **Lucie:** Nein, er ist einer von meinen Freunden, von _____ ich noch nie gesprochen habe. Siehst du das Glas, _____ er in seiner Hand hält?

6. **Marie:** Ja, er trinkt den Rotwein, _____ jemand mitgebracht hat.

7. **Lucie:** Das ist der Wein, in _____ ich Gift geschüttet habe!

8. **Marie:** Oh Gott! Ist es wirklich dein Wein, _____ er trinkt? Der Wein in seinem Glas ist nicht von der Flasche, mit _____ du hereinkamst.

9. **Lucie:** Um Himmels willen! Jetzt habe ich den Wein, _____ ich vergiftet habe, selbst getrunken!

10. **Marie:** Hilfe, wo sind die Ärzte, _____ gerade hier waren?

3. Wer kann mir Geld leihen? (Relativpronomen)

1. **Herbert:** Ich habe Ärger mit meinem Nachbarn, _____ ich zwanzig Mark gegeben habe.

2. **Katrin:** Ist das der Mann, _____ ich auf deiner letzten Fete kennengelernt habe?

3. **Herbert:** Ja, es ist der große Dünne, mit _____ du den ersten Walzer getanzt hast.

4. **Katrin:** Will er dir das Geld, _____ du ihm geliehen hast, nicht zurückgeben?

5. **Herbert:** Stimmt! Jetzt kann ich nicht ins Rock-Konzert (s), auf _____ ich mich schon lange gefreut habe.

6. **Katrin:** Ach, du Armer! Es gibt keine Menschen mehr, an _____ man glauben kann!

7. **Herbert:** Vielleicht bist du aber die letzte Person, _____ noch gut ist und _____ Bankkonto auch groß ist.

8. **Katrin:** Ich verstehe! Was kostet die Karte, _____ du für das Rock-Konzert brauchst?

9. **Herbert:** Achtzehn Mark dreißig. Komm doch mit. Dort hörst du Musik, _____ du nicht vergessen wirst.

10. **Katrin:** Sind denn die Musiker, _____ da spielen, berühmt?

11. **Herbert:** Selbstverständlich. Sie kommen aus dem Land, in _____ Rockmusik geboren wurde.

12. **Katrin:** Und wie ist dieser berühmte Name, _____ ich mir merken soll?

Herbert: Es tut mir leid, ich habe ihn vergessen.

4. Über Verbrechen sprechen (Relativpronomen im Genitiv)

> **Beispiel:** Siehst du den Mann da? Seine zwei Söhne sind im Gefängnis.
> *Siehst du den Mann da,* **dessen** *zwei Söhne im Gefängnis sind?*

1. **Heike:** Kennst du Ulrike Meinhof? Ihr Verbrechen ist nicht bekannt.

2. **Marion:** Ich habe einen Nachbarn. Sein Sohn ist Rauschgift-Dealer.

3. **Rosemarie:** Ihr kennt doch alle meine Tante. Ihre Schwiegereltern haben eine Million Dollar gestohlen.

4. **Gerd:** Ich kenne einen furchtbaren Mann. Seine zwei Söhne haben mein Auto beschädigt.

5. **Helene:** Wir alle kennen das Land. Seine Politiker fangen oft einen Krieg an.

5. Schlechte Laune (Relativpronomen)

Formen Sie einen Satz aus den folgenden zwei Sätzen:

> **Beispiel**: Kennt ihr den Mann? Ich mag *ihn* nicht.
> *Kennt ihr den Mann,* **den** *ich nicht mag?*

1. **Lucie:** Was ist mit deiner Stimmung los? *Sie* ist sonst immer so gut.

2. **Karl:** Ich bin wütend auf meinen Professor. *Er* hat mir eine schlechte Note gegeben.

3. **Lucie:** Sei lieber auf die Person wütend. *Sie* hat nicht studiert!

4. **Karl:** Ich bin frustriert wegen der Uni. *Ihr System* gefällt mir nicht mehr.

5. **Lucie:** Und ich bin ärgerlich über den pessimistischen Mann. Ich kenne *ihn* sonst als Optimisten.

6. **Karl:** Du kennst eben meine Probleme nicht. Ich muß mit *ihnen* kämpfen.

6. Musik (Relativpronomen mit Präpositionen)
Da- und wo- Verbindungen

Formen Sie einen Satz aus den folgenden zwei Sätzen:

> **Beispiel:** Mozart schrieb viele Symphonien.
> Er verdiente damit wenig Geld.
> *Mozart schrieb biele Symphonien,* **mit denen** *er wenig Gerl verdiente.*

1. Mein Bruder besitzt eine Violine. Er hat viel Geld *dafür* bezahlt.

2. Ich kenne eine Sängerin. Caruso hat *mit ihr* gesungen.

3. Gehst du in das Konzert? Es steht viel *davon* in der Zeitung.

4. An der Oper singt ein Tenor. Während *seiner* Arien müssen alle weinen.

5. Kennst die Stadt? Johann Sebastian Bach ist *darin* geboren.

6. Vor uns sitzt meine Klavierlehrerin. Meine Jugend wäre ohne *sie* schöner gewesen.

7. Ich verkaufe meine Trompete. Ich habe wegen *ihr* meine Wohnung verloren.

8. Wer hat die Schallplatte? Die Beatles haben die erste Million Dollar *damit* verdient.

9. Kennt ihr die Rock-Gruppen? Wir sind zu *ihren* Konzerten gegangen.

7. Sprachliche Besonderheiten (Infinitivsätze)

A. um zu

> lernen
> **Beispiel:** Ich besuche die Universität, **um zu** lernen.

1. Leute kennenlernen   *Ich besuche die Universität* _____
2. eine Ausbildung bekommen   _____
3. reich und berühmt werden   _____
4. feiern   _____
5. ein neues Leben anfangen   _____
6. später einen guten Job finden   _____
7. meine Talente entwickeln   _____
8. einen Partner fürs Leben suchen   _____

B. ohne zu

> Bier trinken
> **Beispiel:** *Wer fährt Auto,* **ohne** *Bier* **zu** *trinken?*

9. (*nicht*) Benzin tanken   *Wer fährt Auto* _____
10. (*keinen*) Führerschein haben   _____
11. (*keinen*) Stadtplan mitnehmen   _____
12. die Sitzgurte (*nicht*) anschnallen   _____
13. (*nicht*) auf Fußgänger aufpassen   _____
14. die Brille (*nicht*) aufsetzen   _____
15. (*nicht*) hupen   _____

C. anstatt zu

> Briefe Schriben
> **Beispiel:** *Wir sehen eine Fernsehsendung,* **anstatt** *Briefe* **zu** *schreiben.*

16. (*nicht*) interessante Gespräche zu führen   *Wir sehen eine Fernsehsendung* _____
17. (*nicht*) ausgehen   _____
18. (*nicht*) das Theater besuchen   _____
19. (*nicht*) Schiller lesen   _____
20. (*nicht*) schlafen   _____
21. (*nicht*) Hausaufgaben vorbereiten   _____
22. (*nicht*) unsere Großmutter besuchen _____

8. Die Computer-Fans (Infinitivsätze)

zu   ohne...zu   um..zu   anstatt...zu

> **Beispiel: Ingenieur Schneider:** *Ich habe mir einen IBM-Computer gekauft,* **um** *Zeit* **zu** *sparen.*
>
> *Ich will Zeit sparen.*

1. **Ingenieur Meyer:** Aber mein XYZ-Computer geht nicht,

   _____

   (*Ich muß erst dagegenschlagen.*)

2. **Schneider:** Sie sollten ihn zum Geschäft zurückbringen.

   _____

   (*Sie sollten nicht damit arbeiten.*)

3. **Meyer:** Aber ich habe ihn leider gekauft,

   _____

   (*Ich habe keine Garantie bekommen.*)

4. **Scheider:** Ich habe den großen Wunsch,

   _____

   (*Ich will mit dem Computer Geld sparen.*)

5. **Meyer:** Ich habe einen Roboter zu Hause,

   _____

   (*Ich mache nie sauber.*)

6. **Schneider:** Ich sitze immer vor dem Computer,

   _____

   (*Ich sollte ins Kino gehen.*)

7. **Meyer:** Heute nacht gehe ich in die Stadt,

   _____

   (*Ich will ein Computer-Spiel kaufen.*)

8. **Schneider:** Gestern habe ich an meinem Computer gearbeitet,

   _____

   (*Ich schlafe nicht ein.*)

9. **Meyer:** Und ich bleibe nächsten Sonntag zu Hause vor meinem Computer,

   _____

   (*Ich gehe nicht mit meiner Familie zum Picknick.*)

10. **Schneider:** Also, lieber Meyer, ich hoffe,

    _____

    (*Ich sehe Sie heute abend im Computer-Club.*)

III. KOMMUNIKATIVE ÜBUNGEN: "DEUTSCHES MAGAZIN"

1. **Umweltverschmutzung (Kleine Vokabularübung)**

   Für diese Übung benutzen Sie das Lehrbuch. (S. 301-303) Fügen Sie das richtige Wort ein!

   1. Der See ist _____. Wir können nicht darin schwimmen.
   2. Die chemischen Fabriken lassen giftige Chemikalien in die _____.
   3. Die 85 im Rhein ist sehr stark _____.
   4. Zehn Probleme _____ die Lebensqualität der Deutschen.
   5. In der Nähe der Flugplätze ist die _____ am größten.
   6. Wenn wir _____ nehmen, müssen wir sterben.

2. Unsere Umwelt ist kaputt

Lesen Sie nochmal von den zehn Hauptsünden, und schreiben Sie dann die Sätze zu Ende!

1. Unsere Flüsse sind _____.

2. Die Luft ist _____.

3. Die Landschaft ist _____.

4. Die Wiesen sind _____.

5. Im Boden ist zuviel _____.

6. Das Grundwasser ist _____.

7. In den Meeren ist _____ und _____.

3. Die zehn Hauptsünden gegen die Umwelt

Suchen Sie die richtige Zahl aus der Lektüre!

1. Der "saure Regen" tötet die Wälder. _____

2. Sumpfgebiete sind entwässert. _____

3. Die Ostsee läuft voll von Dreck. _____

4. Geräusche von Autos und Flugzeuge beschädigen die Nerven. _____

5. Die Gewässer sterben biologisch. _____

6. Wälder verschwinden; Fisch und Vogelarten sterben aus. _____

7. Die Menschen mauern sich langsam ein. _____

8. Giftige Metalle bedrohen das Wasser. _____

9. Bauern sprühen zu viel Schädlingsbekämpfungsmittel. _____

10. Wildtiere haben weniger Lebensraum. _____

4. Kritik an der Umwelt

Frau Pessimistin und Frau Negativ machen eine Reise durch Deutschland. Was sehen sie an den folgenden Orten? Was sagen sie?

> Beispiel: auf der Autobahn
> *Frau Pessimistin:* "Hier stinkt es!"
> *Frau Negativ:* "Ja, die Luft ist verpestet."

Substantive	Verben	Adjektive
die Augen	tränen	laut
die Ohren	stinken	schmutzig
die Watte	stopfen	frisch
die Luft	verbrauchen	schrecklich
der Abfall	schmecken nach	verpestet
das Teer	schwimmen	verseucht
der Fisch	(*nicht mehr*) geben	furchtbar
das Auto	spazierengehen	tot
das Benzin	sterben	kaputt
die Äpfel	genießen	gefährlich
die Chemikalien	picknicken	gespritzt
die Bäume	sehen	ungesund
die Abgasse	hören	
der Lärm	liegen	

1. im Wald

   Frau Pessimisten: _____

   Frau Negativ: _____

2. am Strand

   Frau Pessimisten: _____

   Frau Negativ: _____

3. auf der Autobahn

   Frau Pessimisten: _____

   Frau Negativ: _____

4. im Stadtzentrum

   Frau Pessimisten: _____

   Frau Negativ: _____

5. auf dem Acknickplatz im Wald

   Frau Pessimisten: _____

   Frau Negativ: _____

HÖRVERSTÄNDNIS

1. **Vorschläge zum Handeln**

   Welche Ausdrücke passen am besten zu den Satzfragmenten, die gesprochen werden?

   1. a b c   a)... gemeinsam zu demonstrieren.

   2. a b c   b)... beide das Volkslied.

   3. a b c   c)... wir zusammen ins Kino gingen?

2. *"Deutsches Magazin":* **Eine Geschichte von Wolf Biermann**

   Es war einmal ein kleiner, älterer Herr, der hieß Herr Moritz und hatte sehr große Schuhe und einen schwarzen Mantel dazu und einen langen, schwarzen Regenschirmstock, und damit ging er oft spazieren.

   Als nun der lange Winter kam, der längste auf der Welt in Berlin, da wurden die Menschen allmählich böse.

   Die Autofahrer schimpften, weil die Straßen so glatt waren, daß die Autos ausrutschten. Die Verkehrspolizisten schimpften, weil sie immer auf der kalten Straße rumstehen mußten. Die Verkäuferinnen schimpften, weil ihre Verkaufsläden so kalt waren. Die Männer von der Müllabfuhr schimpften, weil der Schnee gar nicht alle wurde. Der Milchmann schimpften, weil ihm die Milch in den Milchkannen zu Eis gefror. Die Kinder schimpften, weil ihnen die Ohren ganz rot gefroren waren. Und die Hunde bellten vor Wut über die Kälte schon gar nicht mehr sondern, zitterten und klapperten mit den Zähnen vor Kälte. Und das sah auch sehr böse aus.

   An einem solchen kalten Schneetag ging Herr Moritz mit seinem blauen Hut spazieren, und er dachte: "Wie böse die Menschen alle sind. Es wird höchste Zeit, daß wieder Sommer wird, und die Blumen wachsen."

   Und als er so durch die schimpfenden Leute in der Markthalle ging, wuchsen ganz schnell und ganz viele Krokusse, Tulpen und Maiglöckchen und Rosen und Nelken und auch Löwenzahn und Margeriten. Er merkte es aber erst gar nicht, und dabei war schon längst sein Hut vom Kopf hochgegangen, weil die Blumen immer mehr wurden und auch immer länger.

   Da blieb vor ihm eine Frau stehen und sagte, "Oh, Ihnen wachsen aber schöne Blumen auf dem Kopf."

   "Mir, Blumen, auf dem Kopf?" sagte Herr Moritz. "Sowas gibt's doch gar nicht."

"Doch, schauen sie hier in das Schaufenster. Sie können sich darin spiegeln. Darf ich eine Blume abpflücken?"

Und Herr Moritz sah im Schaufensterspiegelbild, daß wirklich Blumen auf seinem Kopf wuchsen, bunte, und große, vielerlei Art, und er sagte: "Aber bitte, wenn sie eine wollen."

"Ich möchte gerne eine kleine Rose," sagte die Frau und pflückte sich eine.

"Und ich, ich möchte eine Nelke für meinen Bruder," sagte ein kleines Mädchen.

Und Herr Moritz bückte sich, damit das Mädchen ihm auf den Kopf langen konnte. Er brauchte sich aber nicht so sehr tief zu bücken, denn er war etwas kleiner als alle anderen Männer. Und viele Leute kamen und brachen sich Blumen vom Kopf des Herrn Moritz, und es tat ihm nicht weh, und die Blumen wuchsen immer gleich nach, und es kribbelte so schön auf dem Kopf, als ob ihn jemand freundlich streichelte. Und Herr Moritz war froh, daß er den Leuten mitten im kalten Winter Blumen geben konnte.

Immer mehr Menschen kamen zusammen und lachten und wunderten sich und brachen sich Blumen vom Kopf des kleinen Herrn Moritz. Und keiner, der eine Blume erwischt hatte, sagte an diesem Tag noch ein böses Wort.

Aber da kam auf einmal auch der Polizist Max Kunkel. Max Kunkel war schon seit zehn Jahren in der Markthalle als Markthallenpolizist tätig. Aber so was hatte er noch nicht gesehen. Mann mit Blumen auf dem Kopf. Er drängelte sich durch die vielen lauten Menschen.

Und als er vor dem kleinen Herrn Moritz stand schrie er: "Wo gibts denn sowas! Blumen auf dem Kopf, mein Herr! Zeigen Sie doch mal bitte sofort ihren Personalausweis.

Und der kleine Herr Moritz suchte und suchte und sagte verzweifelt: "Ich hab' ihn doch immer bei mir gehabt, ich hab' ihn doch in der Tasche gehabt."

Und je mehr er suchte, umso mehr verschwanden die Blumen auf seinem Kopf.

"Aha," sagte der Polizist Max Kunkel, "Blumen auf dem Kopf haben sie, aber keinen Ausweis in der Tasche."

Und Herr Moritz suchte immer ängstlicher seinen Ausweis, und er war ganz rot vor Verlegenheit, und je mehr er suchte, auch im Jackenfutter, umso mehr schrumpften die Blumen zusammen. Der Hut ging allmählich wieder runter auf den Kopf.

Beantworten Sie die folgenden Fragen

1. Die Leute und Hunde in Berlin sehen böse aus und schimpfen, weil ...

    a) Herr Moritz nicht nett ist.
    b) sie den kältesten Winter in der Welt haben.
    c) sie keine Milch bekommen.

2. Der kleine Herr Moritz geht ...

    a) zur Markthalle.
    b) in ein Blumengeschäft.
    c) spazieren.

3. Die Frau bekommt Blumen.

    a) Sie hat sie in der Markthalle gekauft.
    b) Ein Mädchen hat sie ihr von ihrem Bruder gegeben.
    c) Sie hat sie vom Kopf des kleinen Herrn Moritz gepflückt.

4. Herr Moritz war froh, weil ...

   a) sein Kopf nicht mehr weh tat.
   b) er den Leuten im Winter eine Freude machen konnte.
   c) viele Leute kein böses Wort mehr sagten.

5. Der Polizist Max Kunkel will ...

   a) Blumen von Herrn Moritz.
   b) Herrn Moritz' Ausweis sehen.
   c) noch zehn Jahre in der Markthalle arbeiten.

6. Der Personalausweis von Herrn Moritz ...

   a) ist in seinem Hut.
   b) kann nicht gefunden werden.
   c) ist in seiner Tasche.

7. Auf Herrn Moritz' Kopf sind am Ende...

   a) keine Blumen.
   b) grüne Haare.
   c) Blumen.

MUSTER UND MODELLE

I. SCHNELL UND GENAU

1. **Substantivformen**

Singular		Plural
_____	Farbfernseher	_____
_____	Gabel	_____
_____	Löffel	_____
_____	Messer	_____

2. **Stolpersteine**

   1. Ich wohne _____ (*Präposition*) Januar in Dinkelsbühl.

   2. *Schreiben Sie bitte die folgenden Nummern aus:* 13, 30, 16, 21, 70

   _____

   _____

   _____

3. Ich bin _____ (*in 1969/im Jahre 1969*) in Wildau geboren und meine Schwester ist _____ (*in 1971/1971*) in Königswusterhausen geboren.

4. *Welcher Satz ist besseres Deutsch? Bitte markieren Sie* (a) *oder* (b)
   a) Wenn ich Geld hätte, hätte ich auch ein Schloß am Rhein.
   b) Hätte ich Geld, hätte ich auch ein Schloß am Rhein.

3. **Variation zum Minidrama**

   Fügen Sie bitte die folgenden Wörter in den Text ein:

abfinden	können	Spaziergang
arbeite	interessierten	trifft
aufräumen	Laune	vorbereiten
dagegen	leicht	wählen
einfach	Materialisten	wären
für	recht	Zeit

   ### DEMONSTRATION IN ZÜRICH

   Susi (1) _____ einen Bekannten, Jürgen Züli, vor dem Rathaus. Er trägt ein Plakat an einem langen Stock.

   Susi: Wie kommt es, daß Sie heute so schlechte (2) _____ haben?

   Jürgen Zürli: Das ist (3) _____ zu verstehen. Ich dachte, heute wäre die Demonstration. Aber sie ist erst morgen.

   Susi: Welche Demonstration?

   Jürgen Zürli: Also, wenn Sie sich (4) _____ Politik (5) _____, wüßten Sie Bescheid. Es wird gegen neue Atomkraftwerke demonstriert.

   Susi: Nun, wenn Sie heute nicht demonstrieren können, gehen wir (6) _____ in ein Café. Über Politik (7) _____ wir auch dort streiten.

   Jürgen: Ich müßte mich zwar auf ein Examen (8) _____, aber ein bißchen Zeit habe ich übrig. Wie wäre es zuerst mit einem (9) _____ im Stadtpark?

Susi: Großartige Idee. Wenn ich so stark wie Sie wäre, würde ich Ihnen das Plakat tragen helfen. Was steht drauf?

Jürgen: "Atomkraft. Nein danke."

Susi: Wenn ich morgen (10) _____ hätte, würde ich auch mitmarschieren. Ich bin für Sonnenenergie.

Jürgen: Sie gehören auch zu den Humanisten und nicht zu den (11) _____ .

Susi: Sagen Sie mir lieber, wieso Sie plötzlich so viel Zeit haben?

Jürgen: Nun, ich (12) _____ nur noch wenig. Ich habe das Rosenthal-Porzellan von meiner Großmutter verkauft. Ich gehöre jetzt zum aktiven Studentenproletariat.

Susi: Ich auch. Ich mußte mich schon immer mit Plastiksachen (13) _____ .

Jürgen: Ja, wenn wir nicht in der Politik (14) _____ , tut es keiner.

Susi: Aber wenn niemand arbeitete, bräche die Wirtschaft zusammen.

Jürgen: Schon gut, Frau Thatcher. Sie haben ja (15) _____ . Aber in der Politik riecht es furchtbar nach Korruption. Jemand muß etwas (16) _____ tun.

Susi: Ja, natürlich. Wenn Sie Präsidentschaftskandidat (17) _____ würde ich selbstverständlich Sie (18) _____

II. STRUKTUREN IM KONTEXT

1. **Alle meine Wünsche (Konjunktiv)**

   > Beispiel: Wenn ich nur **ein großes Bankkonto hätte!** (*ein großes Bankkonto haben*)

   1. Wenn du nur _____ (*bald kommen*)!
   2. Wenn sie (*sing*) nur _____ (*nicht so viel rauchen*)!
   3. Wenn wir nur _____ (*eine Million Dollar haben*)!
   4. Wenn ihr nur _____ (*öfter einen Brief schreiben*)!
   5. Wenn sie (*pl*) nur nicht _____ (*ins Wasser fallen*)!
   6. Wenn ich nur _____ (*die Grammatik verstehen*)!
   7. Wenn du nur _____ (*perfekt Japanisch sprechen*)!
   8. Wenn er nur keinen _____ (*Rolls Royce kaufen*)!
   9. Wenn es heute nur _____ (*nicht regnen*)!

2. **Nur nicht reich sein! (Konjunktiv im Präsens)**

   1. Wenn ich nur arm _____ ! (*sein*)
   2. Ich _____ keinen Ärger mit der Börse, wenn ich kein Geld _____ (*haben; haben*)
   3. Ich _____ auch nicht dauernd mein großes Haus reparieren lassen. (*müssen*)
   4. Ich _____ zu Fuß gehen, anstatt mit dem Rolls Royce zu fahren. (*können*)
   5. Ich _____ echte Freunde, und sie _____ mich nicht nur wegen meines Geldes lieben! (*haben; werden*)
   6. Auch _____ ich keine langweiligen Parties mitzumachen. (*brauchen*)
   7. Wenn meine Kinder in eine normale, öffentliche Schule _____ , _____ sie auch Kinder kennenlernen, die nicht alle verwöhnt sind. (*gehen; können*)
   8. Ich _____ endlich einen richtigen Beruf erlernen. (*dürfen*)
   9. Auch _____ ich dann nicht nur immer Lob. (*hören*)
   10. Wenn man einfach sein Geld _____ , _____ man eigentlich glücklich werden. (*weggeben, sollen*)
       Oder ist da ein Denkfehler?

3. **Ein modernes Märchen (Konjunktiv im Präsens)**

   Es war einmal ein junger Mann namens Fritz, der gern ein gutes Leben gehabt
   (1) _____ (haben).
   "Du (2) _____ (sollen) einen Job suchen," sagte die Mutter. Aber wie
   (3) _____ (können) er einen Job finden? Er (4) _____
   (müssen) doch erst einmal was lernen. Dazu hatte er keine Lust. Die Mutter sagte:
   "Du (5) _____ (können) auch zur Universität gehen." Er antwortete: "Da
   (6) _____ (sein) ich ja schön dumm. Dort (7) _____
   (dürfen) ich ja den ganzen Tag nichts tun als lernen." Ein guter Freund sagte zu ihm:
   "Du (8) _____ (sollen) eine reiche Frau heiraten, dann
   (9) _____ (müssen) du nie wieder etwas tun und (10) _____
   (können) dir alles kaufen." Fritz meinte: "Wenn ich nur (11) _____
   (wissen), wo ich solch eine reich Frau (12) _____ (finden)!" "Acapulco,"
   sagte der Freund, "wenn du nach Acapulco (13) _____ (fliegen),
   (14) _____ (können) du morgen eine tolle, reiche Frau heiraten."

   *Fritz flog also nach Acapulco. Er traf sofort eine tolle, reiche Frau, die ihn heiratete.
   Sie gab ihm jeden Tag Geld, und er brauchte nie zu arbeiten und konnte sich bis zu
   seinem Tod alles kaufen.*

4. **Wenn... (Konjunktiv im Präsens)**

   Sprichwort: Wenn das Wörtchen "wenn" nicht wär', wär mein Vater Millionär.

   Schreibe die Sätze zu Ende:

   > **Beispiel:** *Wenn ich einen Brief an meinen Vater* **schreibe** *(schreiben), würde* **er mir Geld schicken**.

   1. Wenn du dieses Buch von Kafka _____ (lesen),
      würdest _____.

   2. Wenn er zu Fuß nach Hause _____ (gehen),
      würde _____.

   3. Wenn sie Feministin _____ (sein),
      würde _____.

   4. Wenn es heute _____ (regnen), würde _____.

5. Wenn es den Krieg nicht _____ (geben),
   würden _____.

6. Wenn ihr die Zeitung _____ (kaufen),
   würdet _____.

7. Wenn sie (*sing.*) nachts das Lied _____ (singen),
   würden _____.

8. Wenn Sie eine Million Dollar _____ (haben),
   würden _____.

9. Wenn ich nie im Leben Geld _____ (bekommen),
   würde _____.

5. **Was wäre, wenn......?** (Konjunktiv im Präsens)

> **Beispiel:** Was wäre wenn **eine Atombombe explodierte?** (*Atombombe explodieren*)

1. Was wäre, wenn du _____? (*zu lange schlafen*)
2. Was wäre, wenn es _____? (*keinen Krieg mehr geben*)
3. Was wäre, wenn ich _____? (*hundert Jahre alt sein*)
4. Was wäre, wenn wir _____? (*kein Fernsehen mehr haben*)
5. Was wäre, wenn _____? (*eine neue Eiszeit kommen*)
6. Was wäre, wenn die Amerikaner eine Frau _____?
   (*zur Präsidentin wählen*)
7. Was wäre, wenn alle Menschen _____?
   (*gleichberechtigt sein*)
8. Was wäre, wenn du _____? (*für den Frieden arbeiten*)
9. Was wäre, wenn ihr _____?
   (*die ganze Nacht hindurch studieren*)

Und jetzt bitte die gleiche Übung im Konjunktiv der Vergangenheit.

Beispiel: Was **wäre gewesen**, wenn eine Atombombe **explodiert wäre**?

1. _____
2. _____
3. _____
4. _____
5. _____
6. _____
7. _____
8. _____
9. _____

6. **Realität und Illusion?** (Konjunktiv: Präsens oder Vergangenheit)

Beispiel: Glückskind: Ich hatte gestern Glück, ich habe hundert Mark gefunden.
Pechvogel: *Ich* **hätte** *auch Glück* **gehabt**, *wenn ich gestern hundert Mark* **gefunden hätte**.

Glückskind: Ich war voriges Jahr bei den Olympischen Spielen; ich habe eine Goldmedaille gewonnen.

1. Pechvogel: Ich _____ auch eine Medaille _____, wenn ich bei den Olympischen Spielen _____ _____.

Glückskind: Ich habe viele Freunde; ich bin glücklich.

2. Pechvogel: Ich _____ auch glücklich, wenn _____.

Glückskind: Ich male berühmte Bilder; ich verdiene viel Geld.

3. **Pechvogel:** Ich _____,

   wenn _____.

   Glückskind: Voriges Jahr gewann ich in der Lotterie; ich habe ein großes Haus gebaut.

4. **Pechvogel:** Ich _____ ein großes Haus _____

   wenn ich in der Lotterie _____.

   Glückskind: Wir fuhren nach Europa; wir lernten viele interessante Leute kennen.

5. **Pechvogel:** Ich _____

   wenn _____.

   Glückskind: Ich gehe nach Hause; du hast nichts Interessantes erzählt.

6. **Pechvogel:** Ich _____

   wenn _____.

   Glückskind: Mein Bruder ist zu Hause geblieben. Er hat einen Kuchen gebacken.

7. **Pechvogel:** Mein Bruder _____ auch zu Hause _____,

   wenn _____.

   Glückskind: Auf Wiedersehen.

   Pechvogel: Hoffentlich sehe ich dich nie wieder.

7. **Flugzeuggespräch** (Sprachliche Besonderheiten: *wo-* und *da*-Verbindung)

> **Beispiel:** Ute: »Wir fliegen gerade über einen See."
> Gisela: »**Worüber** fliegen wir gerade über den See?
> Frieda: »Wir fliegen gerade **darüber**."

1. Gisela: »Interessiert ihr euch für Politik?"

   Ute: »_____ interessiert ihr euch?"

   Frieda: »Wir interessieren uns _____."

2. Frieda: »Ich bin immer gegen alles."

   Gisela: »_____ bist du?"

   Ute: »Sie ist _____."

3. Ute: »Frieda, du sprichst nur von Sport."

   Frieda: »_____ spreche ich?"

   Gisela: »Du sprichts nur _____!"

III. KOMMUNIKATIVE ÜBUNGEN: *"DEUTSCHES MAGAZIN"*

1. **Eine Rundreise in der BRD, DDR, Österreich und der Schweiz**

   A. Hiltrud Kramm geht zum Reisebüro. Sie will verschiedene Orte besuchen und dort die Besonderheiten erleben. Sie will sich keiner Tour anschließen, wie z.B. bei einer Neckermannreise.

   Sie arbeiten im Reisebüro in Zürich und planen ihre Reise. Was ist die Reihenfolge ihrer Reise. Wie fährt sie am besten? (Ordnen Sise bitte Hiltruds Liste). Beginnen Sie mit a) Zürich und enden Sie mit o) Freiburg)

   1. München, das Hofbräuhaus besuchen
   2. Dresden, in die Semperoper gehen
   3. Zermatt, das Matterhorn besteigen
   4. Wien, Sachertorte essen
   5. Hamburg, eine Hafenfundfahrt machen
   6. Lüneburger Heide, Erika pflücken
   7. Berlin, beide Seiten der Mauer sehen
   8. Trier, Geburtsort von Marx besichtigen
   9. Freiburg, eine Wanderung im Schwarzwald machen (o)
   10. Kitzbühel, Skifahren
   11. Heidelberg, das Schloß besichtigen
   12. Zürich, eine Bootsfahrt auf dem Vierwaldstädter See machen (a)
   13. Weimar, die Schiller- und Goethemuseen besichtigen
   14. Rothenburg ob der Tauber, eine mittelaltliche Stadt ansehen
   15. Meißen, die weltbekannte Porzellanmanufaktur besichtigen

   B. *Wie würden Sie Ihre eigene Reise durch die deutschsprachigen Länder zusammenstellen?*

   Bitte, machen Sie eine Liste:

   _____
   _____
   _____
   _____
   _____
   _____
   _____

Wörter zum Nachschlagen:

gemeinsam　　　　Täler
entfernt　　　　　Gebirge
Sonderstellung　　fruchtbar
zusammenhängen　　Handelshafen
Kraterseen　　　　Teilung
Seeschiffe

_____ nimmt unter den Bundesländern in jeder Hinsicht eine *Sonderstellung ein.* Wie Bremen und Hamburg ist es ein Stadtstaat, aber es umfasst nur *eine halbe Stadt* und hängt geographisch nicht mit dem übrigen Bundesgebiet zusammen.

Das Bundesland _____ liegt im *Südwesten* der Bundesrepublik. Es hat gemeinsame Grenzen mit Belgien, Luxemburg und Frankreich. Im bergigen Landschaftsbild der Eifel sind die Maare, kreisrunde vulkanische Kraterseen, eine auffallende Erscheinung. Die Täler von Rhein und Mosel sind bevorzugte Siedlungs- und Wirtschaftsgebiete. Zentren sind die alten Römerstädte Koblenz.

Fügen Sie das richtige Bundesland ein!

Von den Stadtstaaten abgesehen, ist das _____ *das kleinste Bundesland.* Es liegt in Südwestdeutschland an der Grenze zu Frankreich.

Das Bundesland _____ nimmt den Nordwesten der Bundesrepublik ein. Es reicht von der Nordseeküste mit den Ostfriesischen Inseln bis zur mitteldeutschen Gebirgsschwelle mit dem Weserbergland und dem westlichen Harz im Süden, vom Emsland an der *niederländischen Grenze im Westen* bis zur Lünerburger Heide und zur Elbe im Osten.

Die Freie und *Hansestadt* _____ vor der deutschen Teilung »*Deutschlands Tor zur Welt*«, liegt rund 120 km oberhalb der Mündung der *Elbe* in die Nordsee. _____ der wichtigste Handelshafen der Bundesrepublik und kann auch von grossen Seeschiffen angelaufen werden.

Das *nördlichste* Bundesland _____ liegt zwischen Nort- und Ostsee und grenzt im Norden an Dänemark. Das Land besteht im Westen aus fruchtbarem Marschenland, in der Mitte aus der sandigen Geest und im Osten aus einer kuppigen Hügel-und Seenlandschaft. Der Westküste ist eine 15 bis 30 km breite Wattenmeerzone vorgelagert, in der die Nordfriesischen Inseln Sylt, Amrum und Föhr sowie die Halligen liegen.

HÖRVERSTÄNDNIS

1. bekommen *oder* **werden?**

Höre die Sätze auf dem Tonband. Fehlt **wird** *oder* **bekommt**?

1. wird – bekommt
2. wird – bekommt
3. wird – bekommt
4. wird – bekommt
5. wird – bekommt
6. wird – bekommt

2. sich beeilen

Welche der folgenden Ausdrücke passen am besten zu den Sätzen, die du hörst?

1. a b c   a) es pressiert

2. a b c   b) beeile dich!

3. a b c   c) beeilen Sie sich!

3. *"Deutsches Magazin":* **Rotkäppchen**

Höre bitte das Märchen und lies mit!

ROTKÄPPCHEN

Es war einmal ein kleines Mädchen, das hieß Rotkäppchen. Es hieß Rotkäppchen, weil es immer eine Mütze aus rotem Samt trug. Und eines Tages sagte die Mutter zu Rotkäppchen: "Rotkäppchen, geh zur Großmutter. Sie ist krank. Hier, ich habe Wein und Kuchen in einen Korb gepackt. Bring ihr das, damit sie ganz schnell wieder gesund wird."

Also nahm Rotkäppchen den Korb mit dem Wein und den Kuchen und machte sich auf den Weg. Unterwegs mußte sie durch einen dichten, schwarzen, dunklen Wald. Kaum war sie ein viertel Stündchen gelaufen, da kam sie an eine große, grüne Wiese, eine Waldlichtung mit vielen bunten Blumen darauf. Wie schön wäre es, dachte Rotkäppchen, wenn ich meiner Großmutter einen Strauß Blumen mitbrächte. Sie würde viel schneller wieder gesund werden. Sie stellte also den Korb mit dem Wein und Kuchen ab, begab sich auf die Wiese und pflückte einen großen Strauß wunderschöner Blumen. Doch das sah der böse Wolf, der dort im finsteren Wald lebte. Er hatte sich hinter einem Baum an der Waldlichtung verborgen. Dann kam er hervor und sprach zu Rotkäppchen. "Rotkäppchen, was machst du denn da?" Rotkäppchen, die überhaupt keine Angst vor diesem Wolf hatte, sagte: "Meine Großmutter ist krank. Hier habe ich einen Korb mit Wein und Kuchen. Den will ich ihr bringen, damit sie ganz schnell wieder gesund wird. Und hier, diesen Strauß Blumen schenke ich ihr auch." "Aha," sagte der Wolf und machte sich wieder aus dem Staub. Er begab sich nämlich zu der Hütte der Großmutter, die mitten im Wald lag. Da dachte sich der Wolf, "Ha, wie schön, da habe ich gleich zwei Fliegen auf einem Streich. Da fresse ich doch gleich die Großmutter und dann das Rotkäppchen noch hinterher. Er ging zur Hütte der Großmutter, klopfte an. Und die Großmutter, die dachte, es sie der Förster, der sie manchmal besuchte, sagte: "Herein." Da kam der Wolf in die kleine Hütte, sah die Großmutter krank im Bett liegen, sprang auf sie zu, und verschlang sie mit Haut und Haaren. Da nahm er die Nachtmütze der Großmutter, zog ihr Schlafgewand an und begab sich in ihr Bett, um auf Rotkäppchen zu warten.

Rotkäppchen war mittlerweile an der kleinen Waldhütte angelangt, klopfte an die Türe, und der Wolf, der im Bett auf Rotkäppchen gewartet hatte, antwortete mit verstellter Stimme: "Ja, Rotkäppchen, komm ruhig herein." Rotkäppchen ging in die Hütte und wunderte sich über die Großmutter, die bis zu den Ohren verborgen im Bett lag. "Ja, Großmutter, was hast du denn für große Ohren?" Der Wolf sagte, "Damit ich dich besser hören kann." "Großmutter, was hast du denn für große Augen?" "Damit ich dich besser sehen kann," knurrte der Wolf. "Ja und Großmutter, warum hast du denn eine so große Nase?" "Damit ich dich besser riechen kann," sprach der Wolf, sprang aus dem Bett, schnappte Rotkäppchen und verschlang auch sie mit Haut und Haaren. Dann war er müde. Legte sich ins Bett, zog die Decke über seine großen Ohren und fing an zu schlafen. Dabei schnarte er so laut, daß es durch den ganzen Wald hallte.

Der Förster, der wußte, daß die Großmutter krank war, dachte, merkwürdig, daß die Großmutter so laut schnarcht. Da muß ich doch gleich mal nachsehen. Er ging also zur Hütte der Großmutter, öffnete vorsichtig die Tür und sah den bösen Wolf im Bett liegen, den er schon seit langer Zeit gesucht hatte, und dem er endlich mal gründlich die Meinung sagen wollte. Er trat vor das Bett, und plötzlich sah er, daß sich im Bauch des Wolfes etwas bewegte. Da nahm er sein Messer, schnitt dem Wolf den Bauch auf, und heraus kamen die Großmutter und Rotkäppchen quicklebendig. Da nahmen Sie drei große Wackersteine, die draußen vor der Tür lagen und füllten damit dem Wolf den Bauch. Schnell nähten sie ihm den Bauch wieder zu und versteckten sich hinter dem Schrank. Der Wolf, dem die Steine schwer im Magen lagen, wachte auf und sagte: "Ja mei, hob i an Durscht." Dann wankte er auf seinen zwei Tatzen nach draußen zum Brunnen, um sich einen Schluck Wasser zu gönnen. Er beugte sich über den Brunnenrand, und weil die Steine so schwer waren, zogen sie ihn mit hinunter. Plumps, machte es, und der Wolf war im Brunnen verschwunden. Da freuten sich die drei, Großmutter, Rotkäppchen und der Förster, tanzten und sangen die ganze Zeit, "Der Wolf ist tot, der Wolf ist tot, der Wolf ist tot." Dann nahmen sie den Korb mit Wein und feierten eine riesige Party.

Und wenn sie nicht gestorben sind, dann leben sie noch heute.

Welche Sätze auf dem Tonband über das Märchen sind richtig (R) und welche sind falsch (F)?

_____ 1. Das kleine Mädchen heißt Rotkäppchen, weil sie eine rote Mütze (*Käppchen*) trägt.

_____ 2. Ihre Großmutter lebt im Wald und ist krank.

_____ 3. Sie will ihrer Großmutter Brot und Wein bringen.

_____ 4. Der Wolf trifft sie im dunklen Wald.

_____ 5. Rotkäppchen pflückt Blumen für ihre Mutter.

_____ 6. Großmutter versteckt sich vor dem Wolf im Schrank.

_____ 7. Der Wolf hat ein großes Maul, damit er Rotkäppchen besser fressen kann.

_____ 8. Der Jäger hört die Großmutter schnarchen.

_____ 9. Der Jäger schneidet dem Wolf den Bauch auf.

_____ 10. Weil er Wackersteine im Bauch hat, fällt der Wolf in den Brunnen.

_____ 11. Rotkäppchen ist traurig, weil der Wolf tot ist.

_____ 12. Wenn Rotkäppchen nicht gestorben ist, dann lebt sie noch heute.

MUSTER UND MODELLE

I. SCHNELL UND GENAU

1. Substantivformen

Singular		Plural
1. _____	Flasche	_____
2. _____	Kopfkissen	_____
3. _____	Schlange	_____

2. Stolpersteine

1. Heißt es: **werden** oder **bekommen**?

   Ich möchte Ingenieur _____. Dann _____ ich eine gute Stellung.

2. Der Ingenieur/mit seinem BMW/zur Arbeit/morgens um sieben Uhr/fahren//weil/müssen/arbeiten/um 8 Uhr Stunden/ in San Francisco/er.

   (*Präsens*)

   Der Ingenieur _____, weil

   _____.

3. Heißt es: **es gibt, steht** oder **sind**?

Vor der Tür _____ ein Auto. Bei mir zu Hause _____ fünf Studenten. _____ Kaffee und Kuchen. In unserer Stadt _____ viele Studenten.

3. Variation zum Minidrama

Fügen Sie bitte die folgenden Wörter in den Text ein:

an	kaufen	siehst
Anschluß	Leute	Touristin
Atem	lustig	voll
gefällt	mieten	wollte
gibt	mir	zurückgerannt
ihr	Schlange	

AN DER RHEINDAMPFER-ANLEGESTELLE KOBLENZ

Susis Eltern, Herr Ed Brokas und Frau Jenifer Gates warten ungeduldig auf ihre Tochter.

Ed Brokas: Wir müssen noch die Schiffskarten nach Bonn (1) _____.

Jenifer Gates: Wo ist Susi?

Ed: Sie muß sich verlaufen haben. Sie (2) _____ bloß eine Flasche echtes "Kölsch" Bier kaufen. Ah, hier kommt sie schon.

Jenifer: Du liebe Zeit, Susi! Du (3) _____ ja wie eine typische (4) _____ aus. Ed, schau, sie hat sich ein Dirndl und einen Tiroler Hut angelegt.

Susi: (*außer* (5) _____) Ich konnte den Weg nicht finden, und der Bus hatte keinen (6) _____. Schließlich habe ich es doch noch per Autostop geschafft.

Jenifer: Du siehst wirklich "typisch Deutsch" aus.

Susi: Macht euch nur (7) _____ über mich. Mir (8) _____ es jedenfalls.

Jenifer: Oh, am Schalter steht man (9) _____. Ich stelle mich schon (10) _____.

Ed: Ich kann es nicht leiden, wenn es so (11) _____ ist.

Susi: Habt (12) _____ euer Gepäck? Wie lange sind wir auf dem Dampfer?

Ed: Du wirst sehen, die Zeit vergeht wie im Fluge. Es (13) _____ gutes Essen und tollen Rheinwein während der Fahrt.

Susi: Die (14) _____ aus der Rhein-Gegend sollen sehr lustig sein. Vielleicht machen wir ein paar interessante Bekanntschaften.

Jenifer: (*kommt*) (15) _____ Es tut (16) _____ leid. Die Fahrt ist schon ausgebucht. Wir müssen doch ein Auto bei Avis (17) _____.

Susi: Ach, da bin ich aber enttäuscht.

Ed: Na, wessen Schuld ist es denn?

II. STRUKTUREN IM KONTEXT

1. Wer ist Willi wirklich? (Verbformen - *kennen, wissen, können*)

Wer (1) _____ (*Präsens*) Willi ganz genau?
(2) _____ (*Imperfekt*) ihr, daß er jeden Tag Karate übt?
Außerdem (3) _____ (*Präsens*) er fließend Arabisch. Seine Mutter stammt aus Tunis. Willi (4) _____ (*Imperfekt*) viele Leute in Nordafrika. Ihr glaubt sicher nicht, daß er auch Autos reparieren (5) _____ (*Präsens*). Ich (6) _____ (*Konjunktiv*) gerne, ob Willi wirklich Manager bei IBM werden will. Manchmal denke ich, daß ich Willi nie (7) _____ (*Perfekt*).

2. Demonstration in Zürich (Verbformen)

Isa (1) _____ (treffen - Präsens) Jürgen vor dem Rathaus. Er
(2) _____ (tragen - Präsens) in Plakat an einem langen Stock.

Isa: Wie (3) _____ (kommen - Präsens) es, daß du so gute Laune hast?

Jürgen: Das is leicht zu verstehen. Ich (4) _____ (denken - Imperfekt), heute (5) _____ (sein - Konj.) die Demonstration. Aber sie ist morgen.

Isa: Welche Demonstration?

Jürgen: Also, wenn du dich für Politik (6) _____, (interessieren - Konj.) (7) _____ (wissen - Konj.) du Bescheid. Es (8) _____ (demonstrieren - Futur) gegen neue Atomkraftwerke _____ .

Isa: Ja, wenn du heute nicht demonstrieren (9) _____ (können - Präsens), gehen wir einfach in ein Café. Über Politik können wir auch dort streiten.

Jürgen: Ich (10) _____ (müssen - Konj.) mich zwar für mein Examen vorbereiten, aber ein bißchen Zeit habe ich übrig. Wie (11) _____ (sein - Konj.) es zuerst mit einem Spaziergang im Stadtpark?

Isa: Großartige Idee. Leider kann ich dir dein Plakat nicht tragen helfen. Ich (12) _____ (brechen - Perfekt) gestern meinen Arm _____ . Was steht da drauf?

Jürgen: "Atomkraft Nein danke."

Isa: Wenn ich morgen Zeit (13) _____ (haben - Konj.) _____ ich morgen (14) _____ (mitgehen - Konj.). Ich bin für Sonnen- und Windenergie.

Jürgen: Ich (15) _____ (lesen - Perfekt) sehr viel darüber _____ .

Isa: (16) _____ (erzählen - Imperativ) mir lieber, warum du plötzlich so viel Zeit hast.

Jürgen: Mein Großvater (17) _____ _____ (sterben - Perfekt), und ich (18) _____ (erben - Perfekt) seine Sachen _____. Ich (19) _____ (kennen - Imperfekt) ihn sehr gut. Er (20) _____ (haben - Imperfekt) viel Rosenthal-Porzellan. Ich (21) _____ (verkaufen - Perfekt) das meiste _____. Jetzt arbeite ich nur noch wenig und kann dadurch politisch aktiver sein. Wenn wir nicht in der Politik aufräumen, (22) _____ (tun - Präsens) es keiner.

Isa: Du hast ja recht. Aber in der Politik riecht es nur noch nach Korruption. Jemand muß etwas dagegen tun.

Jürgen: Wenn du so denkst, dann (23) _____ (mitkommen - Imperativ) doch morgen _____.

3. Wer eine Reise macht, kann 'was erzählen. (Verbformen - Plusquamperfet und Imperfect)

1. Nachdem er in Miami (ankommen) _____ _____, (gehen) _____ er durch die Zollkontrolle.

2. Jack (rennen) _____ zu seinen Freunden, nachdem man ihn von oben bis unten (durchsuchen) _____ _____.

3. Die Freunde (nehmen) _____ ein Taxi, weil sie ihr Flugzeug (verpassen) _____ _____.

4. Willi (warten) _____ allein, weil seine Freunde (weggehen) _____ _____.

5. Als sie noch am Schalter (stehen) _____, _____ ihr Flugzeug schon (wegfliegen) _____.

6. Jack (sehen) _____ wie ein Terrorist aus, weil er eine komische Uniform (anziehen) _____ _____.

7. Brigitte (können) _____ kein Frühstück essen, weil sie zu lange im Bett (bleiben) _____ _____.

8. Nachdem ein Dieb Susis Rucksack (mitnehmen) _____ _____, (kommen) _____ die Polizei.

9. Weil Susi ihre Flugkarte (verlieren) _____ _____, (fahren) _____ sie per Anhalter.

10. Weil Willi seine Miete nicht (bezahlen) _____ _____, (müssen) _____ er eine neue Wohnung suchen.

4. **Wer hat mehr Geld?** (Modalverben – Präsens, Konjunktiv, Perfekt)

> Beispiel: Herr Neureich: Ich kann mir ein Haus kaufen.
> Herr Armselig: (Konjunktiv) <u>Ich könnte mir nur ein Haus kaufen, wenn ich Kapital hätte.</u>
> Herr Kapitalo: (Perfekt) <u>Ich habe mir schon ein Haus immer kaufen können.</u>

Herr Neureich: Ich muß heute zur Bank gehen.
1. Herr Armselig: (Konjunktiv) _____

   Herr Kapitalo: (Perfekt) _____

Herr Neureich: Ich soll nach China fliegen.
2. Herr Armselig: (Konjunktiv) _____

   Herr Kapitalo: (Perfekt) _____

Herr Neureich: Ich kann zehn Diamanten kaufen.
3. Herr Armselig: (Konjunktiv) _____

   Herr Kapitalo: (Perfekt) _____

Herr Neureich: Ich darf Mitglied im Klub der 500 werden.
4. Herr Armselig: (Konjunktiv) _____

   Herr Kapitalo: (Perfekt) _____

5. **Am Wochenende (Objekte im Dativ)**

> **Beispiel:** Ich bringe _____ (deine Eltern, das Frühstück).
> **Ich bringe deinen Eltern das Frühstück.**

1. Du gibst _____ (ein Stück Streuselkuchen, die Nachbarin)

   _____

2. Er erklärt _____ (der Weg, die Joggerin)

   _____

3. Bringst du bitte _____ (der Blumenstrauß, meine Tante Katrin)

   _____

4. Ihr schenkt _____ (die Armen (pl) ein paar Mark)

   _____

5. Erwin zeigt _____ (das Museum und die Stadt, seine Besucher (pl))

   _____

6. Die Verkäufer gibt _____ (du, ein alter Kaugummi)

   _____

7. Ich erkläre _____ (meine Pläne, die Freunde)

   _____

8. Gertrude beantwortet _____ (der Reporter, die Frage)

   _____

9. Ich bringe _____ (die Zeitung, meine Freundinnen)

   _____

10. Du sagst _____ (deine Meinung, die Kinder)

    _____

6. Schneewittchen (Perfekt von Verben mit Präfixen)

Schreiben Sie bitte diese Geschichte im Perfekt:

(1) Die böse Königin unterhielt sich mit ihrem Spiegel. Schneewittchen war viel schöner als sie. Nein! (2) Die Mutter schickte den Jäger in den Wald, und Schneewittchen ging mit ihm mit. (3) Aber der Jäger tötete sie nicht, sondern er ging weg. (4) Das Mädchen vergaß den Weg nach Hause. (5) Aber sie fand bald ein kleines Haus. Sie ging hinein. (6) Sie untersuchte das ganze Haus, alles war sehr klein. (7) & (8) Sie versuchte, in einem Bettchen zu schlafen, aber sie paßte nicht hinein. (9) Sie wohnte lange bei den Zwergen, und sie paßte auf, daß die böse Königin sie nicht fand. (10) & (11) Aber sie kam doch herein und schnitt für Schneewittchen ein Stück von einem vergifteten Apfel ab. (12) & (13) Schneewittchen aß das Stück auf und fiel tot um.

_____
_____
_____
_____
_____
_____
_____
_____

7. **Marsmenschen (Sprachliche Besonderheiten - werden oder bekommen?)**

   Ich (1) _____ (*Präsens*) Astronaut, sagte Marsul. Wenn ich nur ein
   Raumschiff (2) _____ (*Konjunktiv*)! Ich führe zur Erde und
   (3) _____ (*Konjunktiv*) mich sehr schnell akklimatisieren. Voriges Jahr
   (4) _____ (*Imperfekt*) ich Reporter, und ich _____ einen schönen
   Fotoapparat (5) _____ (*Perfekt*). Leider gibt es auf der Erde viel Wasser; ich
   hoffe nur, daß ich nicht naß (6) _____ (*Präsens*) und keine Erkältung
   (7) _____ (*Präsens*). Vielleicht sollte ich auch noch Arzt (8). (*Infinitiv*)
   _____, dann (9) _____ (*Präsens*) ich auch viel Geld auf
   der Erde. Wie himmlisch! Wie galaktisch! Ich habe gehört, daß meine Freundin
   Marsala schon dieses Jahr ein Raumschiff (10) _____ (*Futur*)
   _____. Hier auf unserem Planeten (11) _____ (*Präsens*)
   man früh den Führerschein. Sonst könnten wir unsere Freunde auf Saturn und Pluto
   nie besuchen. Das wäre merkurisch!

III. KOMMUNIKATIVE ÜBUNGEN: "*DEUTSCHES MAGAZIN*"

1. **Märchen**

   A. *Schreiben Sie entweder eine moderne oder die alte Version des Märchens von den drei Bären auf deutsch!*

Vokabular		
Substantive	**Adjektive**	**Verben**
Mutter Bär, Vater Bär, Baby Bär	groß	essen
Goldköpfchen	klein	sich setzen
die Schüssel, -n	kalt	hinlegen
die Haferflocken	heiß	kaputtgehen
der Stuhl	eng	aufstehen
der Tisch	breit	hereinkommen
das Bett		hinausgehen
		weglaufen
Es war einmal... früher, vielleicht nie		(*so fangen fast alle Märchen an.*)
eines Tages Zeitausdruck im Genitiv		(*man weiß nicht, wann.*)
...und sie lebten glücklich bis an ihr seliges Ende.		(*so hören viele Märchen auf.*)

HÖRVERSTÄNDNIS

1. **es gibt/da sind/ es steht**

   Was ist richtig bei den Sätzen auf dem Tonband?

a) es gibt	b) da sind	c) es steht
1. a b c		7. a b c
2. a b c		8. a b c
3. a b c		9. a b c
4. a b c		10. a b c
5. a b c		11. a b c
6. a b c		12. a b c

2. **Was sagt man, wenn man gleichgültig ist?**

   Welche der folgenden Ausdrücke passen am besten zu den Satzfragmenten, die du hörst?

   1. a b c d   a) Es ist nicht egal, ...
   2. a b c d   b) Es ist mir gleich, ...
   3. a b c d   c) Sei nicht so gleichgültig; ...
   4. a b c d   d) Mach es doch, wie du willst.

3. *"Deutsches Magazin"*: **Kernenergie dafür oder dagegen?**

   Sind die Sätze auf dem Tonband über das Gespräch richtig oder falsch?

   1. R/F   2. R/F   3. R/F   4. R/F   5. R/F

MUSTER UND MODELLE

I. SCHNELL UND GENAU

1. Substantivformen

Singular		Plural
_____	Spiel	_____
_____	Gegner	_____
_____	Verein	_____
_____	Seite	_____

2. Verbformen

	Präsens	Imperfekt	Perfekt	Zukunft
1. aufpassen (*ihr*)				
2. fahren (*er*)				
3. mieten (*du*)				
4. nachdenken (*wir*)				
5. lachen (*Sie*)				
6. suchen (*ich*)				
7. sitzen (*sie, sing.*)				
8. fliegen (*es*)				
9. sehen (*ihr*)				
10. nehmen (*er*)				

3. Stolpersteine

   1. Viel _____ arm _____ Leute haben kein Auto.
   2. All _____ reich _____ Leute haben wenigstens zwei Autos.
   3. Kennst du dies _____ berühmt _____ Leute? Einige _____ interessant _____ Menschen mußt du kennenlernen!
   4. Nein, mit solch _____ bekannt _____ Leute _____ habe ich nichts zu tun. Mein _____ best _____ Freunde haben kein Geld.

4. Variation zum Minidrama

Fügen Sie bitte die folgenden Wörter in den Text ein:

auf	gleich	Trikot
anderen	hingefallen	weitermacht
einpacken	Mark	wie
gewinnen	schaffen	Würstchen

SECHSTAGERENNEN IN DER WESTFALENHALLEN, DORTMUND

Zwanzig Radfahrerinnen sausen um die Rennbahn. Die Zuschauertribüne hat nur noch Stehplätze. Es sind die letzten Minuten des Sechstagerennens. Brigitte steht neben ihrer auf der Tribüne.

1. **Fahrerin:** Fahr schneller, Manuela! Wir wollen doch diesmal (1)_____!

2. **Fahrerin:** Ich strample ja so schnell (2)_____ ich kann. Paß (3)_____, fall nicht in der linken Kurve!

Brigitte und ihre Mutter: Nummer 12, Nummer 12! Los! Los! Los!

Mutter: Vorwärts! Nummer 12 ist noch die Erst. Schneller, schneller! Die (4)_____ holen auf!

Brigitte: Gottseidank ist sie noch nicht (5)_____. Ihr (6)_____ ist noch ganz sauber.

Mutter: Vorwärts! Ihr müßt es (7)_____.

Brigitte: Wenn die deutsche Mannschaft so (8)_____, kann sie (9)_____.

Würstchenverkäufer: Würstchen, Heiße Würstchen! Limonade!

Mutter: Hierher bitte! Zweimal (10)_____ mit Brötchen und Senf. Was macht das?

Würstchenverkäufer: Neun (11)_____ achtzig.

1. **Fahrerin:** Ich schaff's nicht. Mir bleibt die Puste weg!

2. **Fahrerin:** Halte durch! Das Rennen ist (12)_____ zu Ende.

(*Pfiff vom Schiedsrichter*)

Mutter und Brigitte (*umarmen sich*): Hurra! Gewonnen! Bravo!

II. STRUKTUREN IM KONTEXT

1. Brief (Pronomen/Verbformen)

Schreiben Sie diesen gleichen Brief an Liebe Freunde! (2. Person Plural!) oder Sehr geehrte Frau Mahrenholz! (3. Person Plural!)

Berlin, den 3. November 1990

Liebe Diane!

Wie geht es (1) *Dir* und (2) *Deiner* Familie? Ich habe mich sehr über (3) *Deinen* Brief vom August gefreut. Hoffentlich (4) *hast Du Dich* nicht geärgert, daß ich so lange nichts von mir hören ließ. (5) *Du schriebst*, daß (6) *Du Dir* einen neuen Wagen gekauft *hast*. Ich freue mich für (7) *Dich*. Wie ist denn die Farbe (8) *Deines* Autos? Ist (9) *Deine* Lieblingsfarbe nicht rot? Hier in Deutschland ist fast jedes vierte Auto rot. Was (10) *sagst Du* dazu?

Es tut mir leid zu hören, daß (11) *Du Dich* so stark erkältet (12) *hast*. (13) *Du mußt Dir* viel Orangensaft besorgen und (14) *Dich* ins Bett legen.

Übrigens hat mich die Schwester (15) *Deiner* Nachbarin besucht. Sie hat mir viel über (16) *Dich* erzählt. (17) *Schreibe* mir bald, ob (18) *Du* mich auch hier (19) *besuchst*.

(20) *Erhole* Dich gut von (21) *Deiner* Erkältung, und (22) *mache* bitte gleich Pläne für (23) *Deine* Reise nach Berlin.

Herzliche Grüße an (24) *Dich* und (25) *Deine* Freunde

Deine

Margarete

2. Im Schuhladen (Promomen im Dativ)

1. **Verkäufer:** Guten Tag, kann ich _____ helfen?

2. **Maria:** Ja, bitte. Ich möchte mein_____ Mutter ein Paar Schuhe schenken. Größe 41.

3. **Verkäufer:** Es tut _____ leid, aber wir haben nur Schuhe bis Größe 40.

4. **Gerd:** Schade. Du, Maria, vielleicht passen d_____ die hübschen blauen Sandalen dort.

5. **Maria:** Ach Gerd, glaube m_____ , ich habe gar kein Geld.

6. **Gerd:** Ich leihe d_____ gern etwas, wenn d_____ die Schuhe gut gefallen.

7. **Maria:** Hmmm, ich weiß nicht. Ich danke d_____ für das Angebot.

8. **Gerd:** Also, nimm das Geld. Ich vertraue d_____ . Du wirst es zurückzahlen. Bitte antworte m_____ doch!

9. **Verkäufer:** Ja, die Schuhe passen _____ ausgezeichnet. Und sie sind preiswert.

10. **Maria:** Also gut, ich nehme sie. Aber Gerd, noch gehören die Schuhe d_____ .

11. **Gerd:** Mach dir keine Sorgen. Du hast bald Geburtstag. Mein_____ besten Freundin schenke ich sie gerne.

12. **Maria:** Jetzt gehen wir aber. Warum folgst du m_____ nicht?

13. **Verkäufer:** Ich danke _____ . Ich wünsche Ihnen noch einen angenehmen Tag.

3. Der Bürgermeister (Reflexivpronomen im Dativ)

Fügen Sie bitte die folgenden Ausdrücke in der Konjugierten Form in die Sätze ein:

sich merken	sich die Zähne putzen
sich vorstellen	sich ein Buch besorgen
sich kaufen	sich das Bein brechen
sich die Haare schneiden lassen	sich den Magen verderben
sich den Pullover anziehen	

1. Daniel möchte Bürgermeister werden, aber er vergißt alles und kann _____ nichts _____. Ich bin sein Assistent und kann _____ alles _____.

2. Er wird nie Politiker! Zum Beispiel hat er gestern vergessen, _____ die Zähne zu _____. Ich aber _____ _____ immer die Zähne.

3. Heute hat er _____ ein Buch _____.

4. Ich kann _____ nicht _____, warum er das gemacht hat, denn er liest nie.

5. Heute war es sehr kalt, aber er hat _____ wieder keinen Pullover _____. Ich _____ _____ natürlich bei diesem Wetter einen Pullover _____. Jetzt ist er böse auf mich, weil er friert.

6. Heute muß ich ihn ins Krankenhaus fahren, weil er vergessen hatte, daß vor meiner Tür eine Treppe ist. Er hat _____ also das Bein _____. Ich würde _____ nie _____ Bein _____!

7. Morgen spricht er im Fernsehen. Hoffentlich vergißt er nicht, _____ _____ Haare _____ zu _____! Er will zu dem Friseur gehen, bei dem ich _____ immer _____ Haare _____ _____.

8. Aber vielleicht muß er ja zu Hause bleiben. Er ist heute abend eingeladen und wird _____ sicher wieder _____ Magen _____. Ich passe immer auf und _____ _____ nie etwas. Dann werde ich eben im Fernsehen sprechen. Wer weiß, vielleicht werde ich der nächste Bürgermeister.

4. Sommerferien (Reflexivpronomen/Possesivpronomen)

1. Im Sommer stehe ich um 7.00 Uhr auf, dusche _____ (*Reflex.*) und wasche _____ (*Reflex.*) die Haare.
2. Im Sommer steht mein Bruder Werner auch um 7.00 Uhr auf, (*wie Satz 1*). _____.
3. Er zieht _____ (*Reflex.*) gleich die Badehose an.
4. Ich ziehe _____ (*wie Satz 3*)
5. Ich amüsiere _____ (*Reflex.*) mit _____ (*Possesiv*) Hund am Strand.
6. Mein Bruder amüsiert _____ (*wie Satz 5*)

7. Am Strand kaufen wir _____ (*Reflex.*) ein Eis.

8. Werner merkt _____ (*Reflex.*) alles, ich merke _____ (*Reflex.*) leider nichts.

9. Im Wasser sagt Werner: "Du hast vergessen, _____ (*Reflex.*) _____ (*Poss.*) Schwimmflossen anzuziehen."

10. Er hat natürlich _____ (*Poss.*) Schwimmflossen mitgenommen.

11. Unsere Nachbarin Marianne Glas ruft: "Habt ihr _____ (*Poss.*) Auto dabei?"

12. Sie sucht _____ (*Poss.*) Sohn und _____ (*Poss.*) Tochter.

13. Sie sagt: "Ich habe _____ (*Reflex.*) heute früh nicht um sie gekümmert. "Ich kann _____ (*Reflex.*) nicht vorstellen, wo sie sind?"

14. Ein Nachbar, den wir nicht kennen, kommt hinzu und sagt: "Darf ich _____ (*Reflex.*) vorstellen? Ich heiße Helmut Meyer."

15. "Ich habe _____ (*Poss.*) Kinder gesehen, Frau Glas. Sie sind mit _____ (*Poss.*) Fahrrädern im Park".

16. Uns_____ Sommerferien sind aufregend. Ich freue _____ (*Reflex.*) schon auf den Winter!

5. **Jazz-Konzert (Pronominaladverbien im Plural)**

einige	viele
mehrere	wenige
andere	manche

Dieter: (1) Viel_____ (2) deutsch_____ Männer und Frauen interessieren sich sehr für Jazz.

Volker: Du hast recht, ich habe schon mit (3) mehrer_____ (4) informiert_____ (5) Leute_____ in Deutschland darüber gesprochen.

Dieter: Ich kenne aber nur (6) wenig_____ (7) amerikanisch_____ Jazz-Fans, die deutschen Jazz gut finden.

Volker: (8) Manch_____ (9) ausländisch_____ Kritiker würden ihre Meinung ändern, wenn sie Albert Mangelsdorf und seine Posaune hören könnten.

Dieter: Ja, die Information (10) einig_____ (11) unfair_____ Kritiker ist wirklich ungenügend.

Volker: Die Musik (12) ander_____ (13) phantastisch_____ Jazz-Musiker war im Jazz-Fest 1985 in Berlin zu hören.

Dieter: Ich war auch da. Da spielten (14) mehrer_____ Jazz-Bands und Symphonieorchester zusammen. Auch Musiker (15) ander_____ (16) europäisch_____ Länder waren dabei.

Volker: Mir hat die deutsch-französische Jugendgruppe gefallen. Sie spielten (17) viel_____ (18) neu_____, (19) modern_____ Stücke.

Dieter: Es ist aber auch wahr, daß sich (20) viel_____ (21) deutsch_____ Fans besonders für amerikanischen Jazz interessieren. Für (22) manch_____ (23) europäisch_____ Bands konnte man leicht Karten bekommen. Aber das Konzert mit Miles Davis war sofort ausverkauft.

6. In der Bildergalerie (Demonstrativpronomen)

> **Beispiel: Anna:** Horst, siehst Du die *Leute* auf diesem Bild?
> **Horst:** Wie sehen **die** denn aus? Mit **denen** möchte ich nicht in der Nacht zusammentreffen!

Anna: Du, dieser kubistische *Stil* (m) gefällt mir aber.

Horst: Ja, (1)_____ ist wirklich toll. Aber die *Farbkombination* (w) ist ein bißchen schwach.

Anna: Ja, (2)_____ könnte etwas besser sein.

Horst: Guck mal, dieser Mann hier sieht total komisch aus.

Anna: Du meinst (3)_____, dessen Augen so grün schimmern?

Horst: Ja.

Anna: Verstehst du das? Ist das die *Teilung* des Lebens?

Horst: Nein, glaube ich nicht. (4)_____ wurde schon am Anfang des Jahrhunderts gezeigt. Ich frage mich, warum *Bäume* aus dem Kopf herauswachsen?

Anna: Vielleicht ist die Frage, wie man (5)_____ hilft.

Horst: Du bist klug, Anna! Ja, der Maler zeigt hier die *Problematik* des Waldsterbens.

Anna: Schau mal, (6)_____ findet man auf vielen Bildern.

Horst: Ja, und die Atomkatastrophe auch. Sieh mal, diese *Farbexplosionen*!

Anna: Von (7)_____ habe ich schon viel gehört. Aber sag mal, warum gibt es denn hier keine Malerinnen?

Horst: (8)_____ findet man noch wenig in deutschen Ausstellungen.

Anna: In Deutschland findet man also auch 1990 noch meistens eine Männerkultur. Und was gibt es für mich? Wo ist das *Weltbild* der Frauen?

Horst: (9)_____ muß du vielleicht selber machen.

7. Ein interessantes Buch (Relativpronomen)

Es klingelt, jemand ist an der Tür.

Sebastian: Weißt du, (1)_____ das sein kann?

Stephanie: Vielleicht ist es die Frau, (2)_____ wir gestern auf der Fete kennengelernt haben.

Sebastian: Ich möchte wissen, (3)_____ sie bei uns will? (*Beatrix kommt herein*)

Beatrix: Guten Tag. Ich wollte das Buch abholen, von (4)_____ wir gestern gesprochen haben.

Stephanie: Ach so, du meinst das Buch, (5)_____ Sebastian in Berlin gekauft hat.

Sebastian: Aber setz dich doch. Möchtest du ein Stück von dem Kuchen, (6)_____ ich gerade frisch gebacken habe?

Beatrix: Gerne. Wie heißt noch die Autorin, (7)_____ das Buch geschrieben hat?

Stephanie: Sie heißt Helga Novak. Sie gehört zu den Schriftstellerinnen, (8)_____ Romane sehr bekannt sind.

Sebastian: Ich möchte nur einmal ein Buch kaufen, (9)_____ Preis nicht so hoch ist!

Stephanie: Sebastian, haben wir nicht etwas, (10)_____ zum Kaffee paßt?

Sebastian: Du meinst etwas Süßes. Wir haben Weihnachsstollen aus Dresden, (11)_____ dieses Jahr ganz besonders gut schmeckt.

Beatrix: Kannst mir verraten, von (12)_____ ihr den bekommen habt? Der schmeckt ja phantastisch.

Sebastian: Ich bekam ihn von meinem Verwandten in der DDR, von (13)_____ ich schon zehn Jahre nichts gehört hatte.

Beatrix: Du hast Glück. Ich wünschte, ich hätte auch eine Tante, von (14)_____ ich so etwas bekäme.

Stephanie: Übrigens, Helga Novak ist aus der DDR. Sie kann vielleicht keine Stollen backen, aber das Buch, (15)_____ sie geschrieben hat, ist sicher ein Genuß.

8. Sehr geehrte Frau Dr. Thomas! (Pronomen)

Schreiben Sie bitte diesen persönlichen Brief an Maria, in einen Geschäftsbrief an Frau Dr. Thomas um:

München, den 20. September 19____

Liebe Maria!

Vielen Dank für (1) *Deinen* Brief. Es freut mich, daß (2) *Dein* Geschäft jetzt in die USA exportiert. Ich interessiere mich sehr für die elektronischen Produkte, die (3) *Du* in *Deiner* Firma *herstellst*. (4) *Könntest Du* mir mitteilen, was ein Computer bei (5) *Dir* kostet? Ich möchte gern bald einen von (6) *Dir* kaufen. (7) *Mach Dir* bitte keine Sorgen um die Bezahlung. Ich habe ein Konto in Deutschland, und ich kann (8) *Dir* das Geld sofort überweisen.

Bitte, schicke mir schon jetzt das Modem, das (9) *Du* in (10) *Deinem* letzten Brief beschrieben *hast*. (11) *Deine* Preise sind sehr niedrig. Hier ist alles zu teuer. Darum wäre ich ohne (12) *Dich* und (13) *Deine* Firma verloren.

Bald ist bei (14) *Dir* in München das richtige Oktoberfest. Bitte, (15) *amüsiere Dich* recht gut.

Ich danke (16) *Dir* im voraus für die Sendung und die Information.

Herzliche Grüße,

(17) Deine / Dein

9. **Oktoberfest (Sprachliche Besonderheiten)**

Voriges Jahr gaben sieben Millionen Besucher an den 16 Wies'n-Tagen eine halbe Milliarde Mark aus

es gibt	(da) sind	(es) steht

In München (1)_____ über zwei Millionen Menschen. Jedes Jahr (2)_____ ein Oktoberfest. Auf der Theresienwiese (3)_____ viele Bierzelte. Dieses Jahr (4)_____ mehr als sieben Millionen Besucher hier. Auf dem Parkplatz (5)_____ tausende von Autos. Auf dem Oktoberfest (6)_____ niemand, der nicht gute Laune hat. Was (7)_____ alles zu tun? Vor der Geisterbahn (8)_____ eine lange Schlalnge. Wo (9)_____ nur die gebratenen Hühnchen? Wo können wir uns ausruhen? Vielleicht neben dem Löwenbräuzelt, da (10)_____ ein paar Bäume.

III. KOMMUNIKATIVE ÜBUNGEN: *"DEUTSCHES MAGAZIN"*

1. **Energieen Sie**

   A. Machen Sie zwei Listen: a) *Was produziert Energie?*

   b) *Was verbraucht Energie?*

der Strom	die Glühbirne
das Benzin	das Gas
das Wasserkraftwerk	die Klimaanlage
eine 100 Watt-Birne	die Stromrechnung
Strom aus Kohle	das Rohöl
Energie aus Wasserstoff	der Verbrauch
zu Fuß gehen	elektrische Haushalts- und Bürogeräte
mit dem Fahrrad fahren	die Atomkraft
die Heizung	die Rolltreppe
der Kachelofen	der Aufzug
der Küchenherd	die Sonnenenergie
der Mikrowellenofen	der Wind
die Elektrizität	die Zentralheizung
der Fernseher	

a) _____   b) _____
   _____   _____
   _____   _____
   _____   _____
   _____   _____
   _____   _____
   _____   _____

B. *Wählen Sie das richtige Wort für jede Lücke:*

Atomenergie   Energieverschwendung   Öl   Heizungen

Arnold Schwarz: Gestern abend flog ich über Frankfurt. Es war hell, wie am lichten Tag! Was für eine (1)_____!

Leo Bauer: Ja, und überall laufen auch die (2)_____ auf Hochtouren, obgleich es gar nicht so kalt ist.

Arnold Schwarz: Und wir müssen alles bezahlen. Das (3)_____ aus den OPEC Ländern wird immer teurer. Aber unsere Politiker können nur an (4)_____ denken, ohne zu wissen, wohin mit dem Müll!

---
die Stromrechnung   sparen
duschen   das Elektrizitätswerk
das Lampen   ausschalten
der Fernseher

Marina Losana: Unsere (5)_____ war letzten Monat astronomisch. Du läßt alle (6)_____ brennen, und der (7)_____ läuft Tag und Nacht, auch wenn du nicht hinschaust.

241

Margarita Losana: Ach Mutter, wenn du viel (8)_____, dann haben die (9)_____ weniger Profit, und sie erhöhen die Raten.

Marina Losana: Vielleicht, aber das ist nicht sicher. Wenn du immer alles (10)_____ und nur 10 Minuten (11)_____, dann wirst du auch nicht sterben. Mit dem Geld, das wir sparen, kaufen wir Aktien von einem (12)_____. Dann profitieren wir auf jeden Fall.

das Benzin	der Fahrstuhl
die Windmühle	das Fahrrad
zu Fuß	

Martin Bahr: Obwohl ich im 17. Stock arbeite, benutze ich nie den (13)_____.

Martha Walden: Na, dann haben Sie sicher auch kein Auto und gehen (14)_____ zur Arbeit.

Martin Bahr: Selbstverständlich. Das hält gesund und kostet nichts.

Martha Walden: Ich fahre am liebsten mit dem (15)_____. Dafür muß ich kein (16)_____ tanken, und dafür hinaus spare ich mir teure Aerobics-Stunden.

Martin Bahr: In meinem Garten steht eine (17)_____. Meine Familie stammt aus Holland, und da hatte man schon immer diese Energiesparer.

2. Energiesparen zu Hause: Licht

RAT AUS DEM ÖKOKNIGGE

Das Licht abschalten, wenn's nicht benötigt wird.

Lampen gezielt dort installieren, wo Sie das Licht auch brauchen: z.B. am Arbeitsplatz, über dem Eßtisch oder dem Herd. Gegebenenfalls spezielle Lampenarten einsetzen: Leselampe, Spotlicht, Arbeitslampe usw.

Mit "Dimmerschaltern" können Sie einwandfrei Energie sparen: Die helle Arbeislampe wird durch eine leichte Drehung zum schummrigen Licht, wenn der Schwarm Ihrer einsamen Nächte kommt...

Es gibt die Dimmerschalter auch in Verbindung mit Verlängerungsschnuren, so daß Sie beliebige Lampen/Geräte anschließen können!

Lassen Sie das Licht an die Öffentlichkeit: Nehmen Sie *keine* dunklen Lampenschirme (*braungeschmorte Pergamentschirme, vom Fliegendreck geschwärzte Lampen usw.*) mit starken Birnen, sondern halbdurchlässige Schirme mit schwächeren Birnen. Wirkungsvoll sind auch Spotlichter mit spiegelnden Reflektoren.

Wenn die alten Glühbirnen das Zeitliche segnen: Kaufen Sie die neuen energiesparenden.

3. Kleine Leseübung

1. Haben Sie das Licht immer angeschaltet?
2. Brennt Licht bei Ihnen nur da, wo Sie es brauchen?
3. Hat Ihre Lampe einen Dimmerschalter?
4. Sind Ihre Lampenschirme sehr dunkel?
5. Kaufen Sie energiesparende Glühbirnen?
6. Sparen Sie Energie zu Hause? Wie?

ja	nein

HÖRVERSTÄNDNIS

AUSSPRACHEKLINIK: DAS "CH" IN "ICH, DICH, MICH" USW.

Wiederhole in der Pause:

Gericht*	echt*	Löcher*
Gesicht*	ich*	Gefecht*
Gewicht*	dich*	Brecht*
nicht*	sich*	Gedicht*
recht*	mich*	nicht*
das Recht*	möchte*	

Und jetzt wiederhole den Satz:

Das Gedicht ist echt; es ist von Brecht.*
Ich kannte es nicht.*

1. **Komplimente machen**

   *Schreibe mehr als einen Satz zu den Fragen auf dem Tonband.
   Benutze die folgenden Ausdrücke.*

   a) Das sieht schick (*gut*) aus
   b) Das ist attraktiv
   c) Du hast einen guten (*tollen*) Geschmack
   d) Das finde ich gut (*phantastisch*)
   e) Das hast du gut (*prima*) gemacht
   f) Das gefällt mir sehr gut.

Was sagt man da?

1. _____
   _____
   _____

2. _____
   _____
   _____

2. *»Deutsches Magazin«:* **Computer und Geld**

   Höre den Monolog bitte noch einmal und füge die fehlenden Wörter ein.

   Die Sorgen des Kapitalisten

   Wie spät ist es?

   Schon 23 Uhr 30. So spät!

   Probleme über Probleme halten mich wach!

   Der Dollar fällt. Die Mark (1) _____.

   Wie soll ich mein Geld (2) _____?

   Soll ich deutsche (3) _____ kaufen oder Aktien von General Motors?

   Kann ich an der Börse eine sichere (4) _____ für mein Geld finden?

   Aber der (5) _____ ist auch unsicher.

   Ich möchte natürlich nicht mein Geld _____.

   Meine (7) _____ in der Schweizer Bank sind ja sicher.

   Die Kontonummer bleibt (8) _____. Niemand weiß

   Und dann?

   Vielleicht in der (12) _____ spielen? Oder nach Las Vegas fahren?

   Ich weiß nicht. Nein. Ich bin doch kein Spieler.

   Wer bin ich denn?

   Ein (13) _____? Ein Boß in der europäischen (14) _____?

   Wer bin ich aber, wenn ich kein Geld habe?

   Niemand!

   Aber Herr Warnecke, es ist doch alles nicht so schlimm. Wollen Sie nicht noch 'nen Schnaps?

   Ja, Max, noch'n doppelten.

   Ich sage Ihnen was Sie machen können. Zuerst...

MUSTER UND MODELLE

I. SCHNELL UND GENAU

1. **Substantivformen**

   Singular   Plural

   _____ Jacke   _____

   _____ Stelle   _____

   _____ Bewerbung   _____

   _____ Zeugnis   _____

2. **Stolpersteine**

   1. man/einem

      a) Wenn _____ (*Nominativ*) eine Reise macht, kann _____ (*Dativ*) leicht das Geld gestohlen werden.

      b) Wenn _____ (*Nominativ*) Reisechecks bei sich hat, kann _____ (*Dativ*) nichts passieren.

   2. Heißt es *"jetzt nicht"* oder *"noch nicht"*?

      a) "Habt ihr eure Hausaufgaben gemacht?"
         "Leider _____ . Wir machen sie morgen."

      b) "Bitte, schreibe endlich den Brief an deine Mutter."
         "_____ . Ich habe im Moment keine Zeit!"

   3. Wo steht "mehr" im Satz? (*nach dem Substantiv*)

      Schreiben Sie die Sätze um.

      a) "Nein, danke. Ich kann kein Bier trinken."

      _____

      b) "Leider habe ich jetzt keine Zeit, mit dir Tennis zu spielen".

      _____

3. Variation zum Minidrama

Fügen Sie bitte die folgenden Wörter in den Text ein:

arbeiten	helfen	nach	Theorie
gestochen	idyllisch	Regierung	verstehe
gibt	Meinung	sauber	werfen
glaube	mich	Sinn	Wissenschaftler

ÖKOLOGIE: WILDAU AN DER DAHME

Jack trifft zwei Ostberliner: Frau Inge Brahms und Horst Kulisch. Beide (1) _____ bei der Volkspolizei. Sie ruhen am Ufer der Dahme und angeln.

Jack: Wohin fließt die Dahme?

Inge: Zuerst in die Spree (2) _____ Berlin, dann in die Havel und zuletzt durch die Elbe in die Nordsee.

Jack: Die märkische Heide ist (3) _____. Solch herrliche Kiefernwälder wie hier in Brandenburg (4) _____ es bei uns in New York nicht.

Horst: Waren Sie schon im Spreewald? Statt Straßen sind dort Kanäle. So wie in Venedig.

Jack: Gibt es da auch so viele Mücken wie hier? Au, eben hat mich schon wieder so ein kleines Biest (5) _____.
(6) _____ Sie mir bitte mal die Angel rüber. Ich versuch es hier im Schatten.

Inge: Die (7) _____ der DDR achtet streng auf Umweltschutz. Es wird nicht gegen Insekten gesprüht.

Horst: Du solltest mal Inges (8) _____ darüber hören. Wirklich zum Nachdenken.

Jack: Nun, ich bin nicht sehr schlau. Aber ich (9) _____ etwas von Umweltverschmutzung.

Inge: Meine (10) _____ ist, daß der Mensch bald die ganze Erde verdirbt.

Horst: Ich ärgere (11) _____ auch über die Schornsteine der Industrie und die Auspuffgase der Autos. Achtung! Ich glaube, ein Fisch hat angebissen.

Jack: Nein, Fehlanzeige. Nur ein paar Algen. Wissen Sie, meine Arbeit in der Ökologie gibt meinem Leben jetzt einen (12) _____. Es kommt mir sehr dumm vor, daß im Osten und Westen nichts mehr getan wird.

Inge: Die Firma hier in Wildau leitet keine Abwässer mehr in die Dahme.

Horst: Gottseidank haben die (13) _____ Alternativen gefunden. Und die Politiker denken an die menschliche Moral.

Jack: Leider regiert die Vernunft immer noch nicht in der Welt. Hurrah! Jetzt hat wirklich einer angebissen. (14) _____ Sie mir, den Burschen ans Land zu ziehen.

Horst: Ich (15) _____, es ist ein Karpfen.

Inge: Herzlichen Glückwunsch, Jack. Ein Mordsfang. Also die Dahme muß doch noch (16) _____ genug für Fische sein.

Jack: Hoffentlich!

II. STRUKTUREN IM KONTEXT

1. Beim Arbeitsamt (Adjektivendungen)

Eine (1) lang ____ Schlange steht vor dem (2) alt ____ Arbeitsamt. Jack trägt eine (3) zerrissen ____ Jacke. Was ist los? Willis (4) unrasiert ____ Gesicht und sein (5) kaputt ____ Hemd machen uns (6) groß ____ Sorgen. (7) Gut ____ Jobs gibt es schon lange nicht mehr. Brigitte bekommt nur eine Stellung in einem (8) alt ____ Restaurant. Jack hatte (9) groß ____ Glück. Er bekam die (10) ideal ____ Stellung für ihn: er wird der (11) erst ____ Fensterputzer in seiner Familie sein. Was hält wohl seine (12) lieb ____ Mutter oder sein (13) lieb ____ Vater davon? Willi will natürlich die (14) best ____ Stellung bekommen. Die Schwester seines (15) alt ____ (16) Freund ____ John hat gerade eine gut (17) bezahlt ____ Position bei IBM bekommen. Aber er hat nur (18) europäisch ____ Philosophie studiert. Nun ist er schon lange arbeitslos. Er sehnt sich (19) nach ____ Essen und (20) deutsch ____ Rheinwein. Aber der (21) kaltherzig ____ Angestellte im Arbeitsamt sagt: Sie haben ja nichts gelernt! Er kann in einer (22) klein ____ Bar neben dem (23) spanisch ____ Restaurant arbeiten. Er verdient aber nur DM 6,40 die Stunde. Warum hat er nur dafür (24) gut ____ Zeugnisse bekommen, den (25) lang ____ Lebenslauf geschrieben und die (26) ausgezeichnet ____ Bewerbung abgeschickt? Oh, das (27) grausam ____ Leben bei (28) krank ____ Magen (*m*)! Willi versteht die Welt nicht mehr, die (29) bös ____ Welt. Er geht in die Bibliothek und liest einen (30) spannend ____ Krimi.

2. Verschiedene Endungen

AUF DEM HERZOGENSTAND IN DEN BAYERISCHEN ALPEN

Kim Sun und Christel machen eine Pause während (1) *ihr* _____ *Bergtour (w).*

Kim Sun: Welch ein Zufall! Hier kommt (2) mein _____ (3) gut _____ Freund Peter.

Christel: Grüß Gott. Ich habe schon viel von dir gehört.

Peter: Hoffentlich nichts Schlechtes!

Kim: Wie findet ihr (4) mein _____ (5) neu _____ Rucksack?

Christel: Er ist schöner als dein (6) alt _____ mit (7) d _____ (8) Löcher_____ (pl). Aber ist er nicht beim Wandern zu groß und schwer?

Kim: Ich wollte zuerst einen (9) kleiner _____ nehmen, aber sie hatten nur einige aus (10) billig _____ Material (s). Tja, ich bin eben auch stärker als du. Ein (11) schwer _____ Rucksack ist kein (12) groß _____ Problem.

Christel: Na, dann trage auch noch (13) mein _____ Photoapparat.

Peter: Die (14) bayerische _____ Alpen sind die (15) schönst _____ Berge, die ich kenne.

Kim: Leider, ist es heute zu heiß. Ich freue mich auf (16) besser _____ Wetter, das heißt, (17) kühler _____ Tage.

Christel: Ja, heute ist der (18) wärmst _____ Tag des Jahres.

Peter: Das ist sehr ungewöhnlich für Bayern.

Kim: Ah, dort drüben ist eine (19) klein _____ Hütte. Warte auf mich!

Christel: (*zu einer Frau*) Gehören Ihnen die (20) viel _____ Kühe (*pl*)?

Frau: Nein, aber ich kümmere mich im Sommer um sie. Möchten Sie (21) frisch _____ Milch haben und eine (22) gut _____ Butter probieren?

Peter: Oh, auf (23) frisch _____ Milch freue ich mich schon lange.

Kim: Wie weit ist es von hier zu der (24) nächst _____ Hütte (*w*)? Wir möchten in (25) d _____ (26) Berge _____ übernachten.

Frau: Ja, da müssen Sie wohl noch drei (27) gut _____ Stunden bergauf steigen.

Kim: Oh weh, meine (28) delikat _____ Füße! Ich hätte mir (29) richtig _____ Bergstiefel (*pl*) kaufen sollen!

3. O, diese Brüder (Präpositionen im Akkusativ + Endungen)

Bitte fügen Sie die notwendigen Präpositionen und Endungen ein.

Georg kann sich nicht (1) _____ (2) deutsch _____ Essen gewöhnen. Er ist zwar in Deutschland groß geworden, aber er freut sich eher (3) _____ (4) ein _____ (5) gut _____ (6) amerikanisch _____ Hamburger (*m*) als (7) _____ (8) ein _____ (9) richtig _____ (10) deutsch _____ Rostbraten (*m*). Manchmal denkt er (11) _____ (12) sein _____ Leben (*s*) (13) _____. Dann denkt er (14) _____ (15) sein _____ Kindheit in Deutschland. Er kümmerte sich nie viel (16) _____ (17) sein _____ (18) klein _____ Schwester Elke, die so gerne Wiener Schnitzel aß. Sie bat ihn immer (19) _____ Geld für Eis. Sie war böse (20) _____ (21) _____, wenn er ihr nichts gab. Er sparte aber Geld für seine Hobbys. Er freute sich immer (22) _____ (23) d _____ Reise (*w*) in die USA, die er jedes Jahr mit seinen Eltern machte. Er interessierte sich nämlich (24) _____ Cowboys und amerikanisch _____ Krimis (*pl*). Er sprach (25) _____ (26) sein _____ Hobbys (*pl*) Tag und Nacht. Seine kleine Schwester schämte sich (27) _____ (28) ihr _____ (29) groß _____ Bruder und (30) sein _____ (31) langweilig _____ Reden. Er wußte wirklich alles (32) _____ (33) _____ amerikanisch _____ Kultur, aber sie achtete nicht (34) _____ (35) dies _____ Dinge (*pl*). Sie schrieb immer (36) _____ (37) ihr _____ Cousine und klagte ihr Leid. Sie wartete ungeduldig (38) _____ (39) ein _____ Änderung ihres Bruders, aber er wurde immer mehr amerikanischer.

Ihr könnt es euch denken, Georg wohnt jetzt in New York und Elke in München.

4. Die Wanderung (Partizipien der Gegenwart als Adjektiv)

1. Die _____ Jungen wanderten durch das Feld. (*singen*)

2. Sie sahen _____ Blumen. (*blühen*)

3. Einen _____ Hasen konnten sie nicht fragen. (*hüpfen*)

4. Die _____ Sonne am Himmel war aber nicht lange da. (*lachen*)

5. Bald kam _____ Regen. (*strömen*)

6. Es wurde kalt. Die _____ Jungen liefen schnell nach Hause. (*zittern*)

7. Sie wurden beinahe von einem _____ Auto überfahren. (*rasen*)

8. Von ihren Eltern bekamen sie _____ Wasser, und sie machten sich Kakao. (*kochen*)

9. Ihre Schwestern sagten: "Wir wußten es schon immer. Man sieht öfter _____ Jungen als Mädchen." (*weinen*)

10. "Na und?" sagten sie. "Wir sind eben _____ Männer." (*fühlen*)

5. **Küchengespräch (Partizipien der Vergangenheit)**

1. **Marion:** Eßt ihr gern _____ Eier? (*kochen*)

2. **Gerd:** Ja, zum Frühstück. Aber zum Mittagessen habe ich lieber ein _____ Steak (*s*). (*braten*)

3. **Renate:** Ich weiß nicht, ob wir etwas zu essen bekommen. Wir haben einen _____ Koch in der Küche. (*aufregen*)

4. **Marion:** Siehst du die _____ Hose (*w*) dort auf dem Stuhl? (*waschen*)

5. **Renate:** Ja, sie ist aus _____ Wolle (*w*). (*importieren*)

6. **Marion:** Gehört dieser schöne, _____ Pullover (*m*) dazu? (*stricken*)

7. **Renate:** Nein, das ist ein _____ Pullover. (*borgen*)

8. **Gerd:** Hmm, ich rieche frisch _____ Kuchen (*m*) in der Küche. (*backen*)

9. **Alle:** Endlich gibt es was zu essen. Du siehst einen _____ Menschen vor dir. (*aushungern*)

6. Die Bewerbung (stehen/stellen; sitzen/setzen; liegen/legen)

1. Der Angestellte _____ die Bewerbung auf d _____ Tisch.

2. Neben einem Buch _____ auch Brigittes Zeugniss.

3. Jetzt _____ sich der Angestellte auf sein _____ Stuhl.

4. Von sein _____ Schreibtisch _____ Brigitte auf ein _____ Bank.

5. Sie _____ ihr_____ Vogelkäfig neben sich.

6. Hinter ihr _____ ein _____ groß_____ Lampe.

7. Der Angestellte sagt: "Bitte, lassen Sie den Vogelkäfig doch hier _____. Ich habe Kanarienvögel gern."

8. Brigitte lacht. Under d _____ Schreibtisch _____ eine große Katze.

9. Der Angestellte nimmt sie und _____ sie auf einen Sessel im anderen Zimmer.

10. Als er wieder zurückkommt, _____ Brigitte nicht mehr auf der Bank.

11. Der Angestellte _____ sich wieder hinter sein _____ Schreibtisch und sagt: "Herzlichen Glückwunsch, Sie haben die Stellung bekommen."

12. Von morgen an muß sie acht Stunden lang auf ihren Füßen _____ Sie arbeitet im Zoo!

7. Beim Gebrauchtwagenhändler (Spachliche Besonderheiten - Substantive aus Adjektiven)

Martha: Maria, das Auto gefällt mir. Es ist gut erhalten.

Maria: Aber Maria! Du wolltest doch etwas (1) _____
(*groß, Komparativ*). Wir müssen doch das Segelboot damit ziehen.

Martha: Ich glaube, wir finden hier nichts (2) _____.
(*gut, Komparativ*)

Maria: Ja, lassen wir das heute. Gehen wir lieber essen. Ich brauche etwas
(3) _____ (*vitaminreich, Positiv*).

Martha: Ja, das wäre wohl das (4) _____ (*klug, Superlativ*).

Maria: Herr Ober, wir möchten gern etwas (5) _____ (*warm, Positiv*).

III. KOMMUNIKATIVE ÜBUNGEN: "*DEUTSCHES MAGAZIN*"

1. Vokabularübung: Ein trauriger Brief

Benutzen Sie die Wörter (auf S 395-396 im Lehrbuch) und fügen Sie einige davon in den folgenden Brief ein.

Berlin, den 25. Mai 1990

Sehr geehrter Herr Franzen!

Es hat mich gefreut, Sie gestern bei Mitzis Fete kennenzulernen. Ich brauche Ihre Hilfe doch schneller als ich dachte. Ich (1) f_____ mich kurz. Leider scheint es, daß mein kleines Geschäft bald (2) P_____ macht. Die (3) W_____ bedroht meine ganze Existenz. Ich habe keine (4) E_____ mehr. Mein Sparkonto steht auf null. Ich wollte Geld leihen, aber die (5) Z_____ sind viel zu hoch. Mein (6) B_____ hat mir auch gerade mitgeteilt, daß meine (7) A_____ nichts mehr wert sind.

Um Gottes Willen, was soll ich machen? Sie sind doch (8) B_____. Können Sie mir bald einige (9) A_____ machen, wie ich mein Geschäft retten kann! Sonst steht die Polizei mit (10) H_____ vor der Tür!

Ich bin in (11) _____, darum muß ich meinen Brief schließen. Morgen komme ich mit meinen letzen W_____ zu Ihnen. Hoffentlich können Sie mir (13) B_____ dafür geben. Dann bin ich und meine kleine Tierhandlung getrettet.

Ich danke Ihnen im voraus für Ihre Bemühungen.

Mit freundlichen Grüßen,
Ihr
Jonathan Seufzer

2. Schreibübung

Bitte benutzen Sie den Brief als Muster für einen eigenen Geschäftsbrief an die Bank.

HÖRVERSTÄNDNIS

1. **Zeit/mal/Stunde**

   Höre zuerst den Dialog vom Tonband und wähle dann "Zeit", "mal" oder "Stunde" für die folgende Übung.

   1. Ich jogge jeden Tag drei _____ morgens, mittags und abends.
   2. Warum joggst du nicht länger als eine _____?
   3. Aber am Sonntag habe ich dazu keine _____.
   4. Wieviel ist vier _____ vier? Sechzehn!
   5. Ich habe schon 16 _____ neue Jogging-Schuhe gekauft.
   6. Kommst du ein _____ mit?

2. **Ohne Worte**

   Wähle die richtigen Ausrufe.

aha	hm
ach	pfui
aua	hatschi
oh	nanu

   1. _____, Willi ist an der Tür. Er sieht schlecht aus.
   2. _____, mein Bein tut weh!
   3. _____, ich habe mich erkältet.
   4. _____, wo ist denn meine Brieftasche?
   5. _____, mein Geld ist weg!
   6. _____, es riecht hier schlecht!
   7. _____, in der Küche riecht es aber gut.
   8. _____, das Essen ist nicht für uns.

3. *"Deutsches Magazin":* "Erlkönig"
   Von Johann Wolfgang von Goethe

   Höre das Gedicht und lies laut mit.

   Wer reitet so spät durch Nacht und Wind?
   Es ist der Vater mit seinem Kind;
   Er hält den Knaben wohl in dem Arm,
   Er faßt ihn sicher, er hält ihn warm.

   Mein Sohn, was birgst du so bang dein Gesicht?
   Siehst, Vater, dur den Erlkönig nicht?
   Den Erlenkönig mit Kron' und Schweif?
   Mein Sohn, es ist ein Nebelstreif.

   "Du liebes Kind, Komm, geh mit mir!
   Gar schöne Spiele spiel' ich mit dir;
   Manch' bunte Blumen sind an dem Strand;
   Meine Mutter hat manch' gülden Gewand."

   Mein Vater, mein Vater, und hörest du nicht,
   Was Erlenkönig mir leise verspricht?
   Sei ruhig, bleibe ruhig, mein Kind!
   In dürren Blättern säuselt der Wind.

   "Willst, feiner Knabe, du mit mir gehn?
   Meine Töchter sollen dich warten schön;
   Meine Töchter führen den nächtlichen Reihn
   Und wiegen und tanzen und singen dich ein."

   Mein Vater, mein Vater, und siehst du nicht dort
   Erlkönigs Töchter am düsteren Ort?
   Mein Sohn, mein Sohn, ich seh' es genau;
   Es scheinen die alten Weiden so grau.

   "Ich liebe dich, mich reizt deine schöne Gestalt;
   Und bist du nicht willig, so brauch' ich Gewalt."
   Mein Vater, mein Vater, jetzt faßt er mich an!
   Erlkönig hat mir ein Leids getan!

   Dem Vater grauset's er reitet geschwind,
   Er hält in den Armen das ächzende Kind,
   Erreicht den Hof mit Mühe und Not;
   In seinen Armen das Kind war tot.

MUSTER UND MODELLE

I. SCHNELL UND GENAU

1. **Substantivformen**

Singular		Plural
1. _____ Bein		_____
2. _____ Stein		_____
3. _____ Vogel		_____
4. _____ Fluß		_____

2. **Stolpersteine**

   A. *Heißt es "hin-" oder "her-"?*

   1. Es klopft an der Tür. "_____ein!" Ein großer Mann geht _____ein. Er geht im Zimmer _____um. "Kommen Sie _____," ruft ein Soldat. Er schaut in den Rucksack des Mannes _____ein. "Aha, zeigen Sie das Geld _____." Der Mann will es nicht _____ausnehmen. "Legen Sie es dort_____!" schreit der Soldat. Jemand kommt die Treppe _____auf. "Werfen Sie der Mann _____aus, ruft der Kommandant. "Sie haben den falschen Mann hier _____gebracht.

   B. *Der Mann sagt zu seinen beiden Freunden:*
   "Bitte, _____ (*helfen, Imperativ*) _____ (*ich*), "Ich _____ (*verlieren, Perfekt*) meine Kontaktlinse _____." "Sie _____ (*liegen, Präsens*) hier unter _____ (*Artikel*) Tisch." "He Heinz, halt!" _____ (*treten, Imperativ*) nicht darauf!"

   C. *Heißt es "lieber" oder "besser"?*
   Wiener Schnitzel schmeckt mir _____ als Hamburger. Ich esse Hähnchen _____ als Fisch. Rot gefällt mir _____ als blau. Aber ich habe Grün _____ als Gelb.

II. STRUKTUREN IM KONTEXT

1. Bei Breitmosers (subordinierende Konjunktionen)

Bitte setzen Sie die richtigen Konjunktionen ein, und beenden Sie den Satz in der richtigen Wortfolge.

A. *bis, damit, sobald, solange*

1. Herr Breitmoser kauft Bananen, (*Konjunktion*) _____

   _____ (*Seine Affen bekommen etwas Gutes zum Essen.*)

2. _____ (*Konjunktion*), _____, (*Herr Breitmoser ist krank*) bleibt er auf dem Soft liegen.

3. Er kann das Haus nicht verlassen, _____ (*Konjunktion*)

   _____ (*Er ist wieder gesund geworden.*)

4. Wir besuchen ihn, _____ (*Konjunktion*)

   _____ (*Wir haben ein bißchen Zeit.*)

5. _____ (*Konjunktion*) _____

   (*Bananenschalen liegen auf dem Boden*) ist es in Breitmosers Wohnung sehr gefährlich.

B. *da, nachdem, seitdem, daß*

1. Ich besuche Herrn Breitmoser gerne, _____ (*Konjunktion*)

   _____ (*es gibt bei ihm immer Kaffee und Kuchen*)

2. _____ (*Konjunktion*) er einen Papagei hat,

   _____ (*Er geht nicht mehr zum Telefon.*)

3. Wißt ihr schon, _____ (*Konjunktion*)

   _____ (*Frau Breitmoser ist Ärztin.*)?

4. _____ (*Konjunktion*) wir Herrn Breitmoser besucht hatten,

   _____ (*Wir mußten schnell zur Uni laufen.*)

C. *obgleich, ehe, ob, sooft*

1. Wir bringen Blumen, _____ (*Konjunktion*)

   _____ (*Die Rosen sind sehr teuer.*)

2. Niemand kann uns sagen, _____ (*Konjunktion*)

   _____ (*Herr Breitmoser ist wieder gesund.*)

3. _____ (*Konjunktion*) ich zu Herrn Breitmoser gehe, _____ (*Ich finde überall Sonnenblumenkerne.*)

4. Ihr müßt unbedingt Frau Breitmoser kennenlernen, _____ (*Konjunktion*) _____ (*Ihr geht weg.*)

2. wenn, wann, als

Herr Breitmoser erzählt:

(1)_____ ich zehn Jahre alt war, wohnte ich in München. Immer (2)_____ es schneite, fuhr ich in die Alpen zum Skifahren. Ich weiß nicht mehr, (3)_____ ich das erste Mal beim Skilauf gewonnen habe. Aber (4)_____ ich die Silbermedaille bekam, war ich schon älter. Man fragte mich immer, (5)_____ ich übe; und ich antwortete: (6) "_____ Schnee liegt!" (7)_____ ich an der Uni studierte, hatte ich einen exzentrischen Englischlehrer. Immer (8)_____ er von Amerika erzählte, bekam ich Lust, in die Vereinigten Staaten zu emigrieren. (9)_____ ich zum ersten Mal nach Amerika flog, lernte ich meine Frau im Flugzeug kennen! Ich weiß nicht mehr, (10)_____ wir geheiratet haben. Aber es ist schon lange her. (11)_____ ich Professor wurde, unterrichtete ich natürlich Deutsch.

3. Zimmer (Modalverben im Perfekt)

Schreiben Sie die folgenden Sätze im Perfekt.

Ich mußte gestern endlich mein Zimmer aufräumen.

(1) _____ .

Aber ich wurde krank und durfte nichts essen. Aber ich wurde krank und

(2) _____ .

Natürlich konnte ich dann auch nicht arbeiten.

(3) _____ .

Ich mußte mich mit dem schmutzigen Zimmer abfinden.

(4) _____

4. Das Fußballspiel (Modalverben im Imperfekt)

(das Modalverb bitte im Nebensatz, wenn nötig)

1. Jack und Willi gehen zum Fußballplatz. (*wollen*)

2. Brigitte hat ihnen gesagt, daß heute die Frauen Fußball spielen. (*wollen*)

3. Willi wußte nicht, ob er Karten bekommt. (*können*)

4. Jack wußte nicht, wo Willi parkt. (*dürfen*)

5. Susi bringt ihr rotes Trikot mit. (*sollen*)

6. Brigitte kauft vorher noch neue Fußballschuhe. (*wollen*)

7. Borussia gewinnt diesmal bestimmt. (*müssen*)

8. "Ihr seid bestimmt in Form!" sagte Willi. (*sollen*)

9. Das Spiel endet fünf zu zwei für Borussia. (*können*)

5. Wortfolge

Schreiben Sie bitte die Sätze um:

a) Perfekt

b) Negativ

c) Zeitausdruck am Anfang (*Perfekt*)

d) mit Zeit und Ort

e) mit Nebensatz (*Präsens*)

f) mit Nebensatz (*plus Modalverben*)

Beispiel: Ich suche mein Vater.
    a) <u>Ich **habe** meinen Vater **gesucht**.</u>
    f) <u>Ich **muß** meinen Vater **suchen**, weil er mein Buch haben soll.</u>

1. Ich schreibe meiner Freundin.

    b) _____

    c) _____
       (*gestern*)

2. Ich habe einen Fernseher.

    a) _____

    e) _____
       (*Er ist immer kaputt.*)

3. Er kauft ein Motorrad.

    b) _____

    c) _____
       (*vorgestern*)

4. Er lernt Deutsch.

    d) _____
       (*jeder Tag, in Rosenheim*)

    f) _____
       (*Er will Diplomat werden*) (*weil*)

5. Wir fahren nach Österreich.

    a) _____

    e) _____
       (*Wir besuchen Mozarts Haus.*) (*wo*)

6. Was für wen? (Wortfolge: Dativ- und Akkusativobjekte)

> **Beispiel:** Ich habe es ihm gegeben. *(Kotelett, Großvater)*
> *Was hast du ihm gegeben?*
> a) <u>Ich habe ihm das Kotelett gegeben.</u>
> *Wem hast du das Kotelett gegeben?*
> b) <u>Ich habe es dem Großvater gegeben.</u>
> *Wie bitte?*
> c) <u>Ich habe dem Großvater das Kotelett gegeben.</u>
> *Ach so!*

1. Ich habe sie (*Sing.*) ihr erklärt. (*moderne Musik, Sängerin*)
    a) _____
    b) _____
    c) _____

2. Ich habe ihn ihm (*m*) gezeigt. (*Wolkenkratzer, der Österreicher*)
    a) _____
    b) _____
    c) _____

3. Ich habe sie (*Plural*) ihnen geschenkt. (*Fotos, die Kollegen*)
    a) _____
    b) _____
    c) _____

4. Ich habe es ihm (*s*) geschrieben. (*Gedicht, Kind*)
    a) _____
    b) _____
    c) _____

7. In Deutschland (Wortfolge)

> **Beispiel:** *Ich bin letztes Jahr zu Fuß nach Düsseldorf gegangen.*

Zeit	**Art und Weise**	**Ort**
letztes Jahr	mit dem Fahrrad	zu Hause
am Abend	schnell	auf dem Mont Blanc
jeden Tag		in Düsseldorf
zu Weihnachten	nicht	im Hotel
usw.	usw.	usw.

1. Ich _____
2. Er _____
3. Wir _____
4. Ihr _____

8. Hans und Franz in Freiburg (Zeitausdrücke)

seit	drei Jahre
vor	von...
wann	
wie lange	
schon	

1. Hans kam _____ drei Jahren nach Freiburg. Er kam am 1. April.

2. Ich frage ihn:
   Wie _____ in Freiburg?

   oder:

3. Seit _____ in Freiburg?

4. Er antwortet:
   Ich bin _____ seit _____ in Freiburg.

   oder:

5. Ich bin _____ in Freiburg.

6. Franz wohnte _____ 1980 _____ 1984 in Freiburg. Jetzt is est 1990. Ich frage:
   Wie _____ ?

7. Er antwortet: Ich habe _____ 1980 _____ 1984 in Freiburg gewohnt.

9. Persönliche Fragen (Zeitausdrücke)

1. Wann bist du geboren?
   Ich bin _____ _____ _____
   geboren.

2. Wann kamst du nach _____?
   Ich kam _____ (*1989*) nach
   Princeton.

3. Wie schreibt man das Datum eines Briefes?
   Man schreibt: Princeton, _____ (*zweiter Juli 1990*).

4. Wann ist Weihnachten?
   Weihnachten ist _____ _____ _____.

5. Wann ist es kalt, und wann liegt Schnee?
   _____ _____ ist es kalt, und es liegt Schnee.

6. Wann schläfst du?
   Ich schlafe _____ _____ _____.
   oder:
   Ich schlafe _____.

7. Wann gehst du ins Kino?
   Ich gehe _____ _____ _____ (*7.30*) ins Kino.
   Ich gehe abends ins Kino.

8. Du besuchst deine Freunde um 20.00 Uhr.
   Wie sagst du die Tageszeit?
   "Ich besuche euch _____ _____."

9. Was hast du heute gemacht? (*Tageszeiten*)

> **Beispiel: um 19.00 Uhr:**
> Heute *morgen* habe ich gefrühstückt.

von 8.00 bis 11.00 Uhr:

Heute _____ war ich in einer Vorlesung.

um 12.00 Uhr:

Heute _____ bin ich in die Mensa gegangen.

von 1.00 Uhr bis 4.00 Uhr:

Heute _____ habe ich studiert.

um 7.00 Uhr:

Heute _____ bin ich ins Theater gegangen.

10. Alltagsprobleme (Sprachliche Besonderheiten - *Zeit/mal*)

    Bitte setzen Sie das richtige Wort ein:

    1. Günther, ich habe dir schon zwei _____ gesagt, daß ich am Freitag keine _____ habe. Warum muß man dir immer alles zwei- oder drei_____ sagen. Es ist höchste _____, daß du das endlich ein____ lernst.

    2. Meine Autoschlüssel sind schon wieder weg. Ich habe meine Tasche drei_____ durchsucht, bin mindestens sechs_____ durchs ganze Haus gelaufen und vier_____ zum Auto. Wenn ich viel _____ hätte, wäre all das kein Problem, aber ich bin schon verspätet.

    3. Ich war gestern beim Arzt. Er hat mir schon wieder ein Rezept gegeben. Darauf steht: ein_____ täglich einnehmen. Er möchte, daß ich noch ein_____ vorbeikomme. Versteht er nicht, daß _____ Geld ist?

11. **Im Café (Verben mit Modalfunktion)**

> Beispiel: Doris: Wann kommt denn nur Wolfgang?
> Frank: Geduld. Ich <u>sehe</u> ihn schon *kommen*. (sehen)

Doris: Oh Gott, ich habe kein Geld bei mir. Bezahlst du die Rechnung?

Frank: Mach dir keine Sorgen. Wir (1)_____ Wolfgang die Rechnung (2)_____. (*lassen*)

Doris: Du, ich möchte gehen. Die vielen Leute hier nerven mich. Und die Kinder schreien!

Frank: Kinder? Ich (3)_____ keine (4)_____. (*hören*)

Doris: Du mußt taub sein. Wann bringt der Kellner endlich die Rechnung?

Frank: Gut, gut. Wenn du willst, (5)_____ uns die Rechnung (6)_____. (*lassen*)

Doris: He, ist das Wolfgang, der da vorbeigeht?

Frank: Stimmt, ich (7)_____ ihn auch (8)_____. (*sehen*)

Doris: Tja, ich hoffe, daß du bereit bist, Geschirr zu spülen.

III. KOMMUNIKATIVE ÜBUNGEN: "DEUTSCHES MAGAZIN"

1. **Stella (Drama von Goethe aus dem Jahre 1775)**

Die Geschichte von Stella zeigt, daß Goethe sich intensiv mit den problematischen Spannungen zwischen den Geschlechtern befaßt hat.

Fernando heiratet Cäcilie. Sie haben eine Tochter, Lucie. Aber nach einiger Zeit lernt Fernando die viel jüngere Stella kennen, in die er sich verliebte. Er verläßt Frau und Kind und lebt heimlich mit Stella. Später verläßt er sie auch. Nach Jahren treffen sich alle drei zufälligerweise. Fernando hat ein schlechtes Gewissen. Goethe hat zwei Endungen geschrieben: ein "happy end" und ein tragisches Ende.

Lesen Sie bitte die folgende Szene aus dem Drama und stellen Sie fest:

1. Ist Cäcilie böse auf Fernando?
2. Möchte sie den Kontakt mit Fernando abbrechen?
3. Akzeptiert sie Fernandos Verhältnis mit Stella?
4. Ist Cäcilies Liebe zu Fernando altmodisch?

Fernando: Ich höre!

Cäcilie: Nimm's zu Herzen! Ich bin nur ein Weib, ein kummervolles, klagendes Weib; aber Entschluß[1] ist in meiner Seele. - Fernando - ich bin entschlossen[2] - ich verlasse dich!

Fernando: (spottend). Kurz und gut?

Cäcilie: Meinst du, man müsse hinter der Tür[3] Abschied nehmen, um zu verlassen, was man liebt?

Fernando: Cäcilie!

Cäcilie: Ich werfe dir nichts vor[4], und glaube nicht, daß ich dir so viel aufopfere. Bisher beklagte ich deinen Verlust[5]; ich härmte mich ab über das, was ich nicht ändern konnte. Ich finde dich wieder, deine Gegenwart[6] flößt mir neues Leben, neue Kraft ein. Fernando, ich fühle, daß meine Liebe zu dir nicht eigennützig[7] ist, nicht die Leidenschaft[8] einer Liebhaberin die alles dahingäbe, den erflehten Gegenstand[9] zu besitzen[10]. Fernando! mein Herz ist warm, und voll für dich; es ist das Gefühl einer Gattin[11], die, aus Liebe, selbst ihre Liebe hinzugeben vermag.

Fernando: Nimmer! Nimmer!

Cäcilie: Du fährst auf?

Fernando: Du marterst mich!

Cäcilie: Du sollst glücklich sein! Ich habe meine Tochter - und einen Freund an dir. Wir wollen scheiden[12], ohne getrennt zu sein. Ich will entfernt von dir leben und ein Zeuge[13] deines Glücks bleiben. Deine Vertraute will ich sein; du sollst Freude und Kummer in meinen Busen ausgießen[14]. Deine Briefe sollen mein einziges Leben sein, und die meinen sollen dir als ein lieber Besuch erscheinen - - Und so bleibst du mein, bist nicht mit Stella verbannt[15] in einen Winkel[16] der Erde, wir lieben uns, nehmen teil an einander! Und so, Fernando, gib mir deine Hand drauf.

Fernando: Als Scherz wär's zu grausam; als Ernst ist's unbegreiflich! - Wie's nun will, Beste! - Der kalte Sinn[17] löst den Knoten nicht. Was du sagst, klingt schön, schmeckt süß. Wer nicht fühlte, daß darunter weit mehr verborgen[18] liegt; daß du dich selbst betrügst[19], indem du die marterndsten Gefühle mit einem blendenden eingebildeten Troste[20] schweigen machst. Nein, Cäcilie! Mein Weib, nein! - Du bist mein - ich bleibe dein - Was sollen hier Worte? Was soll ich die Warums dir vortragen? Die Warums sind soviel Lügen[21]. Ich bleibe dein, oder -

Cäcilie: Nun denn! - Und Stella?

Fernando: (fährt auf und geht wild auf und ab.)

Cäcilie: Wer betrügt sich? Wer betäubt seine Qualen[22] durch einen kalten, ungefühlten, ungedachten, vergänglichen Trost? Ja, ihr Männer kennt euch.

Fernando: Überhebe dich nicht deiner Gelassenheit! - Stella! Sie ist elend! Sie wird ihr Leben fern von mir und dir ausjammern[23]. Laß sie! Laß mich!

Cäcilie: Wohl, glaube ich, würde ihrem Herzen die Einsamkeit[24] tun; wohl ihrer Zärtlichkeit[25], und wieder vereinigt zu wissen. Jetzo macht sie sich bittere Vorwürfe[26]. Sie würde mich immer für unglücklicher halten, wenn ich dich verließ, als ich wäre; denn sie berechnet mich nach sich. Sie würde nicht ruhig leben, nicht lieben können, der Engel! wenn sie fühlte, daß ihr Glück Raub wäre. Es ist ihr besser -

Fernando: Laß sie fliehen[27]! Laß sie in ein Kloster!

Cäcilie: Wenn ich nun aber wieder so denke: warum soll sie denn eingemauert[28] sein? Was hat sie verschuldet, um eben die blühendsten Jahre, die Jahre der Fülle, der reifenden Hoffnung hinzutrauen, verzweifelnd am Abgrund hinzujammern? geschieden sein von ihrer lieben Welt! - von dem, den sie so glühend liebt? - von dem, der sie - Nicht wahr, du liebst sie, Fernando?

Fernando: HA! Was soll das? Bist du ein böser Geist[29], in Gestalt meines Weibs? Was kehrst du mein Herz um und um? Was zerreißest du das zerrissene? Bin ich nicht zerstört, zerrüttet genug? Verlaß mich! überlaß mich meinem Schicksal[30]! - und Gott erbarme sich euer! (Er wirft sich in einen Sessel.)

Cäcilie: (tritt zu ihm und nimmt ihn bei der Hand.)

[1] *resolve*
[2] *I have decided*
[3] *take leave*
[4] *I'm not blaming you.*
[5] *loss*
[6] *presence*
[7] *selfish*
[8] *passion*
[9] *object*
[10] *possess*
[11] *wife*
[12] *to leave*
[13] *witness*
[14] *pour*
[15] *banned*
[16] *corner*
[17] *mind*
[18] *hidden*
[19] *deceive*
[20] *consolation*
[21] *lie*
[22] *torment*
[23] *cry*
[24] *solitude*
[25] *tenderness*
[26] *reproaches herself*
[27] *escape*
[28] *walled in*
[29] *ghost*
[30] *destiny*

Werden die folgenden Aussagen im Text bestätigt oder nicht?

Richtig oder falsch?

_____ 1. Cäcilie wirft Fernando nichts vor.

_____ 2. Cäcilie will ihren Mann nicht verlieren.

_____ 3. Cäcilie ist eifersüchtig auf Stella.

_____ 4. Sie haßt den untreuen Fernando.

_____ 5. Für Cäcilie ist der Mann mehr Wert als die Frau.

_____ 6. Cäcilie hat ein leidenschaftliches Verhältnis zu ihrem Mann.

_____ 7. Cäcilie liebt ihren Mann nicht mehr.

_____ 8. Fernandos Briefe sollen ihrem Leben Bedeutung geben.

_____ 9. Cäcilies Briefe sollen Fernandos Leben einen Sinn geben.

_____10. Cäcilie denkt nicht genug an sich selbst.

2. Wanderers Nachtlied

Lesen Sie das Gedicht von Goethe:

Wanderers Nachtlied

Über allen Wipfeln[1] ist Ruh,	[1] *die Spitzen der Bäume*
In allen Gipfeln spürest du	
Kaum einen Hauch.[2]	[2] *ein leichter Wind*
Die Vöglein schweigen[3] im Walde.	[3] *nicht sprechen, nicht singen*
Warte nur balde	
Ruhst[4] du auch.	[4] *nichts tun, schlafen, tot sein*

Beschreiben Sie bitte in eigenen Worten die Situation des Gedichtes:

1. Wo ist der Wanderer? _____

2. Welche Tages - Zeit ist es? _____

3. Was hört man nicht? _____

Hier sind Wörter, die sich reimen. Schreiben Sie Ihr eigenes Gedicht, wir geben Ihnen die erste Zeile. Der Titel ist: **Das Leben in der Großstadt**

    bringen/singen
    der Wein/das Bein
    machen/lachen
    geht/steht
    liebt/gibt
    das Haus/die Laus
    das Boot/tot, rot
    das Herz/der Schmerz
    fährt/begehrt
    das Buch/das Taschentuch
    lernen/sich entfernen
    blaß/naß
    das Bier/hier, mir, dir, usw.

Gestern sah ich zum Fenster hinaus,

_____

_____

_____

_____

_____

_____

_____

_____

HÖRVERSTÄNDNIS

1. **Was sagt man da? (Enttäuschung oder Überraschung ausdrücken)**

   Welche Ausdrücke passen zu den Sätzen?

   1. Was für eine Überraschung! _____
   2. Ich bin enttäuscht. _____
   3. Das ist aber schade. _____
   4. Ich bin überrascht. _____
   5. Das ist mir nicht recht. _____
   6. Das habe ich nicht gewußt! _____
   7. Wie schön! _____

   a) Gut, Sie kommen heute schon.
   b) Ach, er wird nicht kommen?
   c) Das kostet leider DM 954,50.
   d) Wir haben im Lotto gewonnen?
   e) Heute ist Freitag, der 13..

2. *"Deutsches Magazin":* **Heute zwei Gedichte**

   Der Papiertruthahn

   von Hans Magnus Enzensberger

   Den ganz echten Revolutionär
   finden Sie heute auf Seite
   30 der Unterhaltungsbeilage[1]   [1] *entertainment section*

   Der ganz echte Revolutionär
   kann über den Kommunismus
   nur noch mitleidig[2] lächeln.   [2] *with pity*

Der ganz echte Revolutionär
steht irgendwo ganz weit links von Mao
vor der Fernsehkamera

Der ganz echte Revolutionär
bekämpft[3] das System mit   [3] *fights*
knallharten Interviews

Der ganz echte Revolutionär
ist voll transistorisiert
selbstklebend[4] und pflegeleicht[5]   [4] *self-seal*
     [5] *easy to take care of*

Der ganz echte Revolutionär
kriegt das Maul[6] nicht zu   [6] *mouth*
er ist ungeheuer gefährlich[7].   [7] *dangerous*

Er ist unser Lieblingsclown

Konzentrierte Aktion - Konzertierte Aktion

von Yaak Karsunke

weiterhin spielt kapital
die erste geige
politiker stoßen[1] ins horn   [1] *blow*
die unternehmer[2]   [2] *employers*
hauen[3] auf die pauke[4]   [3] *beat*
daß vom schellenbaum[5] klirrend   [4] *drum*
der sozialklimbin abfällt   [5] *bells*
(*den arbeitern bringt man*
die flötentöne noch bei)

:wann endlich
wird das publikum pfeifen[6]?   [6] *whistles*

A. Der Papiertruthahn

1. Ist das Gedicht

    a) ironisch
    b) ernst

2. Wer ist unser Lieblingsclown?

    a) ein Kommunist
    b) kein echter Revolutionär

3. Wo steht der Revolutionär?

    a) ganz weit links von Mao
    b) vor der Fernsehkamera

B. Konzentrierte Aktion - Konzertierte Aktion

4. Es spielen die erste Geige:

   a) die reichen Wirtschaftsbosse
   b) die ersten Kapitel

5. Was bringt man den Arbeitern bei?

   a) zu machen, was die Wirtschaft will
   b) ein Instrument spielen

6. Warum soll das Publikum pfeifen?

   a) weil sie Musik gern hören
   b) weil sie sich gegen die Kapitalisten wehren sollen

MUSTER UND MODELLE

I. SCHNELL UND GENAU

1. **Substantivformen**

Singular		Plural
_____	Pause	_____
_____	Programm	_____
_____	Bank	_____
_____	Wetter	_____

2. **Stolpersteine**

   1. Nachdem sie _____ _____, setzte sie sich an den Frühstücktisch. (*aufstehen, Plusquamperfekt*)

   2. Als sie genug _____ _____, fuhr sie zur Arbeit. (*essen, Plusquamperfekt*)

   3. Es steht in der Zeitung, daß _____. (*die Amerikaner seien zu dick*)

   4. Wann benutzt man "(*nicht*) gern haben/ lieben/ gefallen".

   Schreiben Sie Sätze.

   a) die Musik von Beethoven
   _____

b) das neue Auto

c) Onkel Eduard

d) Meine Tochter

e) die Gemälde von Georgia O'Keefe/Picasso

II. STRUKTUREN IM KONTEXT

1. Kafka (1883 - 1924, Prag) (Passiv)

Welche Zeitformen?

1. Kafka schrieb den Roman "Der Prozeß".

2. Viele Leute lesen diesen Roman.

3. Zwei Männer verhaften Josef K. am Anfang.

4. Am Ende töten diese Männer ihn.

5. Man studiert Kafkas Werke an vielen Schulen.

6. Seine Fans bewundern ihn sehr.

7. Man kauft seine Bücher überall auf der Welt.

8. Kafka hat den Roman "Amerika" leider nicht fertiggestellt.

9. Kafkas Freund Max Brod publizierte die meisten Werke erst nach dessen Tod.

10. Nach seinem Jurastudium stellte eine Versicherungsgesellschaft Kafka an.

   _____

   _____

2. Polizeibericht (Passiv mit den Präpositionen *von*, *durch* oder *mit*)

1. Der Mann wurde _____ der Pistole erschossen.

2. Er wurde _____ der Ambulanz weggefahren.

3. Die Mutter ist _____ den Schock krank geworden.

4. Dies wurde _____ der Zeitung bekannt gegeben.

5. Eine Frau wurde _____ einem Messer verletzt.

6. Zwei Kinder wurden _____ einen Blitz verletzt.

7. Sie sind _____ ihrer Mutter gefunden und ins Krankenhaus gebracht worden.

8. Die große Schaufensterscheibe im Kaufhof wurde _____ einem Stein eingeschlagen.

3. Ein großer Ball (Besonderes Passiv es)

> **Beispiel:** Man tanzt heute im Metropol.
> *Es wird heute im Metropol getanzt.*
> Heute wird im Metropol getanzt.
> *Im Metropol wird heute getanzt.*

1. Man trinkt hier guten Wein.

   Es _____

   Heute _____

2. Man spielt tolle Musik im Metropol.

   Es _____

   Im Metropol _____

3. Im Metropol trägt man nur Abendkleidung.

   Es _____

   Jeden Abend _____

4. Man spricht hier überall Englisch und Französisch.

   Es _____

   Überall _____

5. Man serviert nur das Beste in diesem Restaurant.

   Es _____

   In diesem Restaurant _____

6. Man spricht den ganzen Abend über Politik.

   Es _____

   Den ganzen Abend _____

7. Man feiert bis vier Uhr morgens.

   Es _____

   Bis vier Uhr morgens _____

4. Anti-Klischees (Besonderes Passiv: Aktiv > Passiv)

Schreiben Sie die Sätze ohne "man."

1. Man trinkt nicht so viel Bier in Deutschland.
   _____

2. In den Alpen jodelt man kaum.
   _____

3. Nur selten ißt man Sauerkraut.
   _____

4. Man arbeitet nicht Tag und Nacht in Berlin.
   _____

5. Auch konnte man früher nicht den ganzen Tag marschieren.
   _____

6. Nicht überall spricht man Hochdeutsch.
   _____

7. Nur ein paar Mal im Jahr feiert man Feste.
   _____

8. Nur einmal hat man die "kleine Nachtmusik" komponiert.
   _____

9. Nicht mehr als zweimal hat man Weltkriege geführt.
   _____

10. Aber ist es wahr, daß man in Deutschland die Amerikaner liebt?
    _____

5. Potpourri (Typische grammatische Fehler)

Markieren Sie die richtigen Antworten order fügen Sie die fehlenden Wörter ein.

1. Woher kennst du die Schriftstellerin, _____ Bücher weltberühmt sind? (*Relativpronomen*)

2. Welcher Satz ist richtig: (a), (b) oder (c)?
   a) Ich gebe das Buch zu meinem Vater.
   b) Ich gebe das Buch meinem Vater.
   c) Ich gebe meinem Vater das Buch.

3. Welcher Satz ist richtiges Deutsch: (a) oder (b)?
   a) Ich habe eine Frage für dich.
   b) Ich möchte dir eine Frage stellen.

4. Was ist kein Amerikanismus? (a) oder (b)?
   a) Ich war für drei Jahre in der Schweiz.
   b) Ich war drei Jahre in der Schweiz.

5. Was ist kein Amerikanismus? (a) oder (b)?
   a) Ich wasche meine Füße.
   b) Ich wasche mir die Füße.

6. Wie oft rasiert du _____? (*Reflexivpronomen*)

7. Was ist gutes Deutsch? (a) oder (b)?
   a) Jemand baut ein Haus für mich.
   b) Ich lasse mir ein Haus bauen.

   _____

   a) Meine Haare wurden beim Friseur geschnitten.
   b) Ich habe mir vom Friseur die Haare schneiden lassen.

   _____

   a) Ich werde morgen eine Fete bei mir im Haus haben.
   b) Ich mache morgen eine Fete bei mir.

8. Was ist kein Amerikanismus? (a) oder (b)?

   a) Mit was möchtest du schreiben? Mit dem Bleistift? Ja, mit ihm möchte ich schreiben.

   b) Womit möchtest du schreiben? Mit dem Bleistift? Ja, damit möchte ich schreiben.

III. KOMMUNIKATIVE ÜBUNGEN: "DEUTSCHES MAGAZIN"

6. Unsere Zukunft

Susanne: Studentin, 26 Jahre alt
Eltern haben ein Blumengeschäft
Familie wohnt seit Generationen in Berlin
studiert Politikwissenschaft
wohnt im Studentenheim

Markus: Student, 24 Jahre alt
Eltern sind seit kurzer Zeit arbeitslos
Familie ist 1970 aus Jugoslawien gekommen
studiert Betriebswirtschaft
wohnt mit zwei Freunden zusammen

Susanne und Markus müssen eine Entscheidung treffen:

a) Sollen sie ihre Zukunft sichern und sich von politischen Aktivitäten zurückziehen?

   oder

b) Sollen sie sich weiterhin stark politisch engagieren?

Lesen Sie bitte das Gespräch zwischen Susanne und Markus, und schreiben Sie die Punkte auf, die für Entscheidung (a) wichtig sind und die Punkte, die für Entscheidung (b) eine Rolle spielen.

Markus: Du mußt schon wieder weg?

Susanne: Kommst du nicht mit? Man erwartet uns beim Planungstreffen der Grünen.

Markus: Ach ja, der Bau des Flughafens muß unbedingt gestoppt werden. Sonst nimmt die Luftverschmutzung überhaupt kein Ende.

Susanne: Eigentlich müßte ich morgen eine Klausur[1] schreiben: Bismarks Einfluß auf moderne Politik.

Markus: Aber heute ist doch die wichtigste Veranstaltung[2]! Sogar die Bonner Politiker sind da.

Susanne: Schon richtig. Aber bei schlechten Noten bekomme ich kein Geld mehr von meinen Eltern.

Markus: Ja, ja, ich verstehe schon, daß du das Studium[3] abschließen mußt, wenn du das Blumengeschäft übernehmen willst.

Susanne: Ich habe ja meinen Eltern noch gar nicht gesagt, daß ich es übernehme, wenn sie sich zur Ruhe setzen[4].

Markus: Na, du weißt doch aber, daß dein Cousin ganz scharf darauf ist. Und nächstes Jahr ist es ja schon soweit.

Susanne: Ich weiß, ich weiß.

Markus: Und unsere Pläne, eine Familie zu gründen?

Susanne: Das möchte ich ja auch mehr als alles andere. Wir könnten endlich Kinder haben. Ich beneide meinen Bruder direkt um die süßen Kleinen.

Markus: Mit meinem Diplom werde ich sicher das Geschäft auf den modernsten Stand bringen können. Ich sehe schon eine Kette[5] unserer Firma überall in Europa.

Susanne: Aber du bist doch der beste Stratege unserer politischer Gruppe. Man entscheidet doch nie etwas, ohne dich zu fragen. Als Geschäftsleute mit Kindern haben wir doch dazu bestimmt kaum noch Zeit!

Markus: Du hast recht. Das würde mir gewaltig fehlen. Jetzt kommt es doch wirklich darauf an, gute Politiker nach Bonn zu bringen! Aber ich habe auch einfach die Schwierigkeiten satt. Man hat ja nie das Geld, um all die phantastischen politischen Projekte zu Ende zu bringen.

Susanne: Ja natürlich. Wenn man Menschen beeinflussen will, braucht man Geld, und wir haben keines.

Markus: Und wenn wir den Aufbau[6] einer gesicherten Existenz ernsthaft betreiben[7], dann bleibt wenig Zeit für Arbeit an einer besseren Umwelt.

Susanne: Ja, aber wie leben wir dann auf einer vergifteten[8] Erde? Das Loch in der Ozonschicht wird immer größer, es wird immer mehr für die Rüstung[9] ausgegeben, die Steuern werden immer höher ...

Markus: ... bis wir unseren bürgerlichen Lebensstil[10] gar nicht mehr genießen können.

Susanne: Was ist das nun, gehen wir zur Veranstaltung? Oder sollen wir heute abend einen Brief an meine Eltern schreiben?

[1] *exam*
[2] *meeting*
[3] *graduate*
[4] *retire*
[5] *chain*
[6] *establish*
[7] *pursue*
[8] *poisoned*
[9] *armament*
[10] *middle class*

A. Gründe, stärker politisch aktiv zu sein

  1. _____
  2. _____
  3. _____
  4. _____

B. Gründe, weniger politisch aktiv zu sein

1. _____

2. _____

3. _____

4. _____

1. Was gefällt dir an Susanne?
   _____

2. Was gefällt dir nicht an ihr?
   _____

3. Was gefällt dir an Markus?
   _____

4. Was gefällt dir nicht an ihm?
   _____

5. Welchen Rat gibst du ihnen?
   _____

6. Hast du ähnliche Probleme?
   _____

HÖRVERSTÄNDNIS

ÜBUNG ZUR AUSSPRACHE: DAS "Z"
DER LETZTE BUCHSTABE IM ALPHABET

Spricht zuerst ein "t" und ein "s" = "ts", "z".
Sprich bitte diese Wörter nach:

der Zauberer	zur	zwei
zum	der letzte	zwanzig
Zucker	putzen	dreizehn
Zimmer	benutzen	zweitausend
Zahlen	bezahlen	
zählen	erzählen	

Sprich jetzt bitte die folgenden Sätze nach:

Ich erzähle dem Zauberer von dem Zauberzucker. Er zählt zum letzten Mal die Zahlen und zaubert zweitausend Zwerge zum putzen.

a) ärgert sich   1. a b c d e f
b) bin wütend   2. a b c d e f
c) nicht böse   3. a b c d e f
d) das ist ärgerlich   4. a b c d e f
e) platzt vor Wut   5. a b c d e f
f) beruhigt sich   6. a b c d e f

2. *"Deutsches Magazin":* **Aberglaube**

   Beantworte bitte die Fragen:

   1. Ist Frau Reinhardt abergläubisch?
   _____

   2. Warum geht sie um die Leiter herum?
   _____

   3. Warum gibt es für Frau Kraft sieben schlechte Jahre?
   _____

   4. Woran glaubt Frau Kraft, und warum glaubt sie daran?
   _____
   _____
   _____

   5. Was hören Frau Kraft und Frau Reinhardt am Ende?
   _____

MUSTER UND MODELLE

I. SCHNELL UND GENAU

1. Substantivformen

   Singular   Plural

   1. _____ Gast   _____

   2. _____ Schlüssel   _____

   3. _____ Garten   _____

   4. _____ Staat   _____

2. **Verbformen**

	Präsens	Imperfekt	Perfekt	Konjunktiv
1. lernen (*sie, Sing.*)				
2. brechen (*du*)				
3. entscheiden (*wir*)				
4. lassen (*er*)				
5. müssen (*ihr*)				
6. können (*es*)				
7. werfen (*du*)				
8. haben (*ihr*)				
9. besuchen (*sie, Pl.*)				
10. erzählen (*ich*)				

3. **Stolpersteine**

   1. Ich _____ (*gehe/fliege*) nächste Woche _____ (*in/mit*) dem Flugzeug _____ (*zu/nach*) Portland.

   2. *Schreiben Sie bitte die Sätze im Negativ:*
      a) Wir fliegen mit der Lufthansa nach Portland.
      _____

      b) Ich nehme einen warmen Mantel mit.
      _____

      c) Ich vergesse immer meinen Rasierapparat.
      _____

3. *Schreiben Sie bitte die Sätze im Passiv:*

   a) Meine Freundin fotografierte mich.

   _____

   b) Man tanzte den ganzen Abend.

   _____

4. Wie heißen die Leute, mit _____ du gerade gesprochen hast?
   (*Relativpronomen*)

II. STRUKTUREN IM KONTEXT

1. Besuch (bestimmte und unbestimmte Relativpronomen)

Leslie: Weißt du, (1) _____ vor der Tür steht?

Robert: Nein. Ich weiß ja nicht, auf (2) _____ du wartest.

Leslie: Aber du hast doch gehört, mit (3) _____ ich telefoniert habe.

Robert: Mit Franz. Also das ist die Person, (4) _____ vor der Tür steht. Warum machst du nicht auf?

Leslie: Ich mache ja schon!
Tag Franz, wo hast du den Blumenstraß (*m*), (5) _____ du mir versprochen hast?

Franz: Ich weiß nicht, (6) _____ du meinst. Ich weiß nicht, _____ ich dir versprochen habe.

Leslie: Schon gut. Kennst du Robert, (7) _____ Mutter nebenan wohnt.

Franz: Nein. Es freut mich, dich kennenzulernen.

Hund: Wau wau!

Franz: Ist das dein Hund, auf (8) _____ Schwanz (*m*) ich gerade getreten habe?

Robert: Keine Angst, es ist ein Tier (*s*), (9) _____ noch niemand gebissen hat.

Franz: Leslie, ich habe für dich ein Geschenk mitgebracht, (10) _____ dir die ganze Welt eröffnet! Einen Atlas.

2. Ein unerklärlicher Anruf (Relativpronomen)

Ich weiß nicht, (1) _____ gestern abend angerufen hat, aber es war 3.00 Uhr morgens. Als ich den Hörer abnahm -- etwas, (2) _____ ich sonst um diese Zeit nie mache -- schrie ein Mann, (3) _____ Stimme furchtbar klang. Alles, (4) _____ er sagte, war konfus. Zuerst wollte er mit seiner Mutter sprechen, (5) _____ zur Zeit in Nepal ist! Ich weiß nicht, (6) _____ er wirklich anrufen wollte. Er wußte offensichtlich nicht, (7) _____ Nummer er gewählt hatte. Ich bin Detektiv, für (8) _____ das Ungewöhnliche nichts Neues ist. Aber alles (9) _____ ich da hörte, erschien mir irreal. Er erzählte mir von einem Mord, (10) _____ vor Jahren passiert war. Er sprach von einer Horrorgeschichte, (11) _____ mir bekannt vorkam. Da war z.B. ein Badezimmer, in (12) _____ eine Frau gewesen sein soll. Und da auch ein Messer, mit (13) _____ sie getötet wurde. Gab es das nicht auch in dem Film von Hitchcock, in (14) _____ Anthony Perkins einen Psychoten spielte?

3. Kommata

Bitte setzen Sie die richtigen Kommata in den Text von Brigitte Schwaiger. Er ist aus der Erzählung, "Die Nacht mit dem Vater."

Ich habe ja gesagt ich fahre mit. Weil er so erwartungsvoll geschaut hat und der Himmel blau da fragt er doch immer; Kinder habt ihr etwas vor? Und dann möchte er daß wir uns freuen wenn er etwas mit uns unternimmt. Aber keine von uns will mit ihm fahren weil er einen doch immer nur ausfragt was für ein Baum das ist und was für ein Verkehrzeichen und dann wird man belehrt oder Gertrud muß sich ans Steuer setzen und er sagte wie gut Gertrud schon fährt daß es unglaublich ist und dann redet er ihr doch immer drein und erklärt uns das Autofahren weil er glaubt er muß uns ständig bilden. Deshalb ist er im Urlaub meistens allein im Gebirge und er fragt auch manchmal: Warum muß ich immer allein verreisen? Wir sagen es ihm nicht weil wir ihn nicht kränken wollen. Und jetzt hat er wieder sieben Tage Urlaub und er hat unsere Mutter gar nicht gefragt ob sie mitkommt weil er weiß sie hat etwas zu tun was sie nur in seiner Abwesenheit erledigen kann im Haus. Zimmer ausmalen lassen oder den Schlosser holen oder sie hängt die Ölbilder im Vorhaus um.

(ed. Uwe Friesel und Hannelies Taschau, **Kindheitsgeschichten***, Frankfurt, Berlin, Wien: Ullstein, 1982.)*

4. Urlaub in Florida (Sprachliche Besonderheiten: sowohl ...als auch; weder ...noch; entweder ...oder)

> **Beispiel:** Die Lufthansa und die Condor fliegen von Deutschland nach Amerika.
> **Sowohl** *die Lufthansa* **als auch** *die Condor fliegen von Deutschland nach Amerika.*

1. Der Flug geht um sieben Uhr oder um acht Uhr ab.

2. Ich nehme keinen Pullover und keinen Regenschirm mit auf die Reise.

3. Mein Bruder und meine Schwester fahren auch mit nach Florida.

4. In Nord-Florida gibt es keine Bananen und keine Ananas.

5. Ich bleibe eine Woche oder zwei Wochen am Strand.

6. Wir werden segeln, und wir werden in der Sonne braten.

7. Die Reise kostet 3000 oder 4000 Mark.

8. Wir werden das Mittagessen und das Abendessen im Restaurant zu uns nehmen.

III. KOMMUNIKATIVE ÜBUNGEN: "DEUTSCHES MAGAZIN"

1. Eine Rezension zu Werner Herzogs Film "Nosferatu - Phantom der Nacht" *aus dem "Spiegel"*:

Leben eines Untöten

Sechsundfünfig Jahre nach der berühmten Stummfilm-Version von F. W. Murnau hat Werner Herzog einen Nosferatu-Film gedreht. Das Schauerdrama, dessen Held der transsylvanische Graf Dracula ist (Klaus Kinski), wurde vergangene Woche in Paris uraufgeführt, wo der Neue deutsche Film (Wenders, Herzog und Faßbinder) ein höheres Ansehen genießt als in Deutschland.

Werner Herzog über Klaus Kinski: "Das einzige Genie, das ich kenne." Kinski über Herzog: "Das einzige Genie, mit dem ich zusammengearbeitet habe." Herzog über Isabelle Adjani: "Sie ist das einzige weibliche Genie, die ich kenne." Superlative pflastern Werner Herzogs Weg, und nirgendwo ist er so mit Rosen bestreut und von Claqueuren gesäumt wie in Frankreich.

"56 Jahre nach Murnau", so rechnet "L'Express" bedeutsam vor, "dreht Werner Herzog seinen Nosferatu - wie Goethe seinen Faust zwei Jahrhunderte nach Marlowe schrieb." Ab Mittwoch dieser Woche dürfen die Franzosen Herzogs Neufassung des Stummfilm-Klassikers von Freidrich Wilhelm Murnau als erste sehen, aus Dank dafür, wie "L'Express" stolz vermerkt, weil sie auch als erste das Genie dieses Regisseurs erkannt hätten, während die Deutschen als Strafe dafür, daß sie eben diesem Genie zu lange den Rücken zugekehrt hätten, nun bis April warten müssen.

Tatsächlich hatte Herzog in Frankreich, dessen Kino seit Jahren fast ausnahmslos mit bourgeoisen Kinkerlitzchen vor sich hin kümmert, mit seinen Filmen "Aguirre" und "Kaspar Hauser" größere Publikumserfolge erzielen können als in Deutschland.

Mit dem Stolz der Grande Nation nahm Frankreich zur Kenntnis, daß Herzog, als vor Jahren seine Mentorin, die in Paris lebende Filmhistorikerin Lotte Eisner, erkrankte, zu Fuß von München nach Paris ging, um sie so am Leben zu erhalten. Und gläubig staunend kolportiert "L'Express", Herzog sei 1975 nach einem Schußwechsel mit seiner Frau ebenfalls zu Fuß von München nach Cannes zur Aufführung von "Kaspar Hauser" marschiert, seinen fünfeinhalbjährigen Sohn auf dem Rücken. Einem solch titanischen Teutonen gebührt alle Bewunderung.

Stilgerecht erlebte Herzogs "Nosferatu" denn auch seine Uraufführung im Beisein von Lotte Eisner in der traditionsreichen Pariser Cinémathèque.

"Nosferatu" ist Herzogs erste internationale Produktion. Neben dem ZDF beteiligte sich die französische Gaumont, der Film wird weltweit von der amerikanischen Twentieth Century Fox verliehen - Zeichen des hohen Ansehens, das der Neue deutsche Film nun international genießt. Ob Herzog allerdings mit "Nosferatu" der verdiente Ausbruch aus dem verschworenen Cineastenzirkel gelingt, ist fraglich, auch weil er sich an seinem großen Vorbild Murnau messen lassen muß.

Der deutsche Film hat durch seine Erniedrigung zum Propagandavehikel der Nazis im Dritten Reich und durch die stumpfsinnige Heimatfilmwelle in den 50er Jahren jegliche Kontinuität verloren. Zu bewundern ist deshalb Herzogs Mut, bewußt an die große Tradition des deutschen Stummfilms anknüpfen zu wollen. Dabei ist sein "Nosferatu" nicht bloß ein Remake, sondern in entscheidenden Punkten eine sehr persönliche Weiterentwicklung von Murnaus Dracula-Version.

Ordnen Sie die folgenden Sätze:

_____ Dabei ist sein "Nosferatu" nicht bloß ein Remake, ...

_____ ..., als vor Jahren seine Mentorin, die in Paris lebende Lotte Eisner, erkrankte, (*ging Herzog*) zu Fuß von München nach Paris...,

_____ Der deutsche Film hat durch seine Erniedrigung zum Propagandavehikel der Nazis im Dritten Reich und durch die stumpfsinnige Heimatwelle in den 50er Jahren jegliche Kontinuität verloren.

_____ "Nosferatu" ist Herzogs erste große internationale Produktion.

_____ ... während die Deutschen als Strafe ... nun bis April warten müssen.

_____ Werner Herzog über Klaus Kinski: "Der einzige Genie, das ich kenne."

_____ ... der Film wird weltweit von der amerikanischen Twentieth Century Fox verliehen - Zeichen des hohen Ansehens, das der Neue deutsche Film nun international genießt.

_____ ... (*Werner Herzog*) dreht seinen Nosferatu wie Goethe seinen Faust zwei Jahrhunderte nach Marlowe schrieb.

2. **Der berühmte Schauspieler (Zeitausdrücke - Uhrzeiten)**

> **Beispiel:** Der Schauspieler fuhr um 14.20 Uhr los
> a) *Der Schauspieler fuhr* **um vierzehn Uhr zwanzig** *los. (offiziell)*
> b) *Der Schauspieler fuhr* **nachmittags um zwanzig nach zwei** *los. (informell)*

1. Er kam um 17.45 Uhr in Fulda an.

   a) _____

   b) _____

2. Wir brachten ihn um 18.00 Uhr ins Hotel.

   a) _____

   b) _____

3. Es gab für ihn eine Cocktail-Party von 20.00 bis 22.30

   a) _____

   b) _____

4. Um 0.30 ging er erst ins Bett.

   a) _____

   b) _____

5. Er schlief bis 6.15 Uhr.

   a) _____

   b) _____

6. Sein Chauffeur brachte ihn um 10.50 Uhr ins Film-Studio.

   a) _____

   b) _____

7. Er hatte um 12.00 Uhr Mittagessen mit Hanna Schygulla im Hotel Ambassador.

   a) _____

   b) _____

8. Von 14.00 bis 15.00 Uhr schrieb er Autogramme für seine Fans.

   a) _____

   b) _____

9. Er flog um 16.13 Uhr mit einem privaten Flugzeug wieder ab. Tausende winkten.

   a) _____

   b) _____

3. Der Weihnachtsbrief (Sprachliche Besonderheiten - Verben mit Dativ- oder Akkusativpräpositionen)

warten auf	sich freuen über
denken an	sich freuen auf
sich sehnen nach	sprechen über
sich interessieren für	sprechen von
sich erinnern an	schreiben an
sich kümmern um	

Lieber Weihnachtsmann!

Mein Name ist Emma. Ich bin acht Jahre alt, und ich kann (1) _____ noch gut (2) _____ (3) d _____ (4) letzt _____ Weihnachten (w) erinnern. Ich warte schon sehr (5) _____ (6) d _____ (7) heilig _____ Abend (m) dieses Jahr.

Heute schreibe ich (8) _____, denn ich wünsche mir viele Geschenke. Erinerst Du dir/dich an (9) d _____ Sachen (pl), die Du mir voriges Jahr geschenkst hast? Ich habe ein Fahrrad bekommen. Aber dieses Jahr interessiere ich mir/mich (10) _____ Autos (pl). Leider bin ich noch zu jung und darf nicht fahren. Ich habe mit meiner Mutter (11) _____ e _____ Auto (s) für mich gesprochen, aber sie sagt, ich muß noch warten, bis ich 18 Jahre alt bin. Bitte kümmere dir/dich (12) _____ mein _____ Wunsch (m)! Ich freue mich schon so (13) _____ einen Porsche (m).

Wenn das aber nicht geht, dann spreche ich (14) _____ etwas anderem. Ich sehne mich/mir (15) _____ (16) ein _____ neu _____ Puppe (w). Ich denke zum Beispiel (17) _____ ein _____ Käthe Kruse-Puppe. Aber sie ist sehr teuer.

Bitte, lieber Weihnachtsmann, bringe mir doch einen Porsche oder eine Puppe.

Deine,
Nora

4. Aberglaube oder Wirklichkeit?

Kreuzen Sie bitte an, ob die folgenden Sätze Aberglaube oder Wirklichkeit sind:

	A	W

1. Es bringt Unglück, wenn einem eine schwarze Katze über den Weg läuft.
2. Frauen sind bis zum 18. Jahrhundert als Hexen[1] verbrannt worden.
3. Fledermäuse[2] greifen Menschen an.
4. Knoblauch[3] hilft gegen Vampire.
5. Salz verstreuen gibt Ärger.
6. Die Prophezeihungen von Nostradamus (1503 - 1566) haben bis heute großen Einfluß[4].
7. Wenn die Seeleute im Rhein die Lorelei und ihr goldenes Haar sehen, ertrinken sie.
8. Walpurgisnacht ist die Nacht vor dem 1. Mai, in der Hexen zu ihren Tanzplätzen fliegen.
9. Die Alchemisten wollten im 17. und 18. Jahrhundert Gold machen.
10. Ein zerbrochener Spiegel bringt 7 Jahre Pech.
11. Der Geist[5] eines getöteten Menschen verfolgt den Mörder.
12. Graf Wladyslaw Kuzdrzal-Kicki ist ein Blutsverwandter Graf Draculas.
13. Viele Hotels haben keine 13. Etage.

[1] *witch*
[2] *bat*
[3] *garlic*
[4] *influence*
[5] *ghost*

HÖRVERSTÄNDNIS

1. **Trennbare Präfixe**

   Höre den Dialog zweimal. Füge bitte das richtige Verb ein.

   1. _____ Sie ____ zum Flugplatz?
   2. Wann _____ Sie _____, Herr Borgwardt?
   3. _____ Sie mich mit ihrem Auto _____?
   4. Gerne, ich _____ Sie _____, und ich _____ Sie auch wieder _____.
   5. Wann _____ Sie denn _____?
   6. Wie letzten Sommer. Da _____ ich im Juli _____.
   7. Ja, ich _____ Sie da auch _____.
   8. Richtig, und ich _____ Ihnen ein Buch _____.
   9. Oh, das war nett von Ihnen.
   10. _____ Sie mir wieder etwas _____?
   11. Natürlich.
   12. Also, dann _____ ich Sie wieder am Sonntag _____.
   13. Vielen Dank.
   14. Bitte.

2. **Etwas nicht gut finden, tadeln**

   Höre zuerst den Dialog vom Tonband.

   Schreibe bitte fünf Sätze mit diesen Ausdrücken und den folgenden Satzfragmenten der zwei Gruppen:

1. Ich finde es nicht gut, daß...
2. Ich muß viel aussetzen
3. Es ist schlimm, daß...
4. Sie macht den Fehler, daß...
5. Es gibt viel zu tadeln

   a) Es regnet
   b) Es blitzt und donnert jeden Tag
   c) an dem Klima in unserem Land
   d) Sie geht ohne Regenschirm spazieren
   e) an dem Wetter

1. _____
2. _____
3. _____
4. _____
5. _____

3. *"Deutsches Magazin":* **Politisches Gespräch (1988)**

   Bitte höre das Interview, und lies und höre die Antworten von Petra (Holland) und Matt (USA) und versuche die Fragen zu beantworten.

   1. **Petra:** Hm, das ist eine schwierige Frage. Nein das glaube ich nicht. Ich glaube, daß die deutschen Studenten bewußter sind, was in der Welt vor sich geht. Aber ich kann das... ich glaube es ist schwierig, das zu generalisieren.

      Matt: Ich meine, daß das stimmt, was sie sagt. Aber es gibt immer einen Grund, warum die Leute sind, wie sie sind. Ich meine, Amerika ist doch kein Land, sondern ein Kontinent. Und die Studenten interessieren sich sehr viel für die Innenpolitik, aber für Außenpolitik nicht so sehr. Und sie sind auch jünger als die deutschen Studenten.

   2. **Petra:** Unbedingt, ich glaube daß es auch etwas ist, wofür man wählt. Ich möchte, daß Politik in meinem Leben ist.

      Matt: Und ich glaube, es wird bald kommen, daß die Wirkungen unserer heutigen Politik zu sehen sind.

   3. **Petra:** Über deutsche Politik? Ich lese Zeitungen, deutsche Zeitungen. Und wenn's geht, lese ich SPIEGEL. Da ist so 'ne Menge Information im SPIEGEL...

      Matt: Und ich unterhalte mich gerne mit deutschen Studenten.

4. **Petra:** Nein, ich nicht mehr.

   Matt: Ich ganz bestimmt. Ja, das ist realistisch, denn die jüngere Generation in Ost und West will sich wieder vereinigen, und ein Beispiel davon ist schon vor zwei Wochen passiert, als es ein Konzert, ein Rockkonzert in Westdeutschland gab, in Berlin, und die Ostberliner wollten mal die Musik hören und sind alle zur Mauer gegangen und haben alle geschrieen, die Mauer muß weg. Und das kommt von beiden Seiten jetzt.

   Petra: Aber Matt, ist das das gleiche (als) vereinigen und "die Mauer muß weg"? Ich glaub trotzdem, daß es zwei verschiedene Staaten sind, und ich glaub, es ist schwerig, das mal wieder zu vereinigen.

   Interviewer: Du meinst, das bleibt?

   Petra: Ich glaub, das bleibt... Die junge Generation möchte natürlich die Musik aus dem Westen und solche Sachen. Aber sie sind aufgewachsen in einem ganz anderern System, und es sind jetzt schon zwei Generationen, die darin aufgewachsen sind.

   Matt: Und ich finde immer, daß Menschen stärker sind als Regierungen. Und die Leute, die ... es bleibt ein Volk, es bleibt ein deutsches Volk, und es wird wieder ein deutsches Volk sein.

5. **Petra:** Ja, von einer Holländerin hört man natürlich "nein". Ich glaube, wir haben 30 Parteien. Das mag ich. Ich mag das einfach. Ich finde vier Parteien noch zu wenig.

   Matt: Und ich finde zwei Parteien, die sich voneinander gar nicht so sehr unterscheiden, nicht genug. Wir sollten auch viel mehr Parteien haben. Und weil ich da keinen großen Unterschied zwischen den Parteien sehe, habe ich selber für eine dritte Partei gewählt.

1. Welche Zeitschrift liest Petra?

   _____

2. Wie informiert sich Matt gern über Deutschland?

   _____

3. Warum kamen die jungen Leute aus der DDR zur Berliner Mauer?

   _____

4. Warum sagt Matt "Menschen sind stärker als Regierungen"?

   _____

5. Warum findet Petra das Zweiparteiensystem in Amerika nicht gut?

   _____

6. Welche zwei Parteien, die sich nicht voneinander unterscheiden, meint Matt?

   _____

MUSTER UND MODELLE

I. SCHNELL UND GENAU

1. **Substantivformen**

Singular		Plural
1. _____	Anzug	_____
2. _____	Apfel	_____
3. _____	Vertrag	_____
4. _____	Sorge	_____

2. **Stolpersteine**

   1. *Heißt es* **wenn, wann** *oder* **als**?

      a) _____ sie spazieren gingen, regnete es.

      b) Immer _____ wir spazieren gingen, schien die Sonne.

      c) _____ du spazieren gehst, regnet es nie.

      d) _____ geht ihr spazieren? Heute nachmittag.

      e) _____ ich morgen spazieren gehe, denke ich an dich.

   2. *Verben mit Präpositionen*

      a) Ich warte schon lange _____ (*Präposition*) _____ (*du*).

      b) Erinnert ihr _____ (*Reflexiv*) _____ (*Präposition*) den letzten Sommer?

      c) Er freut _____ (*Reflexiv*) schon _____ (*Präposition*) den Winter.

      d) Wer kümmert _____ (*Reflexiv*) _____ (*Präposition*) deutschen Fußball?

II. STRUKTUREN IM KONTEXT

1. Der arme Bettler (Konjunktiv — Vergangenheit)

Beispiel: Die gute Fee kam. Ich wünschte mir ein trockenes Plätzchen.
Wenn *die gute Fee* **gekommen wäre**, *hätte ich mir ein trockenes Plätzchen* **gewünscht**.

1. Ich hatte keine Zeitung. Ich fror.

2. Ich war arm. Ich trank besseren Wein.

3. Ich saß unter der Brücke. Ich wurde nicht naß.

4. Die Fee verstand mich falsch. Ich bekam kein trockenes Zimmer.

5. Ich verdiente Geld. Ich flog zu Weihnachten nach Florida.

6. Ich fand die Fee wieder. Ich ging mit ihr nach Hause.

7. Der Bettler hatte noch einen Wunsch. Er wünschte sich eine neue Decke.

2. Gabriele Wohmann: **Der Himmel war schwarz**

Lessen Sie den Text.

GABRIELE WOHMANN

Der Himmel war schwarz

Seine scheue Knabenstimme war beim Singen heller. Wenn er sprach, klang sie tief und unrein. "And one night, the sky was black. Their horses' snorting, it didn't come back. "Er wurde lauter, im Ton zitterte eine Art Glücksgefühl: "That one night, the moon didn't burn. The drumming of the hooves, it didn't return."

Er liebte die letzte Strophe. Er sah den schwarzen Himmel, aber sonderbarerweise sah er den Mond doch darin brennen: das Lied hatte sein Bild heraufbeschworen. So müßte man auch eines Nachts nicht zurückkommen, dachte er, Pferdeschnauben, Hufetrommeln, das wäre etwas. Keine Schule mehr, der schreckliche öde Weg in die Stadt. Eine Wolke aus Staub, aus fliegendem Sand müßte man hinter sich haben. Frei, dachte er, er wäre frei, wenn er wegritte und nicht zurückkehrte an der Abzweigung der Landstraße. Er würde sich nicht umdrehen, er hätte die Vergangenheit im Rücken. Der Blick zurück verlockte nicht. Der kleine Hof: ein offenes Rechteck, Schmutzwege, die aus- und einführen. Oben auf dem Gipfel des Hügels war der Ausguckplatz, an dem er jetzt saß. Er würde sich doch umdrehen, beschloß er und stocherte mit einem kohligen Zweigende im verschlafenen Feuer. Er würde gern wissen, wann er den Punkt erreicht hätte, von dem aus er seinen Platz nicht mehr sähe. Dann befände er sich in Freiheit.

aus: Friesel, Uwe und Hannelies Taschau ed. Kindheitgeschichten
Frankfurt/Main, Berlin, Wien: Ullstein, 1982

a) *Bitte unterstreichen Sie die Wörter im Konjunktiv.*
b) *Was erlebt der Junge wirklich und was wünscht er sich?*

Schreiben Sie 6 Sätze:

WIRKLICHKEIT   WUNSCH

_____   _____

_____   _____

_____   _____

3. **Nichts ist so, wie es scheint. (Konjunktiv bei** *als ob*)

   Sie sieht aus, als ob sie reich (1) _____ (*sein*). Sie tut, als ob ihr das große Haus (2) _____ (*gehören*). Es scheint, als ob sie ein berühmtes Buch (3) _____ _____ (*schreiben, Vergangenheit*). Sie benimmt sich, als ob sie ein Königreich (4) _____ (*haben*). Sie spricht, als ob sie (5) _____ (*singen*). Sie weint, als ob sie (6) _____ (*lachen*). Sie kauft ein, als ob es bald nichts mehr (7) _____ (*geben*). Es sieht so aus, als ob sie einen Rolls Royce (8) _____ (*brauchen*).

4. **Brigitte und Willi bei der Abschiedsfeier**

   Bitte schreiben Sie den folgenden Dialog in indirekter Rede:

   > **Beispiel:** 1. **Brigitte:** Wie lange bist du schon hier, Willi?
   > *Brigitte Fragt Willi wie lange er schon heir sei.*

   2. **Willi:** Ich bin vor einer Stunde gekommen.
   _____

   3. **Brigitte:** Tanzt du mit mir?
   _____

   4. **Willi:** Ich kann nicht tanzen. Tanze doch mit Jack!
   _____

   5. **Brigitte:** Bringst du mir ein Glas Erdbeerbowle?
   _____

   6. **Willi:** Gib mir dein leeres Glas. Ich hole sie dir.
   _____

   7. **Brigitte:** Wie spät ist es?
   _____

   8. **Willi:** Es ist schon Mitternacht.
   _____

   9. **Brigitte:** Hier kommt Graf Dracula.
   _____

   10. **Willi:** Was will er von uns?
   _____

11. **Brigitte:** Er bietet uns eine Stellung an. Er bezahlt 2000 Mark im Monat.

_____

12. **Willi:** Möchtest du in Transsylvanien arbeiten?

_____

13. **Brigitte:** Geh doch zum Arbeitsamt!

_____

14. **Willi:** Da bekomme ich höchstens eine Stelle als Fensterputzer.

_____

15. **Brigitte:** Wollen wir Jack und Susi suchen?

_____

16. **Willi:** Das ist eine gute Idee.

_____

5. **Schlechte Angewohnheiten (Sprachliche Besonderheiten - Substantive aus Verben)**

   1. Ich *rauche* gern, obgleich _____ ungesund ist.

   2. Du *schreibst* wenige Briefe, weil _____ zu viel Zeit kostet.

   3. Er *joggt* nie, denn _____ verbraucht zu viele Kalorien.

   4. Ihr *faulenzt* den ganzen Tag. Wißt ihr nicht, daß ihr mit _____ keine Karriere macht?

   5. Er *trinkt* drei Liter Bier am Tag. Er weiß wohl nicht, daß man vom vielen _____ Alkoholiker werden kann.

   6. Sie *schreit* den ganzen Tag, und uns fällt ihr _____ auf die Nerven.

III. KOMMUNIKATIVE ÜBUNGEN: "DEUTSCHES MAGAZIN"

1. **Extra**

    Welche Aussagen gehören zusammen? Schreiben Sie die richtige Nummer vor die erste Aussage.

_____	Warum nimmst du die Gabel?	1.	Leider nein, er ist nicht hier.
_____	Ohne sie hätten wir keine Flugzeuge.	2.	Wenn ich nur schlafen könnte.
_____	Dürfte ich Herrn Neumann sprechen.	3.	Gerade aus!
_____	Könntest du mir einen Farbfernseher kaufen?	4.	O ja, wenn es nur schneite!
_____	Würden Sie mir bitte sagen, wo die Post ist?	5.	Gerne, wenn ich reich wäre.
_____	Vor 100 Jahren hätten wir keinen Fernseher gehabt.	6.	Um Kuchen zu essen.
_____	Warum bist du vorbeigegangen, ohne mich zu begrüßen?	7.	Ihnen verdanken wir, daß wir heute nach Europa fliegen können.
_____	Du bist müde, geh ins Bett!	8.	Ich habe dich nicht gesehen.
_____	Möchtest du Skilaufen gehen?	9.	Ohne Fernsehen könnte ich nicht leben.

2. Politische Richtungen

A. *Welche Aussagen sind im allgemeinen konservativ und welche sind progressiv?*

	Konservativ	Progressiv
1. Ein größerer Prozentsatz der Steuern sollte für die Rüstung ausgegeben werden. Wir müssen uns doch verteidigen können.		
2. Wir müssen zu unseren Traditionen stehen! Die Supermärkte sollten die kleinen Tante Emma-Läden nicht aufkaufen. Ich gehe viel lieber in ein kleines Geschäft. Die Supermärkte sind zu unpersönlich mit ihren Neonlichtern.		
3. Wir dürfen die Geschwindigkeit auf den Autobahnen nicht beschränken. Wer wird dann noch Mercedes und Porsche kaufen, wenn man nur 120 km/st fahren kann?		
4. Bei uns arbeitet nur der Vater, weil ein gutes Familienleben für uns wichtiger ist als ein neuer Farbfernseher oder ein Zweitauto.		
5. Mit dem zweiten Weltkrieg und dem Dritten Reich haben wir nichts mehr zu tun. Wir sind später geboren und sind daran nicht schuld. Man sollte die Zeit endlich mal vergessen.		
6. Wir müssen immer wieder an die Unmenschlichkeit, die in unserer Geschichte vorkommt, denken. Sonst machen wir alle Fehler noch einmal.		
7. Ich arbeite gern im Haushalt. Meine Frau muß in der Firma schwer arbeiten. Es freut mich, wenn ich es ihr gemütlich machen kann.		
8. Wir haben für unsere Kinder einen Kindergarten gefunden, wo sie mit Kindern aus verschiedenen Kulturen und sozialen Schichten spielen können.		
9. Die kommunistische Partei sollte weiterhin verboten werden. Auch in der Grünen Partei sind zu viele Kommunisten. Das ist gefährlich. Eines Tages werden uns die Russen oder die Chinesen einfach überrollen.		

	Konservativ	Progressiv
10. Es sollte mehr Geld in die Forschung von Sonnenenergie gesteckt werden. Außerdem haben wir nicht genug Gelder zur Umweltbereinigung. Die Politiker der großen Parteien arbeiten ja nur für die Lobbyisten! Alle wollen nur reich werden.		

B. *Bitte benutzen Sie die Ausdrücke des Textes und schreiben Sie zu jedem Punkt Ihre eigene Meinung.*

Beispiel: *Ich glaube, daß wir weniger Geld für die Rüstung ausgeben sollen.*

1. _____
2. _____
3. _____
4. _____
5. _____
6. _____
7. _____
8. _____
9. _____
10. _____

LÖSUNGEN: HÖRVERSTÄNDNIS

KAPITEL 1

1. Buchstabieren

    1. Katze   2. Wiedersehen

2. *"Deutsches Magazin":* Freunde, Bekannte und Verwandte

    A. Dialogue: Richtig oder Falsch

    1. F
    2. F
    3. R
    4. F

    B. Willis Verwandte: Richtig oder Falsch?

    1. F
    2. F
    3. R
    4. R
    5. F (*Mama, wie geht es dir?*)
    6. F
    7. R
    8. F
    9. F
    10. R

KAPITEL 2

1. Markiere Subjekte und Objekte im Satz

    1. ich ... der Freund
    2. du ... der Mann
    3. der König ... der Mann
    4. Paul Getty ... der Mann
    5. ich ... der reichste Mann, der Mann
    6. ich ... einen Roboter (*Akkusativ*)
    7. du ... ein Roboter
    8. dieser Mann ... ein Roboter
        er ... ein Roboter
        er ... ein Roboter
    9. du ... der Freund

2. *"Deutsches Magazin":* Modenschau

    1. R
    2. F
    3. R
    4. R
    5. F
    6. R

KAPITEL 3

1. Fernsehen und Radio hören

   1. c
   2. d
   3. f
   4. b
   5. a
   6. e

2. Was sagt man da? (Jemand vorstellen)

   A) a, b, e;   B) a, c, d, e.

   vorstellen
   oder
   Darf ich Ihnen meine Mutter, Frau B. vorstellen, Herr Professor?
   oder
   Dies ist meine Mutter, Frau B.

   Es freut mich auch.
   oder
   Es freut mich auch, Sie kennenzulernen.
   oder
   Ganz meinerseits.
   oder
   Guten Tag, Herr Professor.

KAPITEL 4

1. Mit, bei oder zu?

   1. mit
   2. bei
   3. zu
   4. bei
   5. mit
   6. bei

2. Wünsche

   1. Ich möchte (*gern*) eine Kiste Orangen kaufen.
   2. Ich hätte gern eine Tasse Milch.
      oder
      Ich möchte gern eine Tasse Milch haben.
   3. Ich hätte gern 2000 Dollar.
      oder
      Ich möchte gern 2000 Dollar haben.

3. *"Deutsches Magazin":* Konsumgesellschaft

   1. nein
   2. ja
   3. nein
   4. ja

KAPITEL 5

1. Stehen oder stellen?

   1. steht
   2. gestellt
   3. gestanden
   4. stell
   5. gestellt

2. *"Deutsches Magazin":* Zwei Studentinnen unterhalten sich.

   1. falsch
   2. richtig
   3. richtig
   4. falsch
   5. falsch

KAPITEL 6

1. Stolpersteine (gefallen/lieben/gern haben)

   1. b, f
   2. a, f
   3. c
   4. d
   5. e
   6. f, a

2. Um Hilfe bitten und helfen

   1. c
   2. a
   3. f
   4. e
   5. g
   6. b
   7. h
   8. d

3. *"Deutsches Magazin":* Telefonieren

   1. ein Ferngespräch
   2. der Auskunft
   3. 030
   4. Kleingeld / Markstücke
   5. in der Telefonzelle

3. *"Deutsches Magazin":* Geburtstag

   1. F
   2. F
   3. R
   4. F
   5. F
   6. R

KAPITAL 7

1. Was sage ich, wenn ich etwas anbiete?

   1. Darf ich Ihnen meinen Platz anbieten?
      Möchten Sie hier sitzen?
      Bitte, nehmen Sie hier Platz.
      usw.

2. Möchten Sie etwas Tee?
   Darf ich Ihnen Mineralwasser anbieten?
   usw.

3. Nimmst du ein Glas Wein?
   Möchtest du Rotwein oder Weißwein?
   Darf ich dir ein Glas Wein anbieten?
   usw.

2. *"Deutsches Magazin":* Kochrezept

   1. R
   2. R
   3. F
   4. F
   5. R
   6. F
   7. R
   8. F
   9. R
   10. R
   11. F

KAPITEL 8

1. Negativsätze

   1. Ich gehe nie langsam.
   2. Er sucht keine Stelle als Rennfahrer.
   3. Mit seinem Auto fährt er nicht schnell.
   4. Er hat nie Geld.
   5. Er braucht kein Rennauto.
   6. Ich habe ihn nicht sehr gern.

2. Gratulieren

   1. b + d,   2. a + c.

3. *"Deutsches Magazin":* Geburtstag

   1. F
   2. F
   3. R
   4. F
   5. F
   6. R

KAPITEL 9

1. Die beste Antwort

   1. noch nicht
   2. noch nicht
   3. jetzt nicht
   4. jetzt nicht oder noch nicht

2. *"Deutsches Magazin":* Fakten oder Vorurteile?

   1. F
   2. V
   3. F
   4. F
   5. V
   6. V
   7. V
   8. F
   9. V
   10. F

KAPITEL 10

1. Stolpersteine: gefallen/lieben/gern haben

   1. b, f;
   2. a, f;
   3. c;
   4. d;
   5. e;
   6. f, a

2. Sich bedanken

   1. e   2. b   3. a   4. d   5. c

3. *"Deutsches Magazin":* Elisabeth macht Ferien

   1. R
   2. F
   3. F
   4. R
   5. R
   6. F
   7. F
   8. R
   9. F
   10. R
   11. R
   12. R
   13. F
   14. F

KAPITEL 11

1. Telefonieren

   1. d   2. d

2. *"Deutsches Magazin":* In der Kunstausstellung

   1. Malerei
   2. Tanz
   3. Malerei
   4. Literatur
   5. Theater/Literatur
   6. Literatur
   7. Film
   8. Musik

KAPITEL 12

1. schon oder ein(e) ander(e) *oder* noch ein(e)

1. noch eine (*Kassette*).
2. Sie braucht noch mehr Rockmusik.
3. Sie möchte eine andere (*Rockmusik*).
4. Nein, sie hat noch nicht gegessen.
5. Nein, sie möchte in ein anderes (*Restaurant*).
6. Noch eine Stunde.

2. Angst und Sorgen ausdrücken

1. b, c   2. a   3. a, d   4. b, c

3. "*Deutsches Magazin*": Ein Volkslied

1. a   2. b   3. a   4. b   5. b   6. a   7. b   8. a

KAPITEL 13

1. Meinungen und Ansichten sagen, Partei nehmen

1. a, b   2. a, b   3. c   4. d

2. "*Deutsches Magazin*": Gedichte von Sarah Kirsch

Das Dorf

Ruhe: die Stille, verstummten

hell: lackrotem, glänzende, Stern, leuchteten hell, flammte ... auf, das Licht

Ende Mai

a) Schatten unter den Augen
b) wüster Herzschlag
c) unfroh
d) verneine

Der Wald

1. a, b   2. a, b, c, d

KAPITEL 14

1. Vorschläge zum Handeln

1. c   2. a   3. b

2. *"Deutsches Magazin":* Eine Geschichte von Wolf Biermann

    1. b   2. a, c   3. c   4. b, c   5. b   6. b   7. a

KAPITEL 15

1. bekommen *oder* werden?

    1. wird
    2. wird
    3. bekommt
    4. bekommt
    5. bekommt
    6. wird

2. sich beeilen

    1. beeile dich   2. beeilen Sie sich   3. es pressiert

3. *"Deutsches Magazin":* Rotkäppchen

    1. R
    2. R
    3. F
    4. F
    5. F
    6. F
    7. R
    8. F
    9. R
    10. R
    11. F
    12. R

KAPITEL 16

1. es gibt/da sind/es steht

    1. c = es steht   2. a = es gibt   3. c = es stehen   4. b = sind
    5. a = es gibt   6. b = ist   7. b = ist   8. a = es gibt
    9. a = sind   10. c = es steht   11. c = es steht   12. a = es gibt

2. Was sagt man, wenn man gleichgültig ist?

    1. b   2. d   3. c   4. b

3. *"Deutsches Magazin":* Kernenergie - dafür oder dagegen.

    1. R   2. F   3. R   4. R   5. F

KAPITEL 17

1. Komplimente machen

   1. Du hast einen phantastischen Essay geschrieben.
      oder
      Das hast du aber sehr gut gemacht.
      oder
      Den Essay finde ich ausgezeichnet.
      oder
      Ich muß deinen Essay bewundern.

   2. Deinen Garten finde ich wunderschön.
      oder
      Das sieht aber hier sehr schön aus.
      oder
      Der Garten ist sehr attraktiv.

2. "Deutsches Magazin": Computer und Geld

   1. steigt
   2. anlegen
   3. Aktien
   4. Anlage
   5. Immobilienmarkt
   6. verlieren
   7. Wertpapiere
   8. geheim
   9. Pleite
   10. Ersparnisse
   11. abheben
   12. Lotterie
   13. Kapitalist
   14. Wirtschaft

KAPITEL 18

1. zeit/mal/Stunde

   1. dreimal
   2. Stunde
   3. Zeit
   4. mal
   5. Mal
   6. einmal

2. Ohne Worte

   1. Aha
   2. Aua
   3. Hatschi
   4. Nanu
   5. Oh
   6. Pfui
   7. Hm
   8. Ach

KAPITEL 19

1. Was sagt man da? (Enttäuschung oder Überraschung)

   1. a, d
   2. b
   3. b, c
   4. a, d
   5. b, c, e
   6. b, c, e
   7. a, d

2. *"Deutsches Magazin":* Heute zwei Gedichte

    A. Der Papiertruthahn

        1. a   2. b   3. a, b

    B. Konzentrierte Aktion - Konzertierte Aktion

        4. a   5. a   6. b

KAPITEL 20

1. Was sagt man, wenn man ärgerlich ist?

    1. a *oder* e   4. c
    2. a *oder* e   5. f
    3. b   6. d

2. *"Deutsches Magazin":* Aberglaube

    1. Nein, Frau Reinhardt ist nicht abergläubisch, nur vorsichtig.
    2. Sie geht um die Leiter herum, weil ihr etwas auf den Kopf fallen könnte.
    3. Sie hat einen Spiegel zerbrochen.
    4. Frau K. glaubt an Geister, an Hexen und Zwerge, weil es das Leben interessanter macht.
    5. Frau K. hört einen Poltergeist. Frau Reinhardt hört vielleicht ein Tier oder ein Stück Holz, das herunterfällt.

KAPITEL 21

1. Trennbare Präfixe

    1. kommen ... mit   6. bin ... zurückgekommen
    2. fliegen ... ab   7. habe ... abgeholt
    3. Bringen ... hin   8. habe ... mitgebracht
    4. bringe ... hin, hole ... ab 10. Bringen ... mit
    5. kommen ... zurück   12. hole ... ab

2. Etwas nicht gut finden, tadeln

    1. Ich finde es nicht gut, daß es regnet.
    2. Ich muß viel an dem Wetter aussetzen.
    3. Es ist schlimm, daß es jeden Tag blitzt und donnert.
    4. Sie macht den Fehler, daß sie ohne Regenschirm spazieren geht.
    5. An dem Klima in unserem Land gibt es viel zu tadeln.

    (*Viele ähnliche Sätze sind möglich.*)

3. *"Deutsches Magazin":* Politisches Gespräch

   1. Petra liest SPIEGEL.
   2. Er spricht am liebsten mit deutschen Studenten.
   3. Sie wollten das Rockkonzert aus Westberlin hören.
   4. Er sagt, Menschen sind stärker als Regierungen,
      weil er meint, daß es eine Wiedervereinigung
      der BRD und der DDR geben wird.
   5. Sie mag viele Parteien, weil man in Holland 30 Parteien hat.
   6. Matt spricht von der demokratischen und der republikanischen Partei in Amerika.

   (*Ähnliche Antworten sind möglich.*)

LÖSUNGEN: MUSTER UND MODELLE

KAPITEL 1

I. Schnell und Genau

  1. Substantivformen

     die, die Freundinnen
     der, die Tage
     der, die Namen
     das, die Bücher

  2. Stolpersteine:

     1. nach
     2. zu
     3. aus

  3. Variation zum Minidrama

     1. und
     2. zum
     3. Sie
     4. ist
     5. es
     6. verstehe
     7. Frau
     8. Danke
     9. heute
     10. Sonntag
     11. heißen
     12. kommen

II. Strukturen im Kontext

  1. Hollywood

     1. der, ein
     2. das, ein
     3. die, meine
     4. die, ein
     5. die
     6. der, ein
     7. der, ein
     8. die, eine

  2. Meine besten Freunde

     1. mein
     2. Mein, ein
     3. Eine, meine
     4. Ein, eine, meine
     5. Meine, ein, ein
     6. Meine, eine, eine
     7. Meine, meine
     8. Meine, eine, eine
     9. Mein, ein
     10. Mein, mein

3. Schönes Wetter

1. Die
2. Sie
3. Das
4. es
5. Der
6. Er
7. Das
8. Es
9. Die
10. Sie

4. Wir fahren und fliegen

1. Er
2. Es
3. Sie
4. Sie
5. Sie
6. Sie
7. Es
8. Es
9. Sie

5. Sport

1. Ich
2. du
3. Wir/Sie
4. ihr
5. wir/sie
6. Sie
7. er
8. ich
9. es
10. Es
11. ihr
12. wir
13. du
14. ich

6. Meine Familie

1. a) Der b) Ich
2. a) Der b) Er
3. a) Die b) Sie
4. a) Der b) Er
5. a) Die b) Sie
6. a) Der b) Er
7. a) Die b) Sie
8. a) Der b) Er c) ihr
9. a) Die b) Sie
10. a) Der b) Sie
11. a) Der b) Es
12. a) Die b) Sie
13. a) Der b) Er
14. a) Die b) Sie
15. a) der b) Er
16. a) die b) Sie

7. Kleine Übung

Singular

1. ich renne
2. du rennst
3. sie
4. er rennt
5. es

Plural

6. wir rennen
7. ihr rennt
8. Sie rennen
9. sie

10. Sie rennen schnell.
11. Rennen die Frauen?

8. An der Uni

1. sagt
2. habe
3. sind
4. weiß
5. heißben
6. geht
7. fragt
8. sagt
9. Fährst
10. machen
11. ist
12. Bist
13. bin
14. hat
15. ist
16. lernt
17. verstehst
18. hat
19. geht
20. ist

9. Im Zirkus

1. Siehst
2. seht
3. kommen
4. fährt
5. kommt
6. weiß
7. ist
8. Hast
9. sind
10. geht
11. geht
12. kommen
13. ist
14. heißt
15. Versteht
16. verstehe
17. singt
18. Singt
19. singe

10. In der Bar

1. machen
2. Sind
3. verstehe
4. ist
5. Siehst
6. hat
7. Fährt
8. weiß
9. lerne
10. heißt
11. ist
12. kommst

III. Kommunikative Übungen: *Deutsches Magazin*

1. Sagen sie "du" oder "Sie"?

1. Sie
2. du
3. du
4. Sie
5. du
6. Sie
7. du

2. Mein Kalender

1. Sonntag
2. Jazz-Konzert
3. Montag
4. Donnerstag
5. Dienstag (Mathematik); Mittwoch (Deutschklasse); Donnerstag (Herr Breitmoser)
6. Freitag
7. Woody Allen-Film
8. Die Tage der Woche sind: Montag, Dienstag, Mittwoch, Donnerstag, Freitag, Samstag (Sonnabend), Sonntag.

KAPITEL 2

I. Schnell und Genau

1. Substantivformen

1. die, die Städte
2. die, die Türen
3. das, die Fenster
4. der, die Bleistifte

2. Stolpersteine

1. nach
2. fahren, nach
3. kein

3. Variation zum Minidrama

1. sitzen
2. unterhalten
3. nicht wahr
4. fünf
5. Kugelschreiber
6. keinen
7. kommen
8. Süddeutschland
9. sind
10. geboren
11. Sonne
12. spricht
13. Bücher
14. spät

II. Strukturen im Kontext

1. Das schöne Zimmer

1. ein
2. die
3. ein
4. den
5. eine
6. Ein
7. einen
8. Meine
9. meinen
10. den
11. meine
12. eine
13. ein
14. Meine
15. den
16. den

2. Beim Optiker

1. sie
2. ihn
3. ihn
4. es
5. ihn
6. sie
7. sie

3. Casablanca

1. durch
2. ohne
3. ohne
4. Für
5. um
6. für
7. um/durch
8. für
9. ohne
10. ohne
11. gegen
12. für

4. Klassengespräch

1. du
2. den
3. er
4. ihn
5. meine
6. sie
7. sie
8. wir
9. einen
10. das
11. mich
12. einen
13. mein
14. es
15. das
16. eine
17. dich
18. den
19. den
20. er
21. einen
22. Den
23. Er
24. die
25. ein
26. mein
27. eine
28. dich
29. Sie
30. ihr
31. die
32. mich
33. meine
34. euch
35. Ihr
36. Der
37. Sie
38. die

5. Zum Theater

1. Was gibt es?
2. Wie heißt es?
3. Wann fährst du?
4. Wie ist die Musik?
5. Wo ist Anni?
6. Wer dirigiert?
7. Wie fährst du?
8. Was siehst du gern?
9. Wen kennst du?
10. Wen hörst du gern?
11. Wo sind die Theaterkarten?
12. Wann müssen wir gehen?

6. Tennis

1. dich
2. mich
3. ihn
4. es
5. dich
6. mich
7. ihn
8. ihn
9. sie
10. dich

7. Zur Uni

1. euch
2. uns
3. mich
4. euch
5. dich
6. mich
7. ihn
8. euch
9. sie
10. uns

8. Im Bücherladen

1. Das
2. das
3. die
4. den
5. einen
6. keine
7. die
8. ein
9. Der
10. die
11. eine
12. die
13. einen

9. In der Kunstgalerie

1. nicht
2. nicht
3. keinen
4. kein
5. keine
6. kein
7. nicht
8. nicht
9. kein

III. Kommunikative Übungen: *"Deutsches Magazin"*

1. Körper und Kleidung: Singular

1. die Stirn, die Augenbrauen, die Nase, die Wange, der Mund
2. das Haar, das Ohr, das Gesicht ...
3. die Schulter, die Brust, die Arme, der Hals
4. die Beine, der Bauch, das Knie, der Fuß
5. die Bluse, das Hemd, die Hose, der Rock, die Krawatte, die Strumpfhose

2. Eine Schreibübung

1. Das Wetter ist unfreundlich und kalt.
2. Es ist wolkig in Innsbruck.
3. Die Höchsttemperatur in Bayern ist um 12 Grad.
4. Nein, wir haben Nordwestwind.
5. Der Chiemsee ist zwölf Grad.
6. In Prag ist es bewölk mit Regen bei acht Grad.

3. Welche neue Farben?

1. orange
2. rosa
3. lila
4. grün
5. grau

KAPITEL 3

I. Schnell und Genau

1. Substantivformen

1. die, die Bekannten
2. die, die Zeiten
3. die, die Universitäten
4. der, —

2. Stolpersteine

1. zu
2. fährt/nach
3. man

3. Variation zum Minidrama

1. sitzen
2. ohne
3. Sie
4. hole
5. Bekannter
6. geht's
7. vorstellen
8. freut
9. Nehmen
10. Zeit
11. erklärst
12. lernten
13. bleibst
14. unterhalte

II. Strukturen im Kontext

1. Karneval

1. Ich komme mit meinen Freunden.
2. Er kommt mit einer Maske.
3. Die Cowboys kommen mit dem Revolver.
4. Old Shatterhand kommt mit dem Colt.
5. Tom Mix kommt mit dem Lasso.
6. Winnetou kommt mit den Federn.
7. Mein Nachbar kommt mit der Freundin.
8. Du kommst mit einem Pfenning.
9. Ihr kommt mit einer Flasche Whisky.

2. Meine Rosen

1. den
2. meinen
3. meiner
4. meinem
5. meinen Freunden
6. den Produkten
7. meiner
8. dem
9. dem
10. der
11. den
12. den Leuten

3. Bei der Auktion

1. Er zeigt dem Auktionär den antiken Tisch.
2. Sie erklärt dem Touristen die Preise.
3. Du gibst der Freundin das Scheckbuch.
4. Ihr bringt den Großeltern den Kaffee.
5. Sie geben der Busfahrerin den Schreibtisch.
6. Ich hole dem Mädchen den Stuhl.
7. Du zeigst dem Kind das Instrument.
8. Er erklärt dem Studenten die Methoden.

4. Im Café

1. wen
2. Was
3. wem
4. Was
5. wen
6. Wen
7. Was
8. Wem
9. Was

5. Das Experiment

1. ein
2. dem
3. meinem
4. das
5. dem
6. das
7. den
8. das
9. dem
10. dem
11. die
12. den
13. den
14. den
15. den
16. der
17. die
18. den
19. dem
20. das
21. den
22. die

6. Im Garten

1. aus
2. nach
3. zu
4. mit
5. neben/bei
6. außer
7. von
8. mit
9. zu
10. nach
11. nach
12. zu
13. Seit
14. aus
15. von
16. zu
17. bei
18. mit
19. nach
20. bei

7. **Im Labor**

    1. mir
    2. Ihnen
    3. ihr
    4. uns
    5. ihm
    6. dir
    7. Ihnen
    8. mir
    9. Ihr
    10. euch
    11. mir
    12. Uns
    13. uns
    14. euch
    15. Ihnen
    16. mir
    17. dir
    18. mir
    19. uns

8. **Hobbys**

    1. Die Schwestern meiner ...
    2. ... die Füße der Freunde.
    3. ... die Ohren meines Hundes.
    4. Robertas Photos ...
    5. ... Herrn Wilsons Photogeschäft?
    6. ... Großvaters Auto.
    7. Die Motoren der Autos ...
    8. ... den Chef meines Vaters?
    9. Im Haus meiner Eltern ...
    10. Die Photos meiner Katze ... <see note in workbook>
    11. Der Kopf des Tieres ...
    12. Die Kamera der Touristin ...
    13. Der Assistent der Professorin ...

9. **Regen**

    1. des Regens
    2. des schlechten Wetters
    3. meiner
    4. der
    5. des Sturmes
    6. der
    7. des Morgens
    8. der
    9. des großen Schirms

10. **Spuk**

    1. ums
    2. durchs
    3. zum
    4. durchs
    5. beim
    6. am
    7. gegens
    8. vom
    9. unterm
    10. aufs
    11. übers
    12. fürs

11. **Sprachliche Besonderheiten**

    1. den Eltern
    2. dem Jungen
    3. Wem
    4. mir
    5. ihr
    6. dem Kind
    7. ihm
    8. der Mutter
    9. den Affen
    10. dem Studenten
    11. ihm
    12. den Kindern

III. Kommunikative Übungen: *"Deutsches Magazin"*

1. Fernsehen

1. 22.00
2. Sport am Sonnabend
3. "Shoot-out—Abrechnung in Gun Hill" oder "Die wilden Zwanziger"
4. 14.30 Sesamstraße
5. "Ein Land in Trümmern", 14.30
6. JazzFest Berlin, 22.55
7. Wetten, daß ...?, 20.15

2. Massenmedien

Unterschiedliche Antworten

KAPITEL 4

I. Schnell und Genau

1. Substantivformen

das, die Autos
der, die Füße
das, —
die, die Straßen

2. Verbormen im Präsens

1. spricht/sprechen
2. läufst
3. fahrt
4. ist/sind
5. hast
6. trifft
7. gibst
8. heißt
9. weißt
10. hält an

3. Stolpersteine

1. keine
2. Gibt Willi dem Freund eine Tasse Kaffee?
3. ihn

4. Variation zum Minidrama

1. nimmt
2. steigt
3. mitnehmen
4. geschehen
5. Wir
6. Autos
7. Wagen
8. damit
9. Stunde
10. ist
11. Sie
12. hält
13. geben
14. Geld
15. fährt

II. Strukturen im Kontext

1. Der - und ein - Wörter

mancher, manche, manches, manche
solchen, solche, solches, solche
jenem, jener, jenem, jenen
jedes, jeder, jedes, jeder

keiner, keine, keines, keine
euren, eure, eures, eure
unserem, unserer, unserem, unseren
Ihres, Ihrer, Ihres, Ihrer

2. Der Blumenladen

1. einen
2. der
3. die
4. dieses
5. der
6. dem
7. den
8. dem
9. den
10. dieser
11. mein
12. meinem
13. die
14. diese
15. den
16. dem
17. dem

3. Im Radiogeschäft

1. Welchen
2. Dieser
3. Dieses
4. Diese
5. solche
6. Manche
7. welchen
8. diesem
9. Alle/Mache
10. dieses
11. dieses Kofferradios
12. jenes/dieses Modells
13. dieser
14. jene/diese
15. Jene/Diese
16. dieses
17. Welche
18. diesem
19. alle
20. manchen
21. Solche
22. Welcher
23. Jene/Diese
24. jeder
25. Solche
26. diese

4. Im Park

1. Ihr
2. dein
3. Euer
4. ihrem
5. ihre
6. ihr
7. unserem
8. deine/eure/ihre
9. meine/ihre
10. deine/ihre
11. deinen
12. ihre
13. ihre
14. seinen
15. meine
16. Ihr
17. ihr
18. deine
19. deinen

5. Liebe Irene!

   Lieber Frank!

   Wie geht es **Ihnen** und **Ihren** Eltern? Wann **besuchen Sie** mich? Gestern habe ich die Frau **Ihres** Professors gesehen. Wir haben über **Sie** gesprochen.

   Während **Ihrer** Party am Samstag habe ich mich sehr amüsiert. **Ihr** Haus ist sehr schön und **Ihre** Eltern sind nett. Mit den Freunden **Ihrer** Schwester Uschi habe ich oft getanzt. **Sie singen** phantastisch. Ohne **Ihren** Gesang ist keine Party schön! Nach **Ihrer** Fete war ich noch im Ratskeller. Dort hätte es **Ihnen** auch gefallen. Ich war dort mit **Ihrem** Nachbarn Joe. Er hat **Sie** sehr gern. Wegen **Ihres** anderen Freundes, Bob, ist er nicht zu **Ihnen** gekommen. **Sie müssen** mit ihm sprechen.

   Gehen Sie morgen in **Ihren** Tennisclub? Ich kann **Sie** dort bei **Ihrer** Trainerin treffen. Ich lade **Sie** zum Kaffee ein.

                           Für heute verbleibe ich mit
   herzlichen Grüßen auch an
   Ihre Eltern,

                           Ihre
                               Margarete

   Liebe Marion und Liesel!

   Wie geht es **Euch** und **Euren** Eltern? Was **besucht ihr** mich? Gestern habe ich die Frau **Eures** Professors gesehen. Wir haben über **Euch** gesprochen.

   Während **Eurer** Party am Samstag habe ich mich sehr amüsiert. **Euer** Haus ist sehr schön und **Eure** Eltern sind nett. Mit den Freunden **Eurer** Schwester Uschi habe ich oft getanzt. **Ihr singt** phantastisch. Ohne **Euren** Gesang ist keine Party schön! Nach **Eurer** Fete war ich noch im Ratskeller. Dort hätte es **Euren** auch gefallen. Ich war dort mit **Eurem** Nachbarn Joe. Er hat **Euch** sehr gern. Wegen **Eures** anderen Freundes, Bob, ist er nicht zu **Euren** gekommen. **Ihr müßt** mit ihm sprechen.

   Geht ihr morgen in **Euren** Tennisclub? Ich kann **Euch** dort bei **Eurer** Trainerin treffen. Ich lade **Euch** zum Kaffee ein.

                           Für heute verbleibe ich mit
   herzlichen Grüßen auch an
   Eure Eltern,

                           Eure
                               Margarete

6. Möbel fur mein Haus

   1. mein, meinem
   2. meinen, meinem
   3. meine, meiner
   4. mein, meinem
   5. meine, meinen
   6. mein, meinem
   7. mein, meinem
   8. meine, meinen Fenstern
   9. meinen, mein; meinem, meinem
   10. meinen, meinem

7. Auf dem Flohmarkt

1. die	13. dieser
2. dem	14. diese
3. der	15. den
4. -	16. diese
5. eine	17. die
6. -	18. den
7. dem	19. das
8. solchen	20. den
9. diese	21. meinen
10. dem	22. den
11. -	23. eine
12. meiner	24. die

8. Der Ja-Sager und der Nein-Sager

1. Ich fliege **nicht** gern.
2. Ich sehe die Welt **nicht**.
3. Ich zeige dir **nicht** die Vereinigten Staaten von Amerika.
4. Ich fahre **nicht** um 2.00 zum Flughafen.
5. Ich nehme **nicht** dieses Taxi.
6. Das Taxi fährt **nicht** schnell.
7. Am Flugplatz warte ich **nicht**.
8. Ich lese **nicht**.
9. Mein Buch ist **nicht** interessant.
10. In Denver besuche ich meinen Onkel **nicht**.
11. Ich komme **nicht** um 7.00 in Denver an.
12. Mein Onkel gibt mir **nicht** 1000 Dollar.
13. Nein, so ist das **nicht**!

9. Das Hobby

1. Ich sammle **keine** Briefmarken.
2. Mein Hobby ist **nicht** teur.
3. Ich habe **keine** Briefmarke aus der Sowjetunion.
4. Gehen wir **nicht** einkaufen?
5. Nimmst du mich **nicht** mit?
6. Ist das **kein** Mercedes-Benz?
7. Mein Auto fährt **nicht** sehr schnell.
8. Es ist **nicht** mein zweites Hobby.
9. Es ist **keine** Investition.
10. Ich fahre **nicht** in die Stadt.
11. Ich treffe dort **keinen** Freund.
12. Ich steige hier **nicht** aus.
13. Ich jogge **nicht**.
14. Warum joggst du **nicht**?
15. Joggen ist **kein** Hobby von mir.

10. Der Ball

1. Woher   2. Wohin

11. Caseys and Bobs Aktivitäten

    1. bei
    2. mit
    3. bei
    4. mit
    5. Mit
    6. bei

III. Kommunikative Übungen: *"Deutsches Magazin"*

1. Über mich

    1. einundzwanzig
    2. dreizehn
    3. sechs
    4. neun
    5. vier
    6. drei
    7. tausend und eine
    8. zweihundertsiebenundsechzig
    9. hundert
    10. fünf
    11. vierundvierzig
    12. eine Million

2. Was machen die Leute?

    Unterschiedliche Antworten

3. Wohin fahren wir?

    1. dreihunderteinundfünfzig D Mark; oder sechshundertdreiundsechzig D Mark.
    2. vierhundertvier D Mark.
    3. zweiunddreißig/Grad Celsius.
    4. eintausendeinhundertsiebenundzwanzig D Mark.
    5. dreihundertneunundsiebzig Mark und zweiundsechzig Pfennig.
    6. acht Stunden.
    7. eintausenddreihundertundzwanzig D Mark.
    8. dreihundertvierzig Mark und sechsundachtzig Pfennig.
    9. achtundzwanzig
    10. zweiunddreißig

4. Bücher kaufen

    1. zwölf Mark achtzig
    2. dreihundertzwei; Neunundreißig Mark achtzig.
    3. Sechzehn Mark zehn.
    4. Neunundzwanzig Mark achtzig.
    5. Hundertachtundvierzig Mark.
    6. Neununddreißig Mark achtzig.
    7. neunzehnhundertfünfundachtzig; Zehn Mark fünfzig.
    8. Vierunddreißig Mark.

KAPITEL 5

I. Schnell und Genau

1. Substantivformen

1. die, die Nummern
2. die, die Stimmen
3. der, die Zufälle
4. der, die Fehler

2. Stolpersteine

1. meine
2. bei
3. Sie

3. Variation zum Minidrama

1. Gott
2. ohne
3. billiges
4. Moment
5. einhundertdreißig
6. kommt
7. Gestern
8. teuer
9. einen
10. Fehler
11. nach
12. habe
13. dreizehn

II. Strukturen im Kontext

1. Niemand macht etwas

	a)	b)	c)
1.	Hol(e)	Holt	Holen Sie
2.	Gib	Gebt	Geben Sie
3.	Bring ...mit	Bringt ...mit	Bringen Sie ...mit
4.	Mach	Macht	Machen Sie
5.	Pflanze	Pflanzt	Pflanzen Sie
6.	Bestelle	Bestellt	Bestellen Sie
7.	Schenk	Schenkt	Schenken Sie
8.	Fahr(e)	Fahrt	Fahren Sie
9.	Lies	Lest	Lesen Sie
10.	Sei	Seid	Seien Sie

2. Besuch

1. Komm herein!
2. Geht in das Wohnzimmer!
3. Trinken Sie Kaffee!
4. Erzählen Sie eine Geschichte!
5. Erzähl(e) eine Geschichte!
6. Hol den Kuchen aus der Küche!
7. Essen Sie noch ein Stück Kuchen!
8. Iß auch noch ein Stück Kuchen!
9. Nehmt noch was!
10. Bleiben Sie doch noch ein bißchen heir!

3. Urlaub in Österreich

1. Ich **bin** zwei Wochen **geblieben**.
2. **Hast** du es dort schön **gefunden**?
3. Ich **habe** auch viel über die österreichische Landschaft **gewußt**.
4. **Bist** du mit dem D-Zug **gefahren**?
5. Ja, ich **habe** bequem in der 1. Klasse **gesessen**. Aber ich **habe** den Fahrplan nicht **verstanden**.
6. Wie **sind** die Hotels in Kitzbühel **gewesen**?
7. Das Hotel »Alpenrose" **hat** mir gut **gefallen**.
8. **Bist** du mit dem Service zufrieden **gewesen**?
9. Ich **habe** das beste Zimmer **genommen**.
10. **Hast** du deinen Pudel **mitgenommen**?
11. Nein, Ich **habe** ihn meiner Schwester **gegeben**.
12. **Hast** du deinen Freunden Postkarten **geschrieben**?
13. Nein, ich **habe** zu viele neue Bekannte **kennengelernt**.
14. Wann **hat** dein Urlaub **begonnen**?
15. Wann **bist** du **zurückgekommen**?
16. Ich **habe** am Montag mit der Arbeit **angefangen**.

4. Brief vom Hotel

1. bestellten
2. holte
3. dankten
4. kostete
5. wohnte
6. arbeitete
7. lernte
8. telefonierte
9. machte
10. brauchte
11. hatten
12. lachten
13. hatte
14. studierte

5. Der unerwartete Besuch

1. ist
2. sitzt
3. klingelt
4. sind
5. Grüß
6. geht
7. geht
8. steht
9. läßt
10. hast
11. glaubst
12. haben
13. gewonnen
14. fliegen
15. kratzt
16. versucht
17. freut
18. rufen
19. an
20. nehmen
21. sind
22. legt
23. auf
24. kommt
25. hast
26. sind
27. können
28. lade
29. ein

6. Die Pfadfinder

1. Kommst ...mit
2. hast ...mitgebracht
3. hast ...aufgegessen
4. sehe ...an
5. höre ...zu
6. kamen ...zurück
7. Paß ...auf
8. rennst ...vorbei
9. sind angekommen
10. machen ...auf

III. Kommunikative Übungen: *Deutsches Magazin*

1. Universitäten in Berlin

1. 1950 finanzierte die Ford-Foundation die Neubauten.
2. Sie heißen »Freie Universität« und »Technische Universität«.
3. Die Freie Universität wurde 1948 neu gegründet.
4. Nein, die Westberliner Universitäten sind nicht sehr alt.
5. 24.000 Studenten sind an der FU und an der TU.

2. Unterricht

1. c   2. b   3. d   4. a   5. e

KAPITEL 6

I. Schnell und Genau

1. Substantivformen

1. das, die Restaurants
2. der, die Wälder
3. der, die Freunde
4. der, die Seen

2. Stolpersteine

1. fahren/mit/nach
2. Bitte, gib ihn mir.
3. Ich schreibe den Brief nicht.
4. Ihr konntet das Motorrad kaufen.

3. Variation zum Minidrama

1. schauen sich
2. weit
3. durch
4. dir
5. helfen
6. Platten
7. zittere
8. Abschleppdienst
9. Reservereifen
10. mitnehmen
11. zu Fuß
12. verboten
13. gibt
14. mag
15. Wer
16. Autogramm

II. Strukturen im Kontext

1. A. Modalkönig

   1. Mein liebes Kind, **willst** du mit mir **gehen**?
   2. Ich **darf** nicht **mitkommen**.
   3. Was **wollt** ihr **sagen**?
   4. Meine Töchter **können** für dich **tanzen**.
   5. Ich **soll** beim Vater **bleiben**.
   6. Oh, jetzt **möchte** er mich **anfassen**.
   7. Wir **müssen** schnell zum Hof **reiten**.
   8. Ich **will** aber mit dem Erlkönig **gehen**.
   9. Gut, das Pferd **kann** uns nach Hause **bringen**.

   B. Bei der Ärztin

   10. Warum **müssen** Sie so **zittern**?
   11. Ich **muß** krank **sein**.
   12. Das **kann** ich nicht **glauben**.
   13. Was **soll** ich jetzt **machen**?
   14. Ich **möchte** gleich zum Restaurant **fahren**.
   15. **Willst** du Forelle **essen**?
   16. Ja, ich **darf mitfahren**.
   17. Was **sollen** wir mit ihm **machen**?
   18. **Will** er **mitkommen**?
   19. Ach, er **darf** jetzt keinen Fisch **essen**.
   20. Richtig, ich **muß** es ihm **verbieten**.
   21. Das **sollen** nun gute Ärzte **sein**.

2. Klassengespräch

   1. Ich **muß** zur Bank **gehen**.
   2. Wir **können** nicht **arbeiten**.
   3. Sie **dürfen** nicht im Haus **spielen**.
   4. Er **soll** Karate **lernen**.
   5. Sie **wollen** morgen zu Hause **sein**.
   6. Ich **möchte** Orangensaft **trinken**.
   7. Wir **müssen** ein Auto **haben**.
   8. Sie **können** dich **mitnehmen**.
   9. Sie **will** hier **aussteigen**.
   10. Du **sollst** jetzt das Buch **lesen**.
   11. Ihr **wollt** ihn **anrufen**.
   12. Sie **möchten** sehr klug **sein**.
   13. Sie **muß** ein Kleid von Jill Sanders **haben**.
   14. Du **sollst** immer Mathematik **studieren**.
   15. Ihr **dürft** an den Strand **gehen**.

3. Ein Telefongespräch

   1. kann
   2. müssen
   3. darf
   4. soll
   5. darfst
   6. will
   7. möchte
   8. muß
   9. kann
   10. muß

4. Was ist los?

   1. Du **wolltest** ...kaufen.
      Der Politiker **wollte** ...kaufen.
      Deine Freunde **wollten** ...kaufen.

   2. Du **mußtest** ...gehen.
      Sie, Frau Blau, **mußten** ...gehen.
      Udo und Klaus **mußten** ...gehen.

   3. Du **solltest** ...essen.
      Ihr **solltet** ...essen.
      Der Kanzler **sollte** ...essen.

   4. Wir **konnten** ...reparieren.
      Du **konntest** ...reparieren.
      Der Mechaniker **konnte** ...reparieren.

   5. Die Kapitalisten **wollten** ...glauben.
      Rosa Luxemburg **wollte** ...glauben.
      Karl Marx **wollte** ...glauben.

   6. Die Amerikaner **konnten** ...hören.
      Du **konntest** ...hören.
      Ich **konnte** ...hören.

   7. Du **solltest** ...spielen.
      Wir **sollten** ...spielen.
      Clara Schumann **sollte** ...spielen.

   8. Du **durftest** ...fahren.
      Frau Stein **durfte** ...fahren.
      Gertrude und du **durftet** ...fahren.

   9. Ich **wollte** ...tragen.
      Horst **wollte** ...tragen.
      Der Politiker **wollte** ...tragen.

   10. Du **mußtest** ...anrufen.
       Deine Familie **mußte** ...anrufen.
       Seine Tochter **mußte** ...anrufen.

5. Atomenergie: **Gespräch im Jahre 2050**

   1. Sollte es in Europa Atomkraft geben?
   2. konntet ...brauchen.
   3. durfte ...sein.
   4. wollten ...demonstrieren.
   5. mußte ...kommen.
   6. wolltest ...haben.
   7. Mußtet ...bezahlen?
   8. durften ...heizen.
   9. sollte ...stehen.
   10. konnte ...verstehen.

6. Eine Reise nach Italien

   1. werden
   2. wird
   3. wirst
   4. werden
   5. werdet
   6. werde
   7. werde
   8. wird

7. 2001

   1. Ich **werde** ein Buch über die Zukunft **schreiben**.
   2. **Wird** diese Zukunft schön **sein**?
   3. Nein, die Menschen, **werden** nicht frei **sein**.
   4. Wer **wird** die Arbeit **machen**?
   5. Die Roboter **werden** das tun **müssen**.
   6. **Wirst** du gar nicht **arbeiten**?
   7. Nein, ich **werde** der große Bruder **sein**.
   8. Na, und ich **werde** wohl die Bürokratie **kennenlernen**.
   9. Ich glaube, die Zukunft **wird** ganz anders **werden**.
   10. Ihr **werdet** die Zukunft nie **verstehen**!

8. Fliegen

   1. Das Flugzeug **wird starten**.
   2. Ich **werde** am Fenster **sitzen**.
   3. Wohin **werden** wir **fliegen**?
   4. Die Lufthansa **wird** von Tampa nach Köln **fliegen**.
   5. Ihr **werdet** alles **wissen**.
   6. Was **wirst** du in Köln **machen**?
   7. Ich **werde** mir den Kölner Dom **ansehen**.
   8. **Werdet** ihr einen Kaffee **bestellen**?
   9. Oder **werden** Sie Tee **nehmen**?
   10. Oh, ich **werde** krank **werden**.

9. Was machen wir heute?

   1. Ihr **werdet** auch früh **aufstehen**.
   2. Du **wirst** auch ein Lied **singen**.
   3. Er **wird** auch einen Brief **schreiben**.
   4. Ihr **werdet** auch großen Hunger **haben**.
   5. Sie (sing.) **wird** auch einen Apfel **essen**.
   6. Lynn **wird** auch zu spät zur Arbeit **kommen**.
   7. Wir **werden** auch gern klassische Musik **hören**.
   8. Herr und Frau Miller **werden** auch in der Schlange **stehen**.
   9. Bob **wird** auch Karten fürs Theater **kaufen**.
   10. Moritz und ich **werden** auch links **sitzen**.
   11. Ich **werde** müde **sein**.
   12. Ihr **werdet** auch nicht schlafen **können**.

10. Finden Sie 10 Verben

    fallen, gehen, haben, leben, lernen, rennen, sein, studieren, verstehen, ziehen

II. Strukturen im Kontext

1. Shakespeares Welt

1. gefällt
2. habe ...gern
3. Magst
4. gern
5. gern
6. habe ...gern
7. hat ...gern
8. gern
9. Mögt
10. gefallen

III. Kommunikative Übungen: *»Deutsches Magazin"*

1. Vokabularübung

1. Scheinwerfer
2. Reifen
3. Rückspiegel
4. Radioantenne
5. Windschutzscheibe
6. Scheibenwischer
7. Nummernschild
8. Kofferraum
9. Bremse
10. Lenkrad

KAPITEL 7

I. Schnell und Genau

1. Substantivformen

1. das, —
2. das, die Gläser
3. das, die Betten
4. die, die Briefmarken

2. Stolpersteine

1. Wen
2. Wo, bei
3. nach, nimm, deinem
4. ihrem

3. Variation zum Minidrama

1. großen	9. Frühstück
2. Wo	10. aufgestanden
3. tun	11. ganzen
4. welchem	12. gutes
5. Gemüse	13. sein
6. nehmen	14. Zeit
7. Besorgungen	15. dich
8. warmes	

II. Strukturen im Kontext

1. Philip bei Tisch

1. Diese	12. frisches
2. Kalte	13. diesem
3. diese	14. kaltem
4. kalte	15. warmes
5. diesen	16. Deine
6. kalten	17. liebe
7. dieser	18. diese
8. kalter	19. süße
9. Dieses	20. der
10. Frisches	21. bayerischer
11. dieses	22. kalte

2. Schöner Mond

1. berühmte	7. kleines
2. anderer	8. Liebe
3. schönen	9. antike
4. schöne	10. erste
5. mechanische	11. Liebes
6. kleine	12. bösen

3. Besorgungen

1. letzte	8. großen
2. letzte	9. frisches
3. rote	10. neue
4. roten	11. russischen
5. städtische	12. gebratenes
6. kleinen	13. kalte
7. roten	14. wilden

4. Auf der Post

    1. wichtigen
    2. halben
    3. anderen
    4. weißen
    5. schweren
    6. deutschen
    7. schweren
    8. deutschen
    9. guten
    10. meinem
    11. großer
    12. schönen
    13. großen
    14. gelbem

5. Gespräch über das Wetter

    1. dieses
    2. kalten
    3. Landes
    4. starken
    5. Sturmes
    6. heftigen
    7. privaten
    8. deiner
    9. besten
    10. besten
    11. dummen
    12. Radios
    13. letzten
    14. finanziellen

6. Im chinesischen Restaurant

    1. langes
    2. neues
    3. chinesisches
    4. chinesisches
    5. guten
    6. gutes
    7. klaren
    8. chinesischem
    9. Hauses
    10. internationalen

7. Im Möbelladen

    1. schöne
    2. rote
    3. neue
    4. alte
    5. dummen
    6. netten
    7. Liebe
    8. braunen
    9. elektrischen
    10. weißen
    11. klassische
    12. klassischer
    13. weiße
    14. gute

8. Auf dem Markt

    1. Frische
    2. frische
    3. holländischen
    4. dicke
    5. grünen
    6. meine
    7. besten
    8. kalifornischen
    9. deutschen
    10. amerikanischen
    11. neuen
    12. israelischer
    13. nahöstlicher
    14. besseren
    15. israelischen

9. Immer studieren!

1. Ich esse nicht viel Brot, **sondern** ich esse Gemüse.
2. Ich esse auch nicht viel Brot, **denn** ich möchte nicht dick werden.
3. Susi und Willi tanzen heute abend in der Diskothek, **aber** ich muß leider studieren.
4. Ich studiere Mathematik, **und** ich lerne auch Russisch.
5. Studierst du die ganze Nacht hindurch, **oder** gehst du später tanzen?
6. Ich tanze nicht, **denn** ich habe mir das Bein verletzt.
7. Ich komme heute abend zu dir, **und** wir studieren zusammen.

10. Kennt ihr Frau Frank?

1. sondern
2. aber
3. sondern
4. aber
5. sondern
6. aber
7. sondern
8. aber
9. sondern

11. Die Münchner gehen spazieren!

1. machen ...einen Spaziergang
2. gehen ...spazieren
3. Spaziergang
4. gehen ...spazieren
5. machen ...einen Spaziergang

III. Kommunikative Übungen: *"Deutsches Magazin"*

1. Rezept aus der alten bayerischen Küche

A. Rezept aus der alten bayerischen Küche

1. falsch
2. richtig
3. richtig
4. richtig
5. falsch

B. Rezept aus deiner Küche

Persönliche Antworten

2. Das Restaurant

1. vom Wirtshaus Nußbaum
2. ab 9.00 Uhr
3. um 02 Uhr
4. 7.50 DM
5. Nein, es gibt 18 Biere frisch vom Faß.

3. Die Nahrungsmittelgruppe

Persönliche Antworten

KAPITEL 8

I. Schnell und Genau

1. Substantivformen

1. die, die Zeitungen
2. das, die Haare
3. die, die Klassen
4. der, die Menschen

2. Verbformen

1. schläft, schlief, hat geschlafen
2. kennst, kanntest, hast gekannt
3. läuft, lief, ist gelaufen
4. sprecht, spracht, habt gesprochen
5. stehen auf, standen auf, sind aufgestanden
6. sagt, sagte, hat gesagt
7. darfst, durftest, —
8. esse, aß, habe gegessen
9. sind, waren, sind gewesen
10. steht, standet, habt gestanden

3. Stolpersteine

1. Wo, mein-, ihn
2. unser-, unseren, unsere
3. Ihr-, Ihr-, Ihre
4. Ich gehe zu Fuß nach Hause.
5. Ich muß zu Fuß nach Hause gehen.

4. Variation zum Minidrama

1. sitzen
2. tanken
3. Möchtest
4. saubere
5. Wäsche
6. läuft
7. Film
8. gefallen
9. spät
10. fängt
11. an
12. Lust
13. beste
14. müssen
15. Strafzettel

II. Strukturen im Kontext

1. Vaters Geburtstag

1. der
2. erste
3. ersten
4. der
5. ersten
6. die
7. letzte
8. unserer
9. letzten
10. Die
11. anderen
12. den
13. anderen
14. teuren
15. Teure
16. nächsten
17. Das
18. nächste
19. ein
20. schöner
21. meinem
22. eigenen
23. Mein
24. kleines
25. einem
26. internationalen
27. Gutes
28. gutem
29. unsere
30. deutschen
31. unseren
32. alten
33. Verwandten
34. die
35. neue
36. Eine
37. interessante
38. neue
39. frischer
40. süßer
41. süßem
42. süßen
43. Süße

2. Wettrennen in der Schule

1. der
2. kleine
3. Das
4. kleine
5. ein
6. heißes
7. einen
8. roten
9. mein
10. bester
11. Sein
12. neues
13. den
14. letzten
15. Das
16. letzte
17. Großer
18. Liebes
19. großes
20. großen

3. Im alten Bücherladen

1. ein
2. interessantes
3. Dieses
4. neue
5. Eine
6. illustrierte
7. keine
8. billigen
9. ein
10. amerikanischer
11. den
12. südlichen
13. gute
14. Ein
15. neues
16. ein
17. kleines
18. bunten
19. Bildern
20. dieses
21. schöne
22. meinen
23. kleinen
24. großen
25. der
26. Süddeutschen
27. jeder
28. deutschen
29. der
30. amerikanischen
31. diese
32. beiden
33. mein
34. letztes
35. das
36. gleiche
37. Die
38. böse

4. Am Bahnhof

1. schöne	15. deutsches	29. italienischer
2. richtige	16. beste	30. italienischen
3. italienische	17. ganzen	31. anderen
4. guten	18. amerikanische	32. Guter
5. Letzte	19. Europäische	33. anderen
6. italienischen	20. österreichische	34. interessanten
7. teuren	21. gutes	35. interessantes
8. deutschen	22. schönen	36. Deutschen
9. europäischen	23. frischen	37. technisches
10. Ländern	24. anderes	38. berühmte
11. normalen	25. phantastisches	39. kleinen
12. schöne	26. frischem	40. deutschen
13. große	27. bayerisches	41. Schulbüchern
14. ganzer	28. Deutschen	42. berühmten

5. Können Sie die Rätsel lösen?

1. vierte
2. siebten
3. fünfte
4. zweihundert ____ er
5. ersten
6. letzte/sechsundzwanzigste
7. fünfundzwanzigsten
8. ersten
9. sechzehnte
10. erste

6. Ordinalzahlen/Kardinalzahlen

1. der dreißigste
2. einunddreißigsten
3. meine erste
4. den vierten
5. siebzehnten
6. dreiunddreißig
7. ein
8. siebzehn
9. eine
10. dreizehn
11. einen
12. sechste
13. siebte
14. achte
15. sechzehnten
16. siebzehnten
17. fünfundzwanzig
18. achtzehnten

7. Hans hates immer schlechter.

1. Büchern
2. Freunden
3. Onkeln
4. Zimmern
5. Haustieren
6. Tagen
7. Fernsehern
8. Problemen

8. Eine interessante Geschichte

Persönliche Antworten

III. Kommunikative Übungen: *„Deutsches Magazin"*

1. Feste und Feiern

1. Sieht man die Sendung vom Times Square/trinkt man Sekt.
2. Ein frohes Neujahr!
3. ein Kostüm
4. Stößt man mit jemandem an.
5. macht man Geschenke auf.
6. ißt man Kuchen.

2. Einladung

Persönliche Antworten

3. Mein Geburtstag

Persönliche Antworten

KAPITEL 9

I. Schnell und Genau

1. Substantivformen

1. der, die Sommer
2. die, die Wochen
3. die, die Stunden
4. die, die Nächte

2. Stolpersteine

1. jeden
2. eine Stunde
3. mir

3. Variation zum Minidrama

1. hindurch
2. angeschaut
3. lange
4. seit
5. stimmt
6. gerne
7. spät
8. Taschenuhr
9. bei
10. Uhr
11. Plastikkämme
12. Stunde

II. Strukturen im Kontext

1. Tage und Tageszeiten

Persönliche Antworten

2. Zeitausdrücke

   A. Der Präsident

      1. sonntags
      2. am Donnerstag
      3. morgens
      4. abends
      5. in der Nacht
      6. am Vormittag
      7. vormittags
      8. am Abend
      9. in der Nacht
      10. morgens
      11. vormittags

   B. Was macht der Präsident in den nächsten Wochentagen?

      1. am Sonntag, sonntags
      2. am Montag, montags
      3. am Dienstag, dienstags
      4. am Mittwoch, mittwochs
      5. am Donnerstag, donnerstags
      6. am Freitag, freitags
      7. am Samstag, samstags
      8. am Sonntag, sonntags
      9. am Montag, montags
      10. am Dienstag, dienstags

3. Ferien: Zeitausdrücke

      1. im Juni
      2. nachmittags
      3. nachts
      4. am achten Juli
      5. am einundzwanzigsten Juni
      6. der zwanzigste Juni
      7. Miami, den 7. August 1988
      8. letztes
      9. drei Wochen; vor drei Jahren
      10. neunzehnhundertneunundachtzig
      11. diesem ... im Herbst
      12. nächsten
      13. Um
      14. fünfzehn Uhr dreißig
      15. dreizehn Uhr fünfundvierzig

4. Sprachliche Besonderheit: Interview mit Helmut

      1. Seit wann wohnst du schon in Miami?
         Ich wohne seit neunzehnhundertachtzig in Miami.

      2. Wie lange studierst du schon Deutsch?
         Ich studiere schon drei Wochen Deutsch.

      3. Wie lange hast du schon ein Auto?
         Ich habe schon einen Monat ein Auto.

      4. Seit wann bist du schon hier?
         Ich bin seit ein Uhr fünfzehn hier.

      5. Wie lange bist du schon verheiratet?
         Ich bin schon ein Jahr verheiratet.

6. Seit wann schreibst du schon den Brief?
   ...seit heute morgen.

7. Wie lange bist du schon müde?
   Ich bin schon einen ganzen Tag müde.

8. Seit wann arbeitest du im Hilton?
   ...seit vorigem Sommer.

9. Seit wann hast du kein Geld?
   ...seit letztem Jahr.

10. Wie lange liest du schon?
    Ich lese schon Tag und Nacht.

11. Wie lange bist du schon Politiker?
    Ich bin schon zwanzig Jahre Politiker.

12. Wie lange spielst du schon Schach?
    ...schon eine halbe Stunde.

III. Kommunikative Übungen: *Deutsches Magazin*

1. Fakten oder Vorurteile?

   1. F   2. V   3. V   4. V   5. V   6. V   7. F
   8. F   9. ?   10. ?   11. V   12. V   13. V   14. V
   15. V (Einige haben ein bißchen.)

2. Mit wem sprichst du am liebsten?
   (Hast du gut gewählt?)

   1. **Alfred Humperdinck** ist aus Palo Alto, Kalifornien. Er hat gerade seine Computer-Firma verkauft. Er hat, als er dreißig wurde, viel Geld verdient. Er ist sehr religiös.

   2. **Frank Solanger** ist 39 Jahre alt und ein ewiger Student. Er schreibt seine Doktorarbeit seit 9 Jahren. Er arbeitet bei der chemischen Firma "Käfer", weil er keine Assistentenstelle mehr hat. Er wohnt bei seiner Freundin und hat eine Tochter.

   3. **Valery Marloff** ist Dozentin an der Uni. Sie hat schon ein Buch geschrieben. Letzten Monat war sie in Nicaragua. Sie arbeitet mit progressiven politischen Parteien zusammen.

   4. **Emma Grote** ist mit der Königin von Holland verwandt. Ihre Familie gehört zu den reichsten in Europa. Sie hat nie Geld bei sich und sie liebt Abenteuer.

   5. **Philip Fehrens** flirtet gern mit allen. Er ist verheiratet und hat vier Kinder. Er hat eine kleine Baufirma. Aber wenn der Dollar weiter fällt, verliert er sehr viel Geld. Er hat früher viel gereist. Er ist Vegetarier.

3. **Interviews: Christine interviewt Peter und Diana**

   1. Diana
   2. Diana und Peter
   3. Diana
   4. niemand
   5. Peter
   6. Diana und Peter
   7. Diana

KAPITEL 10

I. Schnell und Genau

1. **Substantivformen**

   der, die Monate
   der, —
   der, die Berufe
   das, die Handtücher

2. **Stolpersteine**

   1. Wie lange
   2. Seit wann
   3. dir
   4. Heute sage ich bestimmt die Wahrheit!

3. **Variation zum Minidrama**

   1. gehört
   2. Schlechtes
   3. finden
   4. als
   5. du
   6. trage
   7. schönsten
   8. freue
   9. mich
   10. wärmste
   11. des
   12. mir
   13. waschen
   14. Gehören
   15. frische
   16. möchten
   17. besorgen

II. Strukturen im Kontext

1. **Mehr oder weniger**

   1. B. Meine Nachbarin ist nicht so freundlich wie deine Nachbarin.
      C. Deine Nachbarin ist freundlicher als meine Nachbarin.

   2. B. Meine Augen sind nicht so blau wie deine Augen.
      C. Deine Augen sind blauer als meine Augen.

   3. B. Meine Freunde sind nicht so phantastisch wie deine Freunde.
      C. Deine Freunde sind phantastischer als meine Freunde.

   4. B. Meine Arbeit ist nicht so genau wie deine Arbeit.
      C. Deine Arbeit ist genauer als meine Arbeit.

5. B. Mein Essen ist nicht so gesund wie dein Essen.
   C. Dein Essen ist gesunder als mein Essen.

6. B. Mein Hund ist nicht so gefährlich wie dein Hund.
   C. Dein Hund ist gefährlicher als mein Hund.

7. B. Meine Rosen blühen nicht so lange wie deine Rosen.
   C. Deine Rosen blühen länger als meine Rosen.

8. B. Meine Tomaten sind nicht so reif wie deine Tomaten.
   C. Deine Tomaten sind reifer als meine Tomaten.

9. B. Meine Zeit ist nicht so wertvoll wie deine Zeit.
   C. Deine Zeit ist wertvoller als meine Zeit.

2. Klischees

1. so sauber wie
   sauberer als
   am saubersten

2. so gemütlich wie
   gemütlicher als
   am gemütlichsten

3. so artig wie
   artiger als
   am artigsten

4. so fleißig wie
   fleißiger als
   am fleißigsten

5. so treu wie
   treuer als
   am treusten

6. so teuer wie
   teuerer als
   am teuersten

7. so rein wie
   reiner als
   am reinsten

8. so reich wie
   reicher als
   am reichsten

9. so elegant wie
   eleganter als
   am elegantesten

3. Ein Brief

1. Liebste
2. besserer
3. schönsten
4. größte
5. bessere
6. interessantesten
7. Faszinierendere
8. günstigeren
9. niedrigste
10. wärmere
11. liebe
12. herzlichsten

4. Drei Familien

1. größer als
2. älter als
3. so alt wie
4. weniger als
5. öfters als
6. am längsten
7. am teuersten
8. mehr ...als
9. höher als
10. so viel wie
11. besser als
12. jünger als

5. Drei Engländer.

1. P gut; guten
   J besser; besseren
   S am besten; besten

2. P gern
   K lieber
   S am liebsten; liebste

3. P nahe; nahen
   K näher; näherer
   S am nächesten; nächeste

4. P viel; viele
   K mehr
   S am meisten; meiste

5. P groß; großes
   K größer, Größere
   S am größten; größten

6. Was machen wir heute?

1. mir
2. sich
3. mir
4. sich
5. mir
6. sich
7. dir
8. mir
9. euch
10. uns

7. Wir möchten nicht aufstehen!

1. mich
2. sich
3. dir die
4. sich den
5. sich
6. euch den
7. dir die
8. uns
9. euch ...das
10. sich
11. dir die
12. mir das
13. sich ...die
14. mich

8. Liebe Ines!

1. mich
2. dich
3. an
4. mich
5. mich
6. für
7. uns
8. an
9. sich
10. um
11. mich
12. mich
13. auf
14. uns
15. auf

9. **Sprachliche Besonderheiten**

   1. mich
   2. an
   3. die
   4. letzte
   5. auf
   6. den
   7. heiligen
   8. an dich
   9. ..., die
   10. mich für
   11. über ein
   12. dich um meinen
   13. auf einen
   14. von
   15. mich nach
   16. einer neuen
   17. an eine

III. **Kommunikative Übungen:** *»Deutsches Magazin"*

1. **Ferien und Freizeit**

   1. c, d
   2. c, j
   3. g
   4. a, c, k
   5. f, h
   6. l
   7. i
   8. b, e

2. **Erholungsurlaub oder Aktivurlaub?**

   Persönliche Antworten

3. **Du hast an diesem Sonntag viel zu tun.**

   Persönliche Antworten

4. **Horoskop**

   A. Erstes bis sechstes Zeichen:
   1. Krebs
   2. Jungfrau
   3. Zwillinge
   4. Löwe
   5. Widder
   6. Stier

   B. Sechste bis zwölftes Zeichen:
   7. Fisch
   8. Wassermann
   9. Schütze
   10. Waage
   11. Skorpion
   12. Steinbock

5. **Horoskop**

   1. März, August, September, Dezember
   2. im Juni
   3. im März
   4. ***
   5. ***

KAPITEL 11

I. Schnell und Genau

1. Substantivformen

1. der, die Besuche
2. das, —
3. die, die Bananen
4. das, die Tiere

2. Stolpersteine

1. Du **gibst** mir einen Apfel, weil ich hungrig **bin**.
   Weil ich hungrig **bin**, **gibst** du mir einen Apfel.

2. Ich esse keinen Apfel, **sondern** eine Orange.

3. für drei Wochen

4. Ich gehe im Sommer jeden Tag ins Kino.

3. Variation zum Minidrama

1. stehen
2. am
3. sondern
4. klingeln
5. Tür
6. Kuchen
7. macht
8. geht's
9. ausgerutscht
10. gebrochen
11. Obwohl
12. Wohnzimmer
13. Geburtstag
14. Besserung
15. Sofa
16. Seitdem
17. decke
18. Gib

II. Strukturen im Kontext

1. Subordinierende Konjunktionen

1. Hören Sie auf, **bevor** es zu spät **ist**.
2. Sprechen Sie lauter, **damit** ich Sie verstehen **kann**.
3. **Nachdem** ich den Film dreimal gesehen **hatte**, habe ich ihn endlich verstanden.
4. Er geht jeden Tag ins Büro, **obwohl** er siebzig Jahre alt **ist**. (**Obwohl** er siebzig Jahre alt **ist**, geht er jeden Tag ins Büro.)
5. Der Journalist schreibt, **daß** die Deutschen keinen Humor **haben**.
6. Wir essen zu Hause, **weil** die Restaurants zu teuer **sind**.
7. **Sobald** ich eine Wohnung **habe**, heiraten **wir**. (Wir heiraten, **sobald** ich eine Wohnung **habe**.)
8. Er sieht besser aus, **seitdem** er weniger **arbeitet**.
9. Ich wohnte in Stuttgart, **als** ich jung **war**. (Als ich jung **war**, wohnte ich in Stuttgart.)

10. Ich warte, **bis** er morgen **kommt**.
11. Ich trank eine Tasse Kaffee, **während** ich auf sie **wartete**. (**Während** ich auf sie **wartete**, trank ich eine Tasse Kaffee.)
12. Ich weiß nicht, **ob** sie heute zu Hause **ist**.

2. Subordinierende Konjunktionen und einige Fragewörter als Konjunktionen

   A. Meine Großmutter erzählt

   1. Als
   2. Wenn
   3. wann
   4. als
   5. Wann
   6. Wenn
   7. als
   8. Wenn
   9. Als
   10. wann
   11. wenn

   B. Aschenputtel

   1. Weil
   2. ob
   3. Weil
   4. weil
   5. nachdem
   6. weil
   7. Nachdem

   C. Aschenputtel 2

   1. Da
   2. Obgleich
   3. Obgleich
   4. ehe
   5. Da

   D. Rotkäppchen und der böse Wolf

   1. Seitdem
   2. Während
   3. daß
   4. Während
   5. Seitdem
   6. Während

3. Im Lebensmittelladen

   A. Sprachliche Besonderheiten hin oder her?

   hinein, hinauf, heraus, hinein, hinüber, hinunter, hinein, herübergegeben, herum, hervor, hinein, hinaus.

   B. Sprachliche Besonderheiten

   1. der Lebens-mittel-laden
   2. die Lebens-mittel-abteilung
   3. der Einkaufs-wagen
   4. die Wurst-abteilung
   5. die Brief-tasche
   6. die Plastik-tüte

III. Kommunikative Übungen: *»Deutsches Magazin"*

1. Goldelse

   A. 1. Goldelse ist die musikbegabte Tochter Elisabeth des Ehepaares Ferber.
      2. Herr von Walde ist der Besitzer eines Gutes.

B. 1. süß, klein, lieblich, blond
   2. Sie bejahte mit bebenden Lippen seine Frage. Sie stammelte. Sie öffnete vergebens die Lippen. Tränen stürzten aus ihren Augen. Sie schlang ihre Arme um seinen Hals.
   3. ***
   4. ***

2. Postkarte aus Bad Segeberg

1. August; Segeberg
2. Regine, 15. August
3. "Der Schatz im Silbersee"
4. Winnetou; Supermann
5. Mit Luftpost
6. Bundespost

KAPITEL 12

I. Schnell und Genau

1. Substantivformen

1. das, die Studien
2. die, die Zahlen
3. der, die Unterschiede
4. die, die Ecken

2. Verbformen

1. wirst, wurdest, bist (ge)worden, wirst werden
2. fangen an, fingen an, haben angefangen, werden anfangen
3. setze mich, setzte mich, habe mich gesetzt, werde mich setzen
4. vergißt, vergaß, hat vergessen, wird vergessen
5. kommt, kamt, seid gekommen, werdet kommen
6. bleibt, blieb, ist geblieben, wird bleiben
7. findet, fand, hat gefunden, wird finden
8. liest, last, hat gelesen, wirst lesen
9. amüsieren sich, amüsierten sich, haben sich amüsiert, werden sich amüsieren
10. gehe, ging, bin gegangen, werde gehen
11. fährt, fuhr, ist gefahren, wird fahren

3. Stolpersteine

1. den, Liebe, Dir, Deine, Dein
2. Ich weiß nicht, ob er meinen Brief bekommen hat.
3. Deinen Brief habe ich bekommen, aber ich konnte ihn bisher nicht beantworten. Gestern sah ich auf dem Kalender, daß du bald Geburtstag hast. Schreibe mir bitte, wann deine Party anfängt.

4. Variation zum Minidrama

1. wartet	10. gehöre
2. herein	11. Schauen
3. vergessen	12. Telepathie
4. verabredet	13. Man
5. leid	14. kenne
6. wird	15. Witz
7. wem	16. Unterschied
8. übernommen	17. andere
9. mir	18. trägt

II. Strukturen im Kontext

1. Heinrich Böll

1. Seine Bücher werden von Menschen in vielen Ländern gelesen.
2. Der Roman Ansichten eines Clowns wurde von ihm geschrieben.
3. Der Literaturpreis ist vom Nobelkomittee 1972 an Heinrich Böll verliehen worden.
4. Viele Aktionen gegen den Krieg wurden von Böll unterstützt.
5. Er wird von vielen Leuten als Friedenskämpfer gesehen.

2. Gangster

1. Ja, der Revolver wird heute gekauft.
2. Die Bank wird morgen beraubt werden.
3. Das Geld wird mit euch geteilt.
4. Der Millionär wurde gefunden.
5. Er ist gekidnappt worden.
6. Die Polizei ist nicht von seiner Frau benachrichtigt worden.
7. Die Beute wird von Eddi mitgebracht werden.
8. Eine Maske wird von uns allen getragen werden.
9. Eddi ist schon von mir angerufen worden.
10. Das Beweismaterial wird sofort versteckt.

3. Was haben wir letztes Wochenende gemacht?

1. Zehn Bücher wurden (von mir) zur Bibliothek gebracht.
2. Ein Brief wurde (von ihm) geschrieben.
3. Eine bessere Wohnung wurde (von ihr) gesucht.
4. Die Armbanduhr wurde (von dir) repariert.
5. Dreihundert Dollar wurden (von ihnen) gefunden.
6. Eine Forelle wurde (von uns) gegessen.
7. Limonade wurde (von mir) getrunken.
8. Keine Zigaretten wurden (von euch) geraucht.
9. Die Wäsche wurde (von ihnen) gewaschen.
10. Das Fußballspiel wurde (von uns) gewonnen.

4. Im Flugzeug

1. Herr, Tourist
2. den Herrn
3. dem Piloten
4. kein Tourist
5. einem Jungen
6. des Soldaten
7. ein Pilot

III. Kommunikative Übungen: *»Deutsches Magazin"*

1. Ein Konzert

1. das Klavier, die Geige, die Gitarre, der Bass, die Harfe, die Viola
2. die Mundharmonika, das Saxophon, die Klarinette, die Oboe, das Horn
3. die Trommel, die Bongos, das Schlagzeug

2. Musik macht Munter

A. sitzt—ausschwitzt; ziehen—fliehen; verklampft—gestampft

B. 1. b;   2. a, b, c;   3. a, b, c.

C. *

3. Mick Jagger

A. das Programm, der Manager, die Rockband, der Lebensstil, der Stil, die Länder (pl), der Kummer, der Herr, die Jugend, die Freunde, Rock n' Roll, die Spontaneität, ...

B. —

C. —

KAPITEL 13

I. Schnell und Genau

1. Substantivformen

1. das, die Hemden
2. das, die Getränke
3. das, die Krankenhäuser
4. die, die Süßigkeiten

2. Stolpersteine

1. Jeder weiß, daß Leute, die egoistisch sind, nicht viele Freunde haben. Sie lieben keine Menschen, sondern nur ihr Geld.
2. stellt, legt; stehen, liegen
3. fährt, nach; fliegt, nach

3. Variation zum Minidrama

1. fällt
2. die
3. weinen
4. fragen
5. dagegentreten
6. Ohren
7. kitschigsten
8. singen
9. diskutieren
10. gehört
11. gibt
12. mir
13. km
14. durch
15. denke

II. Strukturen im Kontext

1. Zur See

1. ...der nach Singapur fährt?
2. ...die aus Helogland stammt.
3. ...die in der Bar sitzen?
4. ...der die Schiffe versenkt hat.
5. ...der im Ozean wohnt?
6. ...die einen Fischschwanz haben.
7. ...die auf Eis gelegt werden müssen.
8. ...der unser Schiff zerstören wird.

2. Krimi

1. der
2. dem
3. dessen
4. der
5. denen, das
6. den
7. den, den
8. der
9. den
10. die

3. Wer kann mir Geld leihen?

1. dem
2. den
3. dem
4. das
5. das
6. die
7. die, deren
8. die
9. die
10. die
11. dem
12. den

4. Über Verbrechen sprechen

1. ..., **deren** Verbrechen nicht bekannt ist.
2. ..., **dessen** Sohn Rauschgift-Dealer ist.
3. ..., **deren** Schwiegereltern eine Million Dollar gestohlen haben.
4. ..., **dessen** Söhne mein Auto beschädigt haben.
5. ..., **dessen** Politiker oft einen Krieg anfangen.

5. Schlechte Laune

1. ...los, **die** sonst immer so gut ist.
2. ...Professor, **der** mir eine schlechte Note gegeben hat.
3. ...wütend, **die** nicht studiert hat.
4. ...Uni, **deren** System mir nicht mehr gefällt.
5. ...Mann, **den** ich sonst als Optimisten kenne.
6. ...Nicht, **mit denen** ich kämpfen muß.

6. Musik

1. ...Violine, **für die** er viel Geld bezahlt hat.
2. ...Sängerin, **mit der** Caruso gesungen hat.
3. ...Konzert, **von dem** viel in der Zeitung steht?
4. ...Tenor, **während dessen** Arien alle weinen müssen.
5. ...Stadt, **in der** Bach geboren ist?
6. ...Klavierlehrerin, **ohne die** meine Jugend schöner gewesen wäre.
7. ...Trompete, **wegen der** ich meine Wohnung verloren habe.
8. ...Schallplate, **mit der** die Beatles ...haben.
9. ...Rock-Gruppen, **zu deren** Konzerte wir gegangen sind?

7. Sprachliche Besonderheiten

A. 1. Ich besuche die Universität, **um Leute kennenzulernen.**
2. ..., um eine Ausbildung zu bekommen.
3. ..., um reich und berühmt zu werden.
4. ..., um zu feiern.
5. ..., um ein neues Leben anzufangen.
6. ..., um später einen guten Job zu finden.
7. ..., um meine Talente zu entwickeln.
8. ..., um einen Partner fürs Leben zu suchen.

B. 9. ..., ohne Benzin zu tanken.
10. ..., ohne einen Führerschein zu haben.
11. ..., ohne einen Stadtplan mitzunehmen.
12. ..., ohne die Sitzgurte anzuschnallen.
13. ..., ohne auf Fußgänger aufzupassen.
14. ..., ohne die Brille aufzusetzen.
15. ..., ohne zu hupen.

C. 16. ..., anstatt interessante Gespräche zu führen.
17. ..., anstatt auszugehen.
18. ..., anstatt das Theater zu besuchen.
19. ..., anstatt Schiller zu lesen.
20. ..., anstatt zu schlafen.
21. ..., anstatt Hausaufgaben vorzubereiten.
22. ..., anstatt unsere Großmutter zu besuchen.

8. Die Computer-Fans

1. ..., ohne erst dagegenzuschlagen.
2. ..., anstatt damit zu arbeiten.
3. ..., ohne eine Garantie zu bekommen.
4. ..., mit dem Computer Geld zu sparen.
5. ..., um sauber zu machen.
6. ..., anstatt ins Kino zu gehen.
7. ..., um ein Computer-Spiel zu kaufen.
8. ..., ohne einzuschlafen.
9. ..., anstatt mit meiner Familie zum Picknick zu gehen.
10. ..., Sie heute abend im Computer-Club zu sehen.

III. Kommunikative Übungen: *"Deutsches Magazin"*

1. Umweltverschmutzung

1. verseucht
2. Gewässer
3. Verschmutzung
4. bedrohen
5. Lärmbelästigung
6. Gift

2. Unsere Umwelt ist kaputt

1. verseucht
2. verpestet
3. zerstört
4. trockengelegt
5. Chemie
6. krank
7. Öl und Säure

3. Die zehn Hauptsünden gegen die Umwelt

1. 2
2. 4
3. 5
4. 8
5. 1
6. 10
7. 3
8. 7
9. 6
10. 9

4. Kritik an der Umwelt

Persönliche Antworten

KAPITEL 14

I. Schnell und Genau

1. Substantivformen

der, —
die, die Gabeln
der, —
das. —

2. Stolpersteine

1. seit
2. dreizehn, dreißig, sechzehn, einundzwanzig, siebzig
3. im Jahre 1969, 1971
4. b

3. Variation zum Minidrama

1. trifft
2. Laune
3. leicht
4. für
5. interessierten
6. einfach
7. können
8. vorbereiten
9. Spaziergang
10. Zeit
11. Materialisten
12. arbeite
13. abfinden
14. aufräumen
15. recht
16. dagegen
17. wären
18. wählen

II. Strukturen im Kontext

1. Alle meine Wünsche

1. bald kämest!
2. nicht so viel rauchte!
3. eine Million Dollar hätten!
4. öfter einen Brief schriebt!
5. ins Wasser fielen!
6. die Grammatik verstände!
7. perfekt Japanisch sprächest!
8. Rolls Royce kaufte!
9. nicht regnete!

2. Nur nicht reich sein!

1. wäre
2. hätte, hätte
3. müßte
4. könnte
5. hätte; würden
6. brauchte
7. gingen, könnten
8. dürfte
9. hörte
10. weggäbe, sollte

3. Ein modernes Märchen

1. hätte
2. solltest
3. könnte
4. müßte
5. könntest
6. wäre
7. dürfte
8. solltest
9. müßtest
10. könntest
11. wüßte
12. fände
13. flögest
14. könntest

4. Wenn ...

1. läsest
2. ginge
3. wäre
4. regnete
5. gäbe
6. kauftet
7. sänge
8. hätten
9. bekäme

5. Was wäre, wenn ...?

1. zu lange schliefest?
2. keinen Krieg mehr gäbe?
3. hundert Jahre alt wäre?
4. kein Fernsehen mehr hätten?
5. eine neue Eiszeit käme?
6. zur Präsidentin wählten?
7. gleichberechtigt wären?
8. für den Freiden arbeitetest?
9. die ganze Nacht hindurch studiertet?

1. geschlafen hättest
2. gegeben hätte
3. gewesen wäre
4. gehabt hätten
5. gekommen wäre
6. gewählt hätten
7. gleichberechtigt gewesen wären
8. gearbeitet hättest
9. die ganze Nacht hindurch studiert hättet

6. Realität oder Illusion?

1. hätte gewonnen, gewesen wäre
2. wäre, hätte
3. hätte verdient, gemalt hätte
4. hätte gebaut, gewonnen hätte
5. hätte kennengelernt, gefahren wäre
6. wäre gegangen, erzählt hättest
7. wäre geblieben, gebacken hätte

7. Flugzeuggespräch

1. Wofür, dafür
2. Wogegen, dagegen
3. Wovon, davon

III. Kommunikative Übungen: *»Deutsches Magazin"*

1. Eine Rundreise in der BRD, DDR, Österreich und der Schweiz

   A. 1. Zürich
       2. Zermatt
       3. München
       4. Kitzbühel
       5. Wien
       6. Rothenburg
       7. Weimar
       8. Dresden
       9. Meißen
       10. Berlin
       11. Hamburg
       12. Lüneburger Heide
       13. Trier
       14. Heidelberg
       15. Freiburg

   B. *Persönliche Antworten*

KAPITEL 15

I. Schnell und Genau

1. Substantivformen

   1. die, die Flaschen
   2. das, —
   3. die, die Schlangen

2. Stolpersteine

   1. werden, bekomme
   2. Der Ingenieur fährt morgens um sieben Uhr mit seinem BMW zur Arbeit, weil er um 8 Uhr in San Francisco arbeiten muß.
   3. steht; sind; Es gibt/sind

3. Variation zum Minidrama

   1. kaufen
   2. wollte
   3. siehst
   4. Touristin
   5. Atem
   6. Anschluß
   7. lustig
   8. gefällt
   9. Schlange
   10. an
   11. voll
   12. ihr
   13. gibt
   14. Leute
   15. zurückgerannt
   16. mir
   17. mieten

II. Strukturen im Kontext

1. Wer ist Willi wirklich?

1. kennt
2. Wußtet
3. kann
4. kannte
5. kann
6. wüßte
7. gekannt habe

2. Demonstration in Zürich

1. trifft
2. trägt
3. kommt
4. dachte
5. wäre
6. interessiertest
7. wüßtest
8. wird demonstrieren
9. kannst
10. müßte
11. wäre
12. habe gebrochen
13. hätte
14. würde mitgehen/ginge mit
15. habe gelesen
16. Erzähle
17. ist gestorben
18. habe geerbt
19. hatte
20. kannte
21. habe verkauft
22. tut
23. Komm mit

3. Wer eine Reise macht, kann was erzählen.

1. angekommen war, ging
2. rannte, durchsucht hatte
3. nahmen, verpasst hatten
4. wartete, weggegangen waren
5. stand, war ...weggeflogen
6. sah, angezogen hatte
7. konnte, geblieben war
8. mitgenommen hatte, kam
9. verloren hatte, fuhr
10. bezahlt hatte, mußte

4. Wer hat mehr Geld?

1. Ich müßte heute zur Bank gehen, wenn ich Kapital hätte.
   Ich habe heute zur Bank gehen müssen.

2. Ich sollte nach China fliegen, wenn...
   Ich habe nach China fliegen sollen.

3. Ich könnte zehn Diamanten kaufen, wenn...
   Ich habe zehn Diamanten kaufen können.

4. Ich dürfte Mitglied im Klub der 500 werden, wenn...
   Ich habe Mitglied im Klub der 500 werden dürfen.

5. Am Wochende

1. der Nachbarin ein Stück Streußelkuchen
2. der Joggerin den Weg
3. meiner Tante Katrin den Blumenstrauß
4. dem Penner ein paar Mark
5. seinen Besuchern das Museum und die Stadt
6. dir einen alten Kaugummi
7. den Freunden meine Pläne
8. dem Reporter die Frage
9. meinen Freundinnen die Zeitung
10. den Kindern deine Meinung

6. Schneewitchen

1. Die böse Königin hat sich mit ihrem Spiegel unterhalten.
2. Die Mutter hat den Jäger in den Wald geschickt und Schneewittchen ist mit ihm mitgegangen.
3. Aber der Jäger hat sie nicht getötet, sondern er ist wegegangen.
4. Das Mädchen hat den Weg nach Hause vergessen.
5. Aber sie hat bald ein kleines Haus gefunden. Sie ist hineingegangen.
6. Sie hat das ganze Haus untersucht, alles ist sehr klein gewesen.

7. - 8. Sie hat versucht, in einem Bett zu schlafen, aber sie hat nicht hineingepaßt.
9. Sie hat lange bei den Zwergen gewohnt, und sie hat aufgepaßt, daß die böse Königin sie nicht gefunden hat.

10. - 11. Aber sie ist doch hereingekommen und hat für Schneewitchen ein Stück von einem vergifteten Apfel abgeschnitten.

12. - 13. Schneewittchen hat das Stück gegessen und ist tot umgefallen.

7. Marsmenschen

1. werde
2. bekäme
3. würde
4. wurde
5. habe bekommen
6. werde
7. bekomme
8. werden
9. bekomme
10. bekommen wird
11. bekommt

III. Kommunikative Übungen: *"Deutsches Magazin"*

1. Märchen —

Persönliche Antworten

KAPITEL 16

I. Schnell und Genau

1. Substantivformen

das, die Spiele
der, die Gegner
der, die Vereine
die, die Seiten

2. Verbformen

1. paßt auf, paßtet auf, habt aufgepaßt, werdet aufpassen
2. fährt, fuhr, ist gefahren, wird fahren
3. mietest, mietetest, hast gemietet, wirst mieten
4. denken nach, dachten nach, haben nachgedacht, werden nachdenken
5. lachen, lachten, haben gelacht, werden lachen
6. suche, suchte, habe gesucht, werde suchen
7. sitzt, saß, hat gesessen, wird sitzen
8. fliegt, flog, hat geflogen, wird fliegen
9. seht, saht, habt gesehen, werdet sehen
10. nimmt, nahm, hat genommen, wird nehmen

3. Stolpersteine

1. Viele arme
2. Alle reichen
3. diese berühmten, Einige interessante
4. solchen bekannten Leuten; Meine besten

4. Variation zum Minidrama

1. gewinnen
2. wie
3. auf
4. anderen
5. hingefallen
6. Trikot
7. schaffen
8. weitermacht
9. einpacken
10. Würstchen
11. Mark
12. gleich

II. Strukturen im Kontext

1. Brief

1. Euch	14. Euch
2. Eurer	15. Eurer
3. Euren	16. Euch
4. habt Ihr Euch	17. Schreibt
5. Ihr schriebt	18. Ihr
6. Ihr Euch ...habt	19. besucht
7. Euch	20. Erholt Euch
8. Eures	21. Eurer
9. Eure	22. macht
10. sagt Ihr	23. Eure
11. Ihr Euch	24. Euch
12. habt	25. Eure
13. Ihr müßt Euch	26. Eure

1. Ihnen	14. sich
2. Ihrer	15. Ihrer
3. Ihren	16. Sie
4. haben Sie sich	17. Schreiben Sie
5. Sie schrieben	18. Sie
6. Sie sich ...haben	19. besuchen
7. Sie	20. Erholen Sie sich
8. Ihres	21. Ihrer
9. Ihre	22. machen Sie
10. sagen Sie	23. Ihre
11. Sie sich	24. Sie
12. haben	25. Ihre
13. Sie müssen sich	

2. Im Schuhladen

1. Ihnen	8. dir, mir
2. meiner	9. Ihnen
3. mir	10. dir
4. dir	11. Meiner
5. mir	12. mir
6. dir, dir	13. Ihnen
7. dir	

3. Der Bürgermeister

1. sich merken, mir merken
2. sich putzen, putze mir
3. sich gekauft
4. mir vorstellen
5. sich angezogen, habe mir angezogen
6. sich gebrochen, mir das Bein brechen
7. sich die Haare schneiden zu lassen, mir immer die Haare schneiden lasse
8. sich den ...verderben, verderbe mir

4. Sommerferien

1. mich, mir
2. duscht sich und wäscht sich die Haare
3. sich
4. mir gleich den Badeanzug an
5. mich, meinem
6. sich mit seinem Hund am Strand
7. uns
8. sich, mir
9. dir, deine
10. seine
11. euer
12. ihren, ihre
13. mich, mir
14. mich
15. Ihre, ihren
16. Unsere, mich

5. Jazz-Konzert

1. Viele
2. deutsche
3. mehreren
4. informierten
5. Leuten
6. wenige
7. amerikanische
8. Manche
9. ausländische
10. einger
11. unfairer
12. anderer
13. phantastischer
14. mehrere
15. anderer
16. europäischer
17. viele
18. neue
19. moderne
20. viele
21. deutsche
22. manche
23. europäische

6. In der Bildergalerie

1. der
2. die
3. den
4. Die
5. denen
6. die
7. denen
8. Die
9. das

7. Ein interessantes Buch

1. wer
2. die
3. was
4. dem
5. das
6. den
7. die
8. deren
9. dessen
10. das
11. der
12. wem
13. denen
14. der
15. Das

8. Sehr geehrte Frau Dr. Thomas!

1. Ihren
2. Ihr
3. Sie, Ihrer ...herstellen
4. Könnten Sie
5. Ihnen
6. Ihnen
7. Machen Sie sich
8. Ihnen
9. Sie
10. Ihrem ...haben
11. Ihre
12. Sie
13. Ihre
14. Ihnen
15. Amüsieren Sie sich
16. Ihnen
17. Ihre/Ihr

9. Oktoberfest

1. gibt es
2. gibt es
3. stehen
4. sind
5. stehen
6. gibt es
7. gibt es
8. steht
9. sind gibt es
10. da sind

III. Kommunikative Übungen: *"Deutsches Magazin"*

1. Energie und Sie

A. a) z. B. das Benzin, Kohle, das Gas, das Rohöl, der Wind
   b) z. B. eine 100 Watt-Birne, die Heizung, der Küchenherd, der Mikrowellenofen

B.
1. Energieverschwendung
2. Heizungen
3. Öl
4. Atomenergie
5. Stromrechnung
6. Lichter
7. Fernseher
8. sparst
9. Elektrizitätswerk
10. ausschaltest
11. duschst
12. Elektrizitätswerk
13. Fahrstuhl
14. zu Fuß
15. Fahrrad
16. Benzin
17. Windmühle

2. Energiesparen zu Hause: Licht

3. Kleine Leseübung

Persönliche Antworten

KAPITEL 17

I. Schnell und Genau

1. Substantivformen

die, die Jacken
die, die Stellen
die, die Bewerbungen
das, die Zeugnisse

2. Stolpersteine

1. man, einem
   man, einem
2. a) noch nicht, b) Jetzt nicht
3. Ich kann kein Bier mehr trinken.
   Leider habe ich jetzt keine Zeit mehr, ...

3. Variation zum Minidrama

1. arbeiten
2. nach
3. idyllisch
4. gibt
5. gestochen
6. Werfen
7. Regierung
8. Meinung
9. verstehe
10. Theorie
11. mich
12. Sinn
13. Wissenschaftler
14. Helfen
15. glaube
16. sauber

II. Strukturen im Kontext

1. Beim Arbeitsamt

1. lange
2. alten
3. zerrissene
4. unrasiertes
5. kaputtes
6. große
7. gute
8. alten
9. großes
10. ideale
11. erste
12. liebe
13. lieber
14. beste
15. alten
16. Freundes
17. bezahlte
18. europäische
19. gutem
20. deutschem
21. kaltherzige
22. kleinen
23. spanischen
24. gute
25. langen
26. ausgezeichnete
27. grausame
28. krankem
29. böse
30. spannenden

2. Verschiedene Endungen

1. ihrer
2. -
3. guter
4. meinen
5. neuen
6. alter
7. den
8. Löchern
9. kleineren
10. billigem
11. schwerer
12. großes
13. meinen
14. bayerischen
15. schönsten
16. besseres
17. kühlere
18. wärmste
19. kleine
20. vielen
21. frische
22. gute
23. frische
24. nächsten
25. den
26. Bergen
27. gute
28. zarten
29. richtige

3. O, diese Brüder

1. an
2. deutsches
3. über
4. einen
5. guten
6. amerikanischen
7. über
8. einen
9. richtigen
10. deutschen
11. über
12. sein
13. nach
14. an
15. seine
16. um
17. seine
18. kleine
19. um
20. auf
21. ihn
22. auf
23. die
24. für
25. über
26. seine
27. über
28. ihren
29. großen
30. seine
31. langweiligen
32. über
33. amerikanische
34. auf
35. diese
36. an
37. ihre
38. auf
39. eine

4. Die Wanderung

1. singenden
2. blühende
3. hüpfenden
4. lachende
5. strömender
6. zitternden
7. rasenden
8. kochendes
9. weinende
10. fühlende

5. Küchengespräch

1. gekochte
2. gebratenes
3. aufgeregten
4. gewaschene
5. importierter
6. gestrickte
7. geborgter
8. gebackenen
9. ausgehungerten

6. Die Bewergung

1. legt, den
2. liegt
3. setzt, seinen
4. seinem, sitzt, einer
5. stellt ihren
6. steht eine große
7. stehen
8. dem, liegt/sitzt
9. legt/setzt
10. sitzt
11. setzt, seinen
12. stehen

7. Beim Gebrauchtwagenhändler

   1. Größeres
   2. Billiges
   3. Vitaminreiches
   4. Klügste
   5. Warmes

III. Kommunikative Übungen: *"Deutsches Magazin"*

Der traurige Brief

1. Vokabularübung

   1. fasse
   2. Pleite
   3. Wirtschafsflaute
   4. Ersparnisse
   5. Zinsen
   6. Börsenmakler
   7. Aktien
   8. Bankfachmann
   9. Angaben
   10. Handschellen
   11. Eile
   12. Wertpapieren
   13. Barschaft

2. Schreibübung

   Persönliche Antworten

KAPITEL 18

I. Schnell und Genau

1. Substantivformen

   1. das, die Beine
   2. der, die Steine
   3. der, die Vögel
   4. der, die Flüsse

2. Stolpersteine

   A. Her, hin, her, her, hin, her, her, hin, her, hin

   B. mir; habe ...verloren; liegen... dem; Tritt

   C. besser, lieber, besser, lieber

II. Strukturen im Kontext

1. Bei Breitmosers

A.
1. ..., damit seine Affen etwas gutes zum Essen bekommen.
2. Solange Herr Breitmoser krank ist,
3. ..., bis er wieder gesund geworden ist.
4. ..., sobald wir ein bißchen Zeit haben.
5. Solange Bananenschalen auf dem Boden liegen, ...

B.
1. ..., da es bei ihm immer Kaffee und Kuchen gibt.
2. Seitdem er ..., geht er nicht mehr zum Telefon
3. ..., daß Frau Breitmoser Ärztin ist?
4. Nachdem ..., mußten wir ...

C.
1. ..., obgleich die Rosen sehr teuer sind.
2. ..., ob Herr Breitmoser wieder gesund ist.
3. Sooft ..., finde ich ...
4. ..., ehe ihr weggeht.

2. wenn, wann, als

1. Als
2. wenn
3. wann
4. als
5. wann
6. Wenn
7. Als
8. wenn
9. Als
10. wann
11. Als

3. Zimmer

1. Ich **habe** gestern endlich mein Zimmer aufräumen **müssen**.
2. ...und **habe** nichts essen **dürfen**.
3. ...**habe** ich dann auch nicht arbeiten **können**.
4. Ich **habe** mich mit dem schmutzigen Zimmer abfinden **müssen**.

4. Das Fußballspiel

1. wollten ... gehen
2. ...spielen wollen
3. ...bekommen konnte
4. ...parken durfte
5. sollte ... mitbringen
6. wollte ... kaufen
7. mußte ... gewinnen
8. solltet ... sein
9. konnte ... enden

5. Wortfolge

1. Ich schreibe meiner Freundin nicht.
   Gestern habe ich meiner Freundin geschrieben.

2. Ich habe einen Fernseher gehabt.
   Ich habe einen Fernseher, der immer kaputt ist.

3. Er hat kein Motorrad gekauft.
   Vorgestern hat er ein Motorrad gekauft.

4. Er lernt jeden Tag in Rosenheim Deutsch.
   Er lernt Deutsch, weil er Diplomat werden will.

5. Wir sind nach Österreich gefahren.
   Wir fahren nach Österreich und besuchen Mozarts Haus.

6. Was für wen?

1. a) Ich habe ihr die Rockmusik erklärt.
   b) Ich habe sie der Sängerin erklärt.
   c) Ich habe die Rockmusik der Sängerin erklärt.

2. a) Ich habe ihm den Wolkenkratzer gezeigt.
   b) Ich habe ihn dem Österreicher gezeigt.
   c) Ich habe dem Österreicher den Wolkenkratzer gezeigt.

3. a) Ich habe ihnen die Fotos geschenkt.
   b) Ich habe sie den Kollegen geschenkt.
   c) Ich habe den Kollegen die Fotos geschenkt.

4. a) Ich habe ihm das Gedicht geschrieben.
   b) Ich habe es dem Kind geschrieben.
   c) Ich habe dem Kind das Gedicht geschrieben.

7. In Deutschland

Persönliche Antworten

8. Hans und Franz in Gainesville

1. vor
2. Wie lange wohnst/bist du schon in Gainesville?
3. Seit wann wohnst du schon in Gainesville?
4. Ich bin schon seit dem ersten April in Gainesville.
5. Ich bin schon drei Jahre in Gainesville.
6. Wie lange hast du in Gainesville gewohnt?
7. Ich habe von 1980 bis 1984 in Gainesville gewohnt.

9. Persönliche Fragen

1. im Jahre neunzehnhundertneunundsechzig
2. neunzehnhundertfünfundachtzig
3. Princeton, den 2. Juli 1988
4. am 25. December
5. Im Winter
6. in der Nacht/nachts
7. um half acht
8. heute abend
9. vormittag
   mittag
   nachmittag
   abend

10. Alltagsprobleme

1. mal, Zeit, mal, Zeit.
2. mal, mal, mal, Zeit
3. mal, mal, Zeit

11. Im Café

1. lassen
2. bezahlen
3. höre
4. schreien
5. lassen
6. bringen
7. sehe
8. vorbeigehen

III. Kommunikative Übungen: *"Deutsches Magazin"*

1. Stella

1. richtig
2. richtig
3. falsch
4. falsch
5. richtig
6. falsch
7. falsch
8. richtig
9. falsch
10. ***

2. Wanderers Nachtlied

Persönliche Antworten

KAPITEL 19

I. Schnell und Genau

1. Substantivformen

1. die, die Pausen
2. das, die Programme
3. die, die Banken
4. das

2. Stolpersteine

1. aufgestanden war
2. gegessen hatte
3. die Amerikaner zu dick seien.
4. a) gefällt mir
   b) gefällt mir
   c) habe ich gern
   d) liebe ich
   e) gefallen mir

II. Strukturen im Kontext

1. Kafka

1. Der Roman "Der Prozeß" wurde von Kafka geschrieben.
2. Der Roman wird von vielen Leuten gelesen.
3. Josef K. wird am Anfang von zwei Männern verhaftet.
4. Er wird am Ende von diesen Männern getötet.
5. Kafkas Werke werden an vielen Schulen studiert.
6. Er wird von seinen Fans sehr bewundert.
7. Seine Bücher werden überall auf der Welt gekauft.
8. Der Roman "Amerika" ist von Kafka leider nicht fertiggestellt worden.
9. Die Werke Kafkas wurden von seinem Freund Max Brod erst nach dem Tod publiziert.
10. Kafka wurde nach seinem Jurastudium von einer Versicherungsgesellschaft angestellt.

2. Polizeibericht

1. mit
2. von
3. durch
4. von
5. mit
6. durch
7. von
8. mit

3. Ein großer Ball

1. Es wird hier guter Wein getrunken.
   Hier wird guter Wein getrunken.
2. Es wird tolle Musik im Metropol gespielt.
   Im Metropol wird tolle Musik gespielt.
3. Es wird nur Abendkleidung im Metropol getragen.
   Jeden Abend wird im Metropol nur Abendkleidung getragen.
4. Es wird hier überall Englisch und Französisch gesprochen.
   Überall wird hier Englisch und Französisch gesprochen.
5. Es wird nur das Beste in diesem Restaurant serviert.
   In diesem Restaurant wird nur das Beste serviert.

6. Es wird den ganzen Abend über Politik gesprochen.
   Den ganzen Abend wird über Politik gesprochen.

7. Es wird bis vier Uhr morgens gefeiert.
   Bis vier Uhr morgens wird gefeiert.

4. Antiklischees

1. In Deutschland wird nicht so viel Bier getrunken.
2. In den Alpen wird kaum gejodelt.
3. Nur selten wird Sauerkraut gegessen.
4. In Berlin wird nicht Tag und Nacht gearbeitet.
5. Früher wurde nicht den ganzen Tag marschiert.
6. Nicht überall wird Hochdeutsch gesprochen.
7. Nur ein paar Mal im Jahr werden Feste gefeiert.
8. Die "kleine Nachtmusik" ist nur einmal komponiert worden.
9. Nicht mehr als zweimal sind Weltkriege geführt worden.
10. Aber ist es wahr, daß die Amerikaner in Deutschland geliebt werden?

5. Potpourri

1. deren
2. c
3. b
4. b
5. b
6. dich
7. b, b, b
8. b

III. Kommunikative Übungen: *»Deutsches Magazin"*

6. Unsere Zukunft

A.
1. Die Luftverschmutzung nimmt überhaupt kein Ende.
2. um gute Politiker nach Bonn zu bringen.
3. um nicht auf einer vergifteten Erde leben zu müssen.
4. Das Loch in der Ozonschicht wird immer größer.

B.
1. Susanne müßte morgen eine Klausur schreiben.
2. Bei schlechten Noten bekommt Susane kein Geld von den Eltern.
3. Sie möchten Kinder und müssen ihre Existenz sichern.
4. Als Geschäftsleute mit Kindern haben sie bestimmt kaum noch Zeit.

C. *Persönliche Antworten*

KAPITEL 20

I. Schnell und Genau

1. Substantivformen

1. der, die Gäste
2. der, —
3. der, die Gärten
4. der, die Staaten

2. Verbformen

1. lernt, lernte, hat gelernt, lernte
2. brichst, brachst, hast gebrochen, brächest
3. entscheiden, entschieden, haben entschieden, entschieden
4. läßt, ließ, hat gelassen, ließe
5. müßt, mußtet, habt gemußt (müssen), müßtet
6. kann, konnte, hat gekonnt (können), könnte
7. wirfst, warfst, hast geworfen, würdest werfen (würfest)
8. habt, hattet, habt gehabt, hättet
9. besuchen, besuchten, haben besucht, besuchten
10. erzähle, erzählte, habe erzählt, erzählte

3. Stolpersteine

1. fliege, mit, nach
2. a) Wir fliegen **nicht** mit der Lufthansa nach Portland.
   b) Ich nehme **keinen** warmen Mantel mit.
   c) Ich vergesse **nie** meinen Rasierapparat.
3. a) Ich **wurde** von meiner Freundin **fotografiert**.
   b) Es **wurde** den ganzen Abend **getanzt**.
4. denen

II. Strukturen im Kontext

1. Besuch

1. wer
2. wen
3. wem
4. die
5. den
6. was, was
7. dessen
8. dessen
9. das
10. das

2. Ein unerklärlicher Anruf

1. wer
2. was
3. dessen
4. was
5. die
6. wen
7. wessen
8. den
9. was
10. der
11. die
12. dem
13. dem
14. dem

3. Kommata

Ich habe ja gesagt, ich fahre mit. Weil er so erwartungsvoll geschaut hat, und der Himmel blau, da fragt er doch immer; Kinder, habt ihr etwas vor? Und dann möchte er, daß wir uns freuen, wenn er etwas mit uns unternimmt. Aber keine von uns will mit ihm fahren, weil er einen doch immer nur ausfragt, was für ein Baum das ist und was für ein Verkehrzeichen, und dann wird man belehrt, oder Gertrud muß sich ans Steuer setzen, und er sagte, wie gut Gertrud schon fährt, daß es unglaublich ist, und dann redet er ihr doch immer drein und erklärt uns das Autofahren, weil er glaubt, er muß uns ständig bilden. Deshalb ist er im Urlaub meistens allein im Gebirge, und er fragt auch manchmal: Warum muß ich immer allein verreisen? Wir sagen es ihm nicht, weil wir ihn nicht kränken wollen. Und jetzt hat er wieder sieben Tage Urlaub, und er hat unsere Mutter gar nicht gefragt, ob sie mitkommt, weil er weiß, sie hat etwas zu tun, was sie nur in seiner Abwesenheit erledigen kann im Haus. Zimmer ausmalen lassen oder den Schlosser holen, oder sie hängt die Ölbilder im Vorhaus um.

4. Urlaub in Florida

1. Der Flug geht entweder um sieben oder um acht Uhr ab.
2. Ich nehme weder Pullover noch einen Regenschrim mit auf die Reise.
3. Sowohl mein Bruder als auch meine Schwester fahren mit nach Florida.
4. In Nord-Florida gibt es weder Bananen noch Ananas.
5. Ich bleibe entweder eine Woche oder zwei Wochen am Strand.
6. Wir werden sowohl segeln als auch in der Sonne braten.
7. Die Reise kostet entweder 3000 oder 4000 Mark.
8. Wir werden sowohl das Mittagessen als auch das Abendessen im Restaurant zu uns nehmen.

III. Kommunikative Übungen: *"Deutsches Magazin"*

1. Eine Rezension ...

1. h   2. d   3. g   4. e   5. c   6. a   7. f   8. b

2. Der berühmte Schauspieler

1. a. um siebzehn Uhr fünfundvierzig
   b. nachmittags um viertel vor fünf

2. a. um achtzehn Uhr
   b. abends um sechs Uhr

3. a. von zwanzig bis zweiundzwanzig Uhr dreißig
   b. abends von acht bis halb elf Uhr

4. a. um null Uhr dreißig
   b. nachts um halb ein Uhr

5. a. bis sechs Uhr fünfzehn
   b. morgens bis viertel nach sechs

6. a. um zehn Uhr fünfzig
   b. morgens um zehn Minuten vor elf

7. a. um zwölf Uhr
   b. um Mittag/mittags um zwölf

8. a. von vierzehn bis fünfzehn Uhr
   b. nachmittags von zwei bis drei Uhr

9. a. um sechzehn Uhr dreizehn
   b. nachmittags um dreizehn nach vier

3. Der Weihnachtsbrief

1. mich
2. auf
3. den
4. letzten
5. auf
6. den
7. heiligen
8. an
9. dich
10. mich für
11. über ein
12. dich um
13. auf
14. von
15. mich nach
16. einer neuen
17. an eine

4. Aberglaube oder Wirklichkeit?

1. A 2. W 3. A 4. A 5. A 6. W 7. A 8. A
9. W 10. A 11. A 12. W 13. W

KAPITEL 21

I. Schnell und Genau

1. Substantivformen

1. der, die Anzüge
2. der, die Äpfel
3. der, die Verträge
4. die, die Sorgen

2. Stolpersteine

1. a) Als
   b) wenn
   c) Wenn
   d) Wann
   e) Wenn

2. a) auf dich
   b) euch an
   c) sich auf
   d) sich um

II. Strukturen im Kontext

1. Der arme Bettler

1. Wenn ich eine Zeitung **gehabt hätte, wäre** ich **gefroren**.
2. Wenn ich nicht arm **gewesen wäre, hätte** ich einen besseren Wein **getrunken**.
3. Wenn ich nicht unter der Brücke **gesessen hätte, wäre** ich naß **geworden**.
4. Wenn die Fee mich nicht falsch **verstanden hätte, hätte** ich ein trockenes Zimmer **bekommen**.
5. Wenn ich Geld **verdient hätte, wäre** ich zu Weihnachten nach Florida **geflogen**.
6. Wenn ich die Fee wieder **gefunden hätte, wäre** ich mit ihr nach Hause **gegangen**.
7. Wenn der Bettler noch einen Wunsch **gehabt hätte, hätte** er sich eine neue Decke **gewünscht**.

2. Gabriele Wohmann

Wirklichkeit:

z.B.: Seine Knabenstimme war heller.
Er liebte die letzte Strophe.
Er sah den schwarzen Himmel.

Wunsch:

z.B.: So müßte man auch eines Nachts nicht zurückkommen.
Er wäre frei.
Wenn er wegritte und nicht zurückkehrte...
Er würde sich nicht umdrehn...

3. **Nichts ist so, wie es scheint.**

   1. sei
   2. gehöre
   3. geschrieben hätte
   4. hätte
   5. sänge
   6. lachte
   7. gäbe
   8. brauchte

4. **Brigitte und Willi bei der Abschiedsfeier**

   1. Brigitte fragte Willi, wie lange er schon hier sei.
   2. Willi antwortete, daß er vor einer Stunde gekommen sei.
   3. Sie fragte ihn, ob er mit ihr tanze.
   4. Er antwortete, daß er nicht tanzen könne. Sie solle doch mit Jack tanzen.
   5. Brigitte fragte Willi, ob er ihr ein Glas Erdbeerbowle bring.
   6. Willi sagte, sie solle ihm ihr leeres Glas geben. Er hole sie ihr. (...daß sie ihm ihr leeres Glas geben solle. Er hole sie ihr.)
   7. Brigitte fragte, wie spät es sei.
   8. Willi antwortete, es sei schon Mitternacht.
   9. Brigitte sagte, hier komme Graf Dracula.
   10. Willi fragte, was er von ihnen wolle.
   11. Brigitte sagte, daß er ihnen eine Stellung anbiete. Er bezahle 2000 DM im Monat.
   12. Willi fragte sie, ob sie in Transylvanian arbeiten möchte.
   13. Brigitte sagte, er solle zum Arbeitsamt gehen.
   14. Willi sagte, daß er da höchstens eine Stelle als Fensterputzer bekomme.
   15. Brigitte fragte, ob sie Jack und Susi suchen wollten.
   16. Willi sagte, daß dies eine gute Idee sei.

5. **Schlechte Angewohnheiten**

   1. Rauchen
   2. das Schreiben
   3. Joggen
   4. Faulezen
   5. Trinken
   6. Schreien

III. **Kommunikative Übungen:** *»Deutsches Magazin"*

1. **Extra**

   6, 7, 1, 5, 3, 9, 8, 2, 4

2. **Politische Richtungen**

   Persönliche Antworten

List of Strong and Irregular Verbs

Infinitiv	Imperfekt (Konj.)	Perfekt
backen (*bäckt*)	backte, buk (*büke*)	gebacken
befehlen (*befiehlt*)	befahl (*beföhle*)	befohlen
beginnen	begann (*begänne*)	begonnen
beißen	biß	gebissen
bewegen	bewog (*bewöge*)	bewogen
biegen	bog (*böge*)	gebogen
bieten	bot (*böte*)	geboten
binden	band (*bände*)	gebunden
bitten	bat (*bäte*)	gebeten
blasen (*bläst*)	blies	geblasen
bleiben	blieb	ist geblieben
braten (*brät, bratet*)	briet	gebraten
brechen (*bricht*)	brach (*bräche*)	gebrochen
brennen	brannte (*brennte*)	gebrannt
bringen	brachte (*brächte*)	gebracht
denken	dachte (*dächte*)	gedacht
dürfen (*darf*)	durfte (*dürfte*)	gedurft
empfehlen (*empfiehlt*)	empfahl (*empfähle*)	empfohlen
essen (*ißt*)	aß (*aße*)	gegessen
fahren (*fährt*)	fuhr (*führe*)	ist, hat gefahren
fallen (*fällt*)	fiel	ist gefallen
fangen (*fängt*)	fing	gefangen
finden	fand (*fände*)	gefunden
fliegen	flog (*flöge*)	ist, hat geflogen
fliehen	floh (*flöhe*)	ist geflohen
fließen	floß (*flösse*)	ist geflossen
fressen (*frißt*)	fraß (*fräße*)	gefressen
frieren	fror (*fröre*)	gefroren
geben (*gibt*)	gab (*gäbe*)	gegeben
gehen	ging	ist gegangen
gelingen	gelang (*gelänge*)	ist gelungen
gelten (*gilt*)	galt (*gälte*)	gegolten
genießen	genoß (*genösse*)	genossen
geschehen (*geschieht*)	geschah (*geschähe*)	ist geschenen
gewinnen	gewann (*gewönne*)	gewonnen
gießen	goß (*gösse*)	gegossen
gleichen	glich	geglichen
haben (*du hast, er hat*)	hatte (*hätte*)	gehabt
halten (*hält*)	hielt	gehalten
hängen	hing	gehangen
heben	hob (*höbe*)	gehoben
heißen	hieß	geheißen
helfen (*hilft*)	half (*hülfe*)	geholfen
kennen	kannte (*kennte*)	gekannt
kommen	kam (*käme*)	ist gekommen
können (*kann*)	konnte (*könnte*)	gekonnt
kriechen	kroch (*kröche*)	ist gekrochen
lassen (*laßt*)	ließ	gelassen
laufen (*läuft*)	ist gelaufen	
leiden	litt	gelitten

leihen	lieh	geliehen
lesen (*liest*)	las (*läse*)	gelesen
liegen	lag (*läge*)	gelegen
lügen	log (*löge*)	gelogen
mögen (*mag*)	mochte (*möchte*)	gemocht
müssen (*muß*)	mußte (*müßte*)	gemußt
nehmen (*nimmt*)	nahm (*nähme*)	genommen
nennen	nannte (*nennte*)	genannt
pfeifen	pfiff	gepfiffen
raten (*rät*)	riet	geraten
reißen	riß	ist, hat gerissen
reiten	ritt	ist, hat geritten
rennen	rannte (*rennte*)	ist gerannt
riechen	roch (*röche*)	gerochen
rufen	rief	gerufen
schaffen	schuf (*schüfe*)	geschaffen
scheinen	schien	geschienen
schieben	schob (*schöbe*)	geschoben
schießen	schoß (*schösse*)	geschossen
schlafen (*schläft*)	schlief	geschlafen
schlagen (*schlägt*)	schlug (*schlüge*)	geschlagen
schließen	schloß (*schlösse*)	geschlossen
schmießen	schmiß	geschmissen
schneiden	schnitt	geschnitten
(er) schrecken (*erschrickt*)	erschrak (*erschräke*)	ist erschrocken
schreiben	schrieb	geschrieben
schreien	schrie	geschrien
schweigen	schwieg	geschwiegen
schwimmen	schwamm (*schwämme*)	ist, hat geschwommen
sehen (*sieht*)	sah (*sähe*)	gesehen
sein (*ist*)	war (*wäre*)	ist gewesen
singen	sang (*sänge*)	gesungen
sitzen	saß (*säße*)	gesessen
sollen (*soll*)	sollte	gesollt
sprechen (*spricht*)	sprach (*spräche*)	gesprochen
springen	sprang (*spränge*)	ist gesprungen
stechen (*sticht*)	stach (*stäche*)	gestochen
stehen	stand (*stünde*)	gestanden
stehlen (*stiehlt*)	stahl (*stähle*)	gestohlen
steigen	stieg	ist gestiegen
sterben (*stirbt*)	starb (*stürbe*)	ist gestorben
stinken	stank (*stänke*)	gestunken
stoßen (*stößt*)	stieß	gestoßen
streiten	stritt	gestritten
tragen (*trägt*)	trug (*trüge*)	getragen
treffen (*tritt*)	traf (*träfe*)	ist, hat getreten
trinken	trank (*tränke*)	getrunken
tun (*tut*)	tat (*täte*)	getan
verderben (*verdirbt*)	verdarb (*verdürbe*)	ist, hat verdorben
vergessen (*vergißt*)	vergaß (*vergäße*)	vergessen
verlieren	verlor (*verlöre*)	verloren
waschen (*wäscht*)	wusch (*wüsche*)	gewaschen
werden (*wird*)	wurde, ward (*würde*)	ist geworden

werfen (*wirft*)	warf (*würfe*)	geworfen
wiegen	wog (*wöge*)	gewogen
wissen (*weiß*)	wußte (*wüßte*)	gewußt
wollen (*will*)	wollte	gewollt
(*ver*) zeihen	zog (*zöge*)	hat, ist gezogen
zwingen	zwang (*zwänge*)	gezwungen